南ロシア

草原《ステップ》・古墳《クルガン》の神秘

鴨川和子

Юг России

Таинственность степи и курганов

雄山閣

序文

一橋大学名誉教授
ロシア科学アカデミー外国人会員
中村喜和

どういうきっかけがあったか、すっかり忘れてしまったが、私が本書の著者である鴨川和子さんと知り合ったのは、かなり以前だったような気がする。モスクワのルムンバ民族友好大学でロシア語を修得されたということも並の友人たちとはちがっていたが、それだけでロシア留学を打ち切らず、現在のロシア連邦科学アカデミー文化人類学研究所の大学院に進学し、文化人類学分野（シベリアの少数民族）で堂々と学位論文まで書き上げて然るべき学位を取得してこられたことは、なぜか博士という学位を敬遠する気味のあった日本のロシア研究者の世界では（今では事情が全く変化している）、非常な快挙のように思われたものだった。さらに驚いたことには、ソ連邦崩壊後、新潟市から車で一時間ほどはなれた山のふもとの「ロシア村　マールイ美術館」で、『一二～一八世紀　聖なるロシア美術』、『ロマノフ王朝名陶展』、『絵画に見るロマノフ朝史』展などを次々と企画・開催したことである。それぞれの展覧会に付随して、本格的な大冊のカタログが刊行された。今ではみんな稀覯本になっているにちがいないが、学術的見地からみて、それぞれ力のこもった労作で、筆者の力量をうかがわせるに十分なものだった。

さて本書について。題名から想像されるように、本書がカヴァーするのは、南ロシアである。それもアゾフ海・黒海を中心とするステップと呼ばれる地域である。黒海沿岸には先だって冬季オリンピックが開催されたソチがある。南ロシアの多くの都市には、考古学部門を具えた博物館がある。黒海北岸に広がる大草原を駆け巡ったスキタイやサルマタイなどの遊牧民族、アゾフ市内にはキプチャク汗国の遺物が出土している。黒海北岸地方には古代ギリシャ・ローマ時代の遺跡が点在している。著者は考古学の分野では随所にたくさんの知己や友人がいるので、各地で旧交を温めながら彼らと調査・発掘をし、また素朴で真摯なロシア流の歓待を受けながら心から旅を楽しんだことが行間から伝わってくる。

中でも本書のハイライトは、二十世紀の末に南ロシアで発掘されたトロゴンテリーゾウ（六十万年前の古生物、別名「ステップのマンモス」）、同じくこの地方のロストフ州で発掘されたデイノテリウム（百万年前に絶滅した象の仲間）について、発掘に携わった古生物学者、考古学者、学芸員たちから、直接的に発掘の詳しい情報を聞き出している。さらにはこれらの巨大な生き物がなぜ南ロシアの古い地層で発掘されるのか、彼らの生態がどんなものであったかなどが手に取るように物語られていることである。なぜ荒涼たるステップの地下からトロゴンテリーゾウやデイノテリウムなどの遺骸が発掘されたのだろうか。その謎は、容易に解明された。かつてこの地域は海だった。古い砂の層は豊かな養分を含む植物を育んでいたのだった。その植物が古生代の動物を養っていたのである。陸地の景観だけ眺めていただけでは思いも寄らぬことが、想像を絶するような長い時間をかけて地表の内部で進行していたのである。

この数年、ロシアとウクライナの関係が悪化して南ロシアは国際関係上最もホットな地域と認識されているが、実はロシアという国の長い歴史を知るためにも南ロシアは魅力的で興味津々の場所であることを、本書から教えられる。

（二〇一五年七月）

◉南ロシア―草原・古墳の神秘―◉目次

はじめに

南ロシアの渺獏たるステップ（草原）では、これまで驚くべき至宝が発掘されてきた。そして、まだまだ計り知れない宝が眠ると予想されるステップには大きなロマンが秘められ、想像もつかないドラマが絶えず展開されている。大草原に春が訪れると、一挙に草々が芽生え、緑の絨毯と化す。またそこに花々が咲き乱れ、その多様性によってステップの色彩は再三塗り替えられる。青々とした草原の海には、名馬の群れが放され、その広々とした空には、蝶や鳥たちが飛翔する。別の顔を持つ大陸性気候のステップでは、子連れのステップ・マーモットが顔を出す。その頃南ロシアの夏のステップにロマンとドラマを求めて、ロシア各地から多くの考古学者、古生物学者、植物学者、民族学者らが発掘・調査にやって来る。ソ連邦崩壊以降、この南ロシアに外国資本が導入され、国外の考古学者、専門家による発掘が目立って増えているのも事実だ。

そんなステップの冬は厳しい。乾燥しきった草原の草（ハネガヤ）は雪に覆われ、小さな隆起、人を寄せつけないほどどうなりをあげ、荒れ狂って吹き付ける季節風、そして恐ろしいほどの寒さが襲う。ステップは草が枯れ、裸と化す。そんな中でも生きものは生き長らえている。カーメンナヤ・バーバ〈石人〉の立っていた南ロシアの壮大なステップは、何世紀にもわたってコサックによる開発、また、ソヴィエト時代のコルホーズやソフホーズによる開墾で、その様相を変えてきた。

一五〇年前には馬の群れをはじめ、数多くの野生動物がいた。ステップの鳥の王者ノガンは、カフカース地方では戦時中の食糧難で乱獲され、今ではめったに見られない。齧歯目の〝名ハンター〟と言われているステッ

アラン（古代オセチア族でスキタイ人の末裔）統治者のドルメン
11 ～ 12 世紀（スターヴロポリ博物館蔵）

プ・ワシや猛禽は、広い範囲で見ることが出来るが、ステップの大部分の鳥類が今では珍しくなっている。しかし、今でも人の手の入らない太古のままのステップが、ところどころに点在している。そこに立つと、紀元前からスキタイ、サルマタイなどの騎馬民族が駆け巡ったステップが想像できる。

一九八四年、南ロシアのノヴォチェルカースク市郊外のオブホフカ村で発掘された約八〇〇万年前の大型の長鼻類デイノテリウム（*Deinotherium giganteum Kaup*）の骨格は、古生物学的観点から世界的に価値あるものとして注目された。また、一九九九年夏には新たに六〇万年前のトロゴンテリーゾウ（*Mammuthus trogontherii*）が、古代のカガーリニク河床（現砂・粘土採掘場）から発掘され、大きな話題を呼んだ。

南ロシアの大草原のいたる所で見られるクルガン（古墳・元来トルコ語に由来するもので、死者を葬った上に土を盛った墓）の発掘は、南ロシア全域で行なわれている。前七～三世紀のスキタイ騎馬民族の黄金芸術からキプチャク汗国（金帳汗国　一二四三年、キルギス草原にロシアのキプチャク草原を加えて建国）の陶器の遺宝に至るまで、今なお出土している。この地方ではクルガンの頂上に立つカーメンナヤ・バーバ〈石人〉が各地で見られたが、近年は博物館、美術館にほとんどが収集されている。このカーメンナヤ・バーバは石に人間像を彫り、墓地などに立てる石の偶像。これには熱病をも治す奇跡的力があると言う伝説があった。

また、黒海北岸に多く点在したギリシアの植民都市の遺跡からは、種々様々な大理石の彫刻や陶器類が数多く出土している。スターヴロポリ地方のドルメン（石組の墳墓）の発掘も話題を呼んでいる。南ロシアの美術館、博物館には、各地で発掘された出土品が展示されていて、その土地の歴史や特徴が分かる。また、エルミタージュ美術館はじめ、モスクワやサンクト・ペテルブルグの美術館、博物館などにも、ソヴィエト時代に南ロシアのクルガン（古墳）で出土した貴重な遺宝の数々が、収蔵・展示されている。

南ロシアは、二〇〇〇年五月一三日付けで承認されたロシア連邦＝七つの連邦管区の北カフカース連邦管区に当っていた。北カフカース管区には、アドゥイゲ共和国、ダゲスタン共和国、イングーシ共和国、カバルディノ－バルカル共和国、カルムイク共和国、カラチャエヴォ－チェルケス共和国、北オセチア共和国、チェチェン共和国、それにクラスノダール地方、スターヴロポリ地方、アストラハン州、ヴォルゴグラード州、ロストフ州が入っていた。ところが、二〇一〇年一月一九日付け大統領令に基づき、南ロシアは南連邦管区となった。この管区には、アドゥイゲ共和国、アストラハン州、ヴォルゴグラード州、カルムイク共和国、クラスノダール地方、ロストフ州が入り、その中心都市はロストフ・ナ・ドヌー市である。

同管区内に住む民族は一〇〇を越えている。南ロシアはロシア平原南部と北カフカース、カフカース山岳地帯を含んでいて、自然・地形が極めて多種多様な地域なのである。大カフカース山脈南斜面は黒海に面していて、地中海気候を示す長寿国として知られているアブハジア共和国にも近い。南ロシアの大草原を悠々と流れるドン川（総延長一八七〇キロ）とクバーニ川（全長八七〇キロ）、アゾフ海と黒海が産出した天然の恵みである魚類、なかでもチョウザメやその卵＝キャビアは、紀元前からスキタイ人とオリエントとの交易を発展させていた。自然の豊かさゆえに、何時の時もこの地を民族の戦いに巻き込み、多くの血を流させてきた。

北カフカースはロシア国内でも最古の油田地帯で、近年急激に石油、天然ガス開発が進み、外国との共同事業が何かと話題になっている。ロシア・ヨーロッパ部に比較して人口密度も高い。そのような中で経済に絡んだ民族紛争が起こり、自然破壊、環境問題が問い質されてきていることも多い。

南ロシアの一〇〇余の大小さまざまな民族は、独自の民族文化を開花させてきた。ここは北カフカース地方が生んだ独特の文化＝ウラルトゥ文化、クバン文化、コバン文化の発祥地でもある。この地方に住むコサックをテーマにした芸術作品は、世界的に著名である。草原の比類ない魅力は、A・S・プーシキン（一七九九〜一八三七）をはじめ、M・Yu・レールモントフ（一八一四〜四一）、A・P・チェーホフ（一八六〇〜一九〇四）、M・A・ショーロホフ（一九〇五〜八四）ら多くのロシア文学者に霊感を与えた。また同様に、コサックを祖先に持つ絵画の巨匠V・I・スリコフ（一八四八〜一九一六）も多くの歴史画、歴史上の人物画（主にコサック）を後世に残している。

私が南ロシアの各地を毎年訪れるようになったのは、一九九四年に『南ロシアの草原騎馬民族―スキタイ展』の企画を立て、その準備のため美術史家の新田喜代見さんとロストフ博物館をはじめ、アゾフ歴史・考古学・古生物学博物館（以下、アゾフ博物館）、アストラハン歴史博物館などを歴訪したのがきっかけであった。紀元前からスキタイ、サルマタイなど騎馬民族は南ロシアの草原を駆け巡り、そこを生活の地としていた。彼らの居住地跡のクルガン（古墳）から、騎馬民族の遺宝が数多く発掘されている。その一部は日本でも紹介されている。

しかし、私たちが『スキタイ展』準備のため各地を回って気づいたことは、南ロシアの真の姿が日本にはまだ

クラスノダール国立歴史・考古学博物館の石人を見学する新田さん（左）と筆者（右）

紹介されていないことであった。また毎年当地を訪れる度に、ロシアの他の地域では見られない、この地方特有の自然の偉大さ、雄大さに圧倒されていった。

私たちはアゾフ博物館の所蔵品のみで、ロストフ州の古代河床から発掘された八〇〇万年前のデイノテリウム、六〇万年前のトロゴンテリーゾウ（マンモス）を中心に『地球四六億年の歴史・マンモス展』（一九九六年）を企画し、一年間のロング展覧会を実現した。これは日本初公開であった。その後も毎年、私たちはロストフ州、クラスノダール地方、スターヴロポリ地方、アストラハン州の各地を回って、スキタイ文化をはじめ、さまざまな民族文化の研究に触れている。スキタイとサルマタイ芸術をはじめ、この地方の美術館、博物館に収蔵・展示されている遺物は、現地の学者が中心に発掘した南ロシアのステップからの出土品である。それらには計り知れない歴史の重みと貴重さ、魅力がある。

本書は、南ロシアの渺々たるステップに生きた歴史上の民族の世界、昨今の南ロシアの人間模様などを二〇年近くにわたって見聞、また彼らとの生活の中で体験してきた姿を伝えている。さらに、現地の古生物学者、考古学者と共に発掘現場にも直接出かけ、古生物の発掘や古代民族のクルガンの発掘にも加わり、ありのままの息づかいを伝えている。人を惹き付けて止まない魅力ある南ロシアは、考古学、古生物学の発掘だけに留まらず、北カフカースの各民族の文化、自然の雄大さに触れることのできるユニークな地方で、興味の範囲は尽きない。

長年にわたって、南ロシアの広い大地をつぶさに見て回ることができたのは、アゾフ博物館館長で考古学者のA・A・ゴルベンコをはじめ、副館長のI・V・グルンスキイ、学芸員のG・I・チモーニナ、C・V・セミョーノワ、またロストフ大学の考古学者S・I・ルキヤシコ博士らの惜しみない協力、援助があったからこそである。また行く先々で、博物館館長はじめ職員の方々に温かく迎え入れられた。本書の誕生は、彼等との友情の証しでもある。深く感謝したい。またアカデミー会員で、母校のロシア連邦科学アカデミーN・N・ミクルホ＝マクライ記念文化人類学研究所所長V・A・チシコフはじめ、関係者の皆さんの惜しみないご協力にも、心からお礼を申し上げたい。

◉序章◉

モスクワからアゾフへ

ウスチ＝ドネツキイ地区を流れるドン川

フィンランド
ベラルーシ
ウクライナ
モスクワ
ロシア連邦
南ロシア 南連邦管区
ロストフ・ナ・ドヌー
カザフスタン
中華人民共

ウクライナ
ヴォルゴグラード州
カザフスタン
アストラハン州
ロストフ州
ロストフ・ナ・ドヌー
カルムイク共和国
アゾフ海
クラスノダール地方
クラスノダール
アドゥイゲ共和国
カスピ海
黒 海

南連邦管区

夢ふくらませアゾフへ

トロゴンテリーゾウ再発見の報

一九九八年、アゾフから日本に帰って間もない私に、「またトロゴンテリーゾウが見つかった！」と、興奮したアゾフ博物館館長アナトーリイ・アレクサンドロヴィチ・ゴルベンコ（以下、ゴルベンコ館長）から電話があった。それは、一九九六年に新潟ロシア村マールイ美術館（館長鴨川和子）のマンモス館で展示した「六〇万年前のマンモスと同種のものだ」と言うのである。「今はもう一一月、この地方は気候条件が厳しく、いつ雨や雪が降り出すかわからない。専門家が現場を確かめて、盗掘されないようにコンクリートで埋めて、発掘は来年、雪が解けてからにしたいと思っている。来年の発掘には是非来てください」と言って電話は切れた。

そんな誘いがあって翌年（一九九九年）も、私はロシアの展覧会の企画などで長いこと一緒に仕事をしている美術史家の新田喜代見さんと、アゾフに飛んだ。

トロゴンテリーゾウの骨の発掘

ソヴィエト時代から現在に至っても、私は中央アジア、シベリア、カフカース地方、バルト海諸国、そしてロシア国内の各地を訪れるときは、飛行機、汽車、船、車（時にはジープ）など、あらゆる交通機関を利用している。この国の旅が、いつのときも快適でスムーズに行なわれているとは限らない。今年こそ何事もないようにと、毎回祈りつつ日本を発つ。

冬に入る直前に、アゾフ博物館から新しくマンモスの化石が発見された連絡を受け、八月二〇日アゾフに向かった。午後一時成田発SU五八八便。モスクワのシェレメチェヴォ国際空港に定刻を三〇分遅れて到着した。入国手続き、荷物の受け取りは思ったより順調に進み、いつもの暗く重苦しいイメージはなく、一安心した。しかし、ここ数年のロシアの貨幣は扱いが難しく、戸惑うことばかりであった。それもそのはず――一九九七年八月のロシア滞在中は、一ドルが五八〇〇ルーブルであったが、ロシア政府は翌年の一月一日からデノミネーションを実施し、同年八月には一ドルが約六ルーブルとなった。しかし、このルーブルは夏（一九九八年）まだ私たちのロシア滞在中に急落し、一ドルが二五ルーブルとなった。

モスクワの旧知との再会

いつも長期滞在中の荷物は多く、税関を済ませ車まで荷物を運ぶのに一苦労する。今回も荷物を運ぶのに汗だくになり、泣きたくなる思いであった。しかし税関を出ると、そこには出迎えてくれた旧友ニコライ（大学時代の恩師の娘婿）の救いの笑顔があった。

その晩はワレンチーナ・フョードロヴナ・ノヴォドラノワ教授宅で歓迎の夕食会が用意されていて、娘一家も私たちを待っていた。モスクワで二日ほど滞在したあと、南ロシアへ出発する計画である。ロシアで研究・発掘調査などで長期滞在のビザ申請を、母校のロシア連邦科学アカデミー文化人類学研究所に出すモスクワの住所は、いつもノヴォドラノワ教授宅にしている。ある年のこと、教授が保証人として手続きをするため、当地の役所に出かけるというので、彼女に付いて行った。その役所は二階建て木造の建物だった。朝の一〇時に出かけて行ったが、ロシア国籍の国民が外国に出るため、または外国に住む親族や友人を迎えるための手続きで、すでに順番待ちの行列ができていた。何枚もの用紙に細かい書き込みが要求される。ようやく手続きが済むと、「この書類のコピーが必要だから、コピーを取って来るように」と言う。コピーを取るために、建物の外に出てバスに乗り、コピーの取れる場所を探しに行く。ロシアでは、今もこのような手続きで時間が取られ、いらだたしい思いをさせられている。この手続きが簡単でないことを、いやと言うほど思い知らされた。

今回も旅友は、新田喜代見さん。私たちはノヴォドラノワ教授とは三〇年来のつきあいで、いまでは師弟の関係を超え、ファースト・ネーム（ワレンチーナ、愛称ワーリャ）で呼び合う。ロシア滞在が三ヵ月近くになる時は、いつも教授宅でお世話になる。家庭生活だけでなく、風俗習慣などそのまま実感、体験できるロシアのありがたい家庭である。夫のワジム・ゲンナージエヴィチ、娘のオーリガ（愛称オーリャ）、彼女の夫ニコライ（愛称コーリャ）、彼らの娘アーニャ、みんななつかしい顔である。いつも変わりなく温かく迎え入れてくれる。私たちはお互い強く抱き合い、喜び合った。ほとんど頭髪のないワジム・ゲンナージエヴィチもニコライも散髪して、いつもより凛々しく見えた。「どうですか、今日の髪、気付いてくれましたか」、「僕だって！」と、ふだんは渋い顔のスラブの男二人が、顔に似合わずちゃめっ気たっぷりに少ない頭髪を自慢するので、一同大笑いであった。その日の夕餉には、ワジム・ゲンナージエヴィチの猟友が捕ったというヘラジカ肉の入ったペリメニ（水餃子）、そして白キノコ（茸の王様）のマリネなど、なつかしいロシアの家庭料理の他、アドゥイゲ産チーズなどがあった。もちろん食卓には、ロシア料理には欠かせないウオッカもあった。

一七時間の汽車の旅

モスクワのカザン駅

毎回アゾフに行くときは、モスクワのカザン駅一八時発、ロストフ・ナ・ドヌー行きチーヒイ・ドン号（日本語で「静かなドン」の意）寝台車と決めている。一七時間の汽車の長旅（総延長距離一二二三キロ）故、いつのときもワレンチーナ先生は、道中私たちが食事の心配のないようにと、弁当（焼肉・野菜）やお茶まで持たせてくれる。

八月二二日　一年ぶりにモスクワのカザン駅から一七時間かけてロストフ州への旅に出た。見送りのワレンチーナ先生とニコライが「今日は私たちがついているからね、赤帽を頼んで気楽に行こう」と言ってくれた。私たちを乗せたニコライの車が駅に着くと、背の高い太った若い男が近づいてきた。彼は愛想がよく、ニコライに「三〇でどうだ」と言い、返事を待たずに荷物を車から取り出し、自分のカートに積み始めた。

モスクワのカザン駅構内

ニコライは「三〇なら高くないだろう」と私たちに合図をし、オーケーした。発車までは時間があった。カザン駅構内を改めてみると、長距離列車の入ってくるホームは、天井が高く広い。待合室からもホールからも、どのプラットホームの列車も見えるようになっている。プラットホームは行き先によって違うが、どの列車も同じ方向に並んでいる。プラットホームの入口に立てば、案内板にどの列車がどの方面に行き、何時発か、定刻か、遅れているかが分かるように書いてある。ホールには大きな荷物を持って列車を待つ乗客、出迎える人、駅の周りで客を取れなかった赤帽《ポーター》たちがごった返していた。特に列車が入ってきたときは、大きな人の波が動き出す。

ニコライは仕事中抜け出して見送りに来ていたので、汽車の出発を待たずに職場に帰って行った。われわれの荷物を扱っている若い男は、「間違いなく荷物を所定の席まで運ぶから大丈夫」と、ニコライを安心させた。構内の赤帽のカートには、きちんと料金表が書き出されていて、彼らは制服を着ている。彼らを見てワレンチーナ先生は、「ほらね、ここは国際空港みたいなことはないわよ」。しかし、わが《赤帽》は、ホームで客を待つ制服姿の赤帽たちとは違って、普通のシャツを着ていた。私は駅構内で旅に出る客の表情、和やかに談笑している赤帽たち、列車の入ってくる様子の写真を撮っていた。定刻にロストフ・ナ・ドヌー行きチーヒイ・ドン号が、プラットホームに入ってきた。客を待ち構えていた赤帽たちが、いち早く動き出した。人の波も動き出した。プラットホームは長い。ホームの真ん中で、ウズベク女性が中央アジア特産のドィニャ（大きなマスクメロン）を地べたに並べて、行き交う乗客に積極的に売り込んでいる。こんなところでも商売ができるようになったのか。これもいまのロシアを反映しているようだ。

ロシアの汽車は各車両に二人の車掌がいて、そのうちの一人が自分の車両の乗車口に立ち、切符（身分証明の書込まれた）を点検し、受け取る。私たちは、安全を期してファースト・クラスの車両に乗った。《赤帽》は荷物をクペー（コンパートメント）まで運び、それらを下して外に出た。ワレンチーナ先生は荷物の料金を払うため、彼の後について行った。私は一足遅れて外に出た。そのとき彼女の財布が開かれていて、まさに《赤帽》が財布に手を入れ、金をつかんで去るところであった。人を疑うことのできない先生は、わけがわからずに棒立ちになっていた。「三〇とはルーブルでなく、あれはドルの値段だった」とぽつりと言った。要するに、荷物の運び賃は三〇ルーブルでなく、三〇ドルという法外な値段だったのである。《赤帽》に「不当だ！契約違反だ！」と抗議するまもなく、彼女の財布から総額六五〇ルーブルが持ち去られた。あっという間のできごとであった。このときの三〇ドルは、ほとんどのロシア人の給料や年金（一月分）と変わらない額であった。ワレンチーナ先生は「何とかするから大丈夫」と、私に気遣って精一杯の笑顔を見せていた。

汽車の出発の合図がなり、先生としばしの別れの時がきた。ロシアの汽車は時速六〇キロから八〇キロ出せば早い方で、フィルメンヌイのチーヒイ・ドン号は、モスクワ時間一八時を遅れることなく、カザン駅を静かに走り出した。私たちは別れの悲しさよりも、あのドロボーまがいの《赤帽》の行動が許せなくて、悔しさで泣きたい思いだった。

それでも私が旅に汽車を利用するのには、理由がある。汽車の旅には、計り知れない楽しさがあるからだ。毎回旅にはワレンチーナ先生が持たせてくれるお弁当とお茶を楽しむが、ときには途中の駅弁を買う喜びを味わうこともある。今年もモスクワからロストフ・ナ・ドヌーまでを、フィルメンヌイのチーヒイ・ドン号を選んだ。最近ロシアでは、「フィルメンヌイ」と言って企業の買い取った列車が、国鉄のレールの上を走っている。その仕組みについて友人、知人に尋ねるが、答えられる人は誰もいない。モスクワからロストフ・ナ・ドヌーまでの汽車の所要時間は一七時間余と長旅だが、天候によって飛行が安定しない空の旅よりは、確実で快適である。また、窓から変化していく景色が見られることも、大きな魅力だ。途中停車する駅では、ときどき現地の特産物も駅弁も買えるし、食堂車で気分を変えて外の景色を見ながら食事もできる。切符に食事券つきのものもある。最近の急激なインフレが祟ってか、二人用のファースト・クラスのクペーの乗客は少ない。今回の汽車は私たちの他に二つのクペーが塞がっているだけであった。

しばらくモスクワ郊外の白樺林を車窓に映して、列車は走る。別荘、白樺、松林がきれいだ。ナナカマドの実が赤く色づいて、深緑の葉に映える。ナナカマドはモスクワ大学構内や市内の街路樹などに多く植樹されていて、ロシア人には大変親しまれている。日本ではロシア民謡「小さなグミの木」として紹介されている。このナナカマドも秋には紅葉し、冬には葉が落ち、真っ白な雪に赤く残った実がなんとも愛らしい。モスクワ留学時代に甘めのものを選び、砂糖を入れて食する方法をロシア人から教えられた。懐かしい木の実である。

車内には飲み物や本、雑誌を置いて行く行商人が多い。私たちのクペーにいきなり若者が入ってきて、雑誌を置いて行った。本や雑誌の中には『おばあさんの家庭料理』、ＳＦ、読み切本やわけのわからないもの、いかがわしいものもある。数分するとその若者が集金に来た。手をつけてないので、持ち帰ってもらう。今、ロシアではどの鉄道列車でも、本や雑誌の行商人がいて、彼らは決まって言語に不自由な人たちである。列車内でのさまざまな事故防止のために、鍵が外から開けられないようにするため、希望者にはブロキラートル（閉塞装置）をつけるよう要求できる。運賃に含まれている二食分のロシアの弁当、敷布・タオルなどが各車両の車掌から配られる。

モスクワ州を過ぎたあたりで夕立があったらしい。道が、森が濡れている。雲行きはまだ怪しい。白い雲、黒い雲、そしてそれらの間から青空が覗く。車窓には広大な平野が延々と続く。鮮やかなひまわり畑が目に入ってきた。最盛期の色がこれほどまでに鮮やかなものは、南ロシアでもあまり見ていない。目がひまわりの黄色でやけどしそう。

ロッソシ駅で温かいピロシキを買う

翌日の朝八時一分、ロッソシ駅に着く。いつも朝食を買える楽しみの駅だ。一五分の停車である。まだ寝巻姿であった。「ピロシキ！ ピロシキ」「リンゴだよ」外が急に騒がしくなった。人の声がする。急いで車窓のカーテンを開け、窓の下を見ると、さまざまな姿格好で人々が忙しく動いている。

「温かいピロシキはいかが！自家製だよ」、「ゆで立てのジャガイモ～」と現地住民がひっきりなしに呼びかけている。停車時間が短いので、自分の売り物をあらゆる方法でアピールする。手作りのパン、菜園で取れたひまわりの種、マスクメロン、スモモ、リンゴ、そして生ジャガイモなどはバケツ（一杯一〇から一五ルーブル）で売られている。蜂の集めてくる花によって色の違う蜂蜜（五リットルと二リットルの二種類のビン）が、ホーム一杯に並べられている。まるでバザールだ。これらは、この地で取れた特産物を売っていて、見ていても胸がわくわくしてくる。

私は急いで着替え、ホームに出た。列車からホームに降りるには、三段の階段を降りるほどだ。外に出た途端、「自家製のリャージェンカはいかが？」と言われ、きょとんとしている私に、車掌が「美味しいよ、それに高くもないし」と声をかけ、助言をした。その一つ二・五ルーブルを二つ買った。日本円で一〇〇円もしない。リャージェンカは紙コップに牛乳を入れ、オーブンで焼いたものだった。新田さんは浅漬けのキューリ（四本一〇ルーブル）、湯気の立っている蒸したジャガイモ（一〇ルーブル）、ピロシキ（四五ルーブル）、マスクメロン（一個一五ルーブル）を買って来た。それらが私たちの車中の朝食と昼食となった。汽車の旅の楽しみであった「駅弁」も、残念ながら新しい規則のためか、二〇〇二年頃からは姿を消しつつあった。

リハヤ駅で三分の停車。ロシア経済の発展をうかがわせるような木材、ガソリン、石油を積んだ長い貨物列車が、十数本も停車している。今度はいくつもぼた山のある炭鉱の町、シャフトィ駅を通過して行く。それから四〇分もしないうちに、列車が止まった。「なぜ？」時刻表には載っていないパセコヴァ駅である。鉄道線路をひとつ隔てたところは、ウクライナである。ここからは行政管轄が違うので、よく列車が止まるのだと言う。この頃からチェチェン紛争の話が頻繁になってきた。

ロストフ・ナ・ドヌー着―ゴルベンコ館長らとの再会

チーヒイ・ドン号は、終着駅ロストフ・ナ・ドヌーに三〇分遅れて着いた。駅にはアゾフ博物館のゴルベンコ館長、イワン・ウラジーミロヴィチ・グルンスキイ（以下、イワン）国際部長らが出迎え、私たちの荷物を運んでくれた。二人とは、一九九四年にはじめてアゾフを訪れたときからのお付き合いである。アゾフ博物館の所蔵品展を日本で開催したときも、その後の展覧会の企画にも、私たちの研究、取材にも、彼らは協力を惜しまない。私たちは彼らとの仕事を喜び、アゾフ博物館との協力関係発展を期待して、いつもアゾフにやって来ている。一年ぶりの再会である。

久しぶりに見るロストフ・ナ・ドヌー駅は、このときはまだ何一つ変わっていなかった。プラットホームは建物の外にあり、列車を降りた乗客は改札無しで、駅の建物を通らずに町に出られた。駅のホームから五〇《メートル》も離れていないところに止めてあった車に荷物を積んで、私たちは約一ヵ月間の生活の拠点になるアゾフ市に向かうことができた。しかし、この年、ロシア国内ではチェチェン紛争などで、情勢が厳しさを増してきていた。北カフカースに近いロストフ州などの公共施設、とりわけ鉄道の取締りはいつになく物々しくなっていた。

一ヵ月後、ロストフ・ナ・ドヌー駅からモスクワに帰るときは、この駅のプラットホームの手前に高い鉄の柵が出来ていた。ホームには数《メートル》おきに、銃を身に付けた兵士や警官が立っていた。これまで駅の構内を通らずに街に出られたが、二〇〇〇年にアゾフを訪れたときは狭い出入口に警官が立っていて、大きな荷物を持つ乗客の列が出来ていた。「誰がこんな詰まらんことを考えたのだ」と、後ろの中年男性が腹立たし気に怒鳴っている。今まで何の検査もなく、気楽に通り抜けていた駅だが、その時はじめて別のホームに列車が入っているのに気がついた。

このロストフ・ナ・ドヌー駅からは、各方面行きの汽車が出ている。それ故に、私たちがモスクワに帰るときはもちろんのこと、サンクト・ペテルブルグに行くときも、アストラハンに行くときも、お世話になったアゾフ博物館館長はじめ、友人や同僚、先生方との別れの駅となるのだ。これまでもこの駅のホームで、多くの友人、先輩が私たちを見送ってくれた。別れというつらい一瞬は、また必ず次の出会いが待っていると、信じさせてくれる瞬間でもある。

◉第一章◉

アゾフ——南ロシアの歴史的重要都市

南ロシアの草原（ステップ）

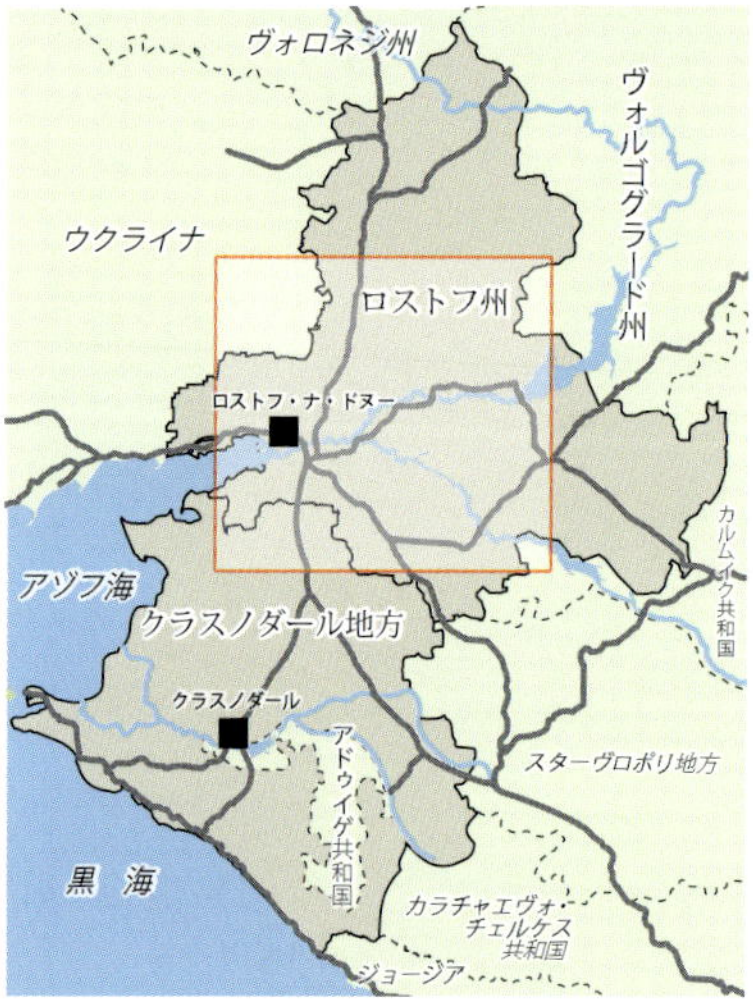
ヴォロネジ州
ヴォルゴグラード州
ウクライナ
ロストフ州
ロストフ・ナ・ドヌー
アゾフ海
クラスノダール地方
カルムイク共和国
クラスノダール
アドゥイゲ共和国
スターヴロポリ地方
黒 海
カラチャエヴォ・チェルケス共和国
ジョージア

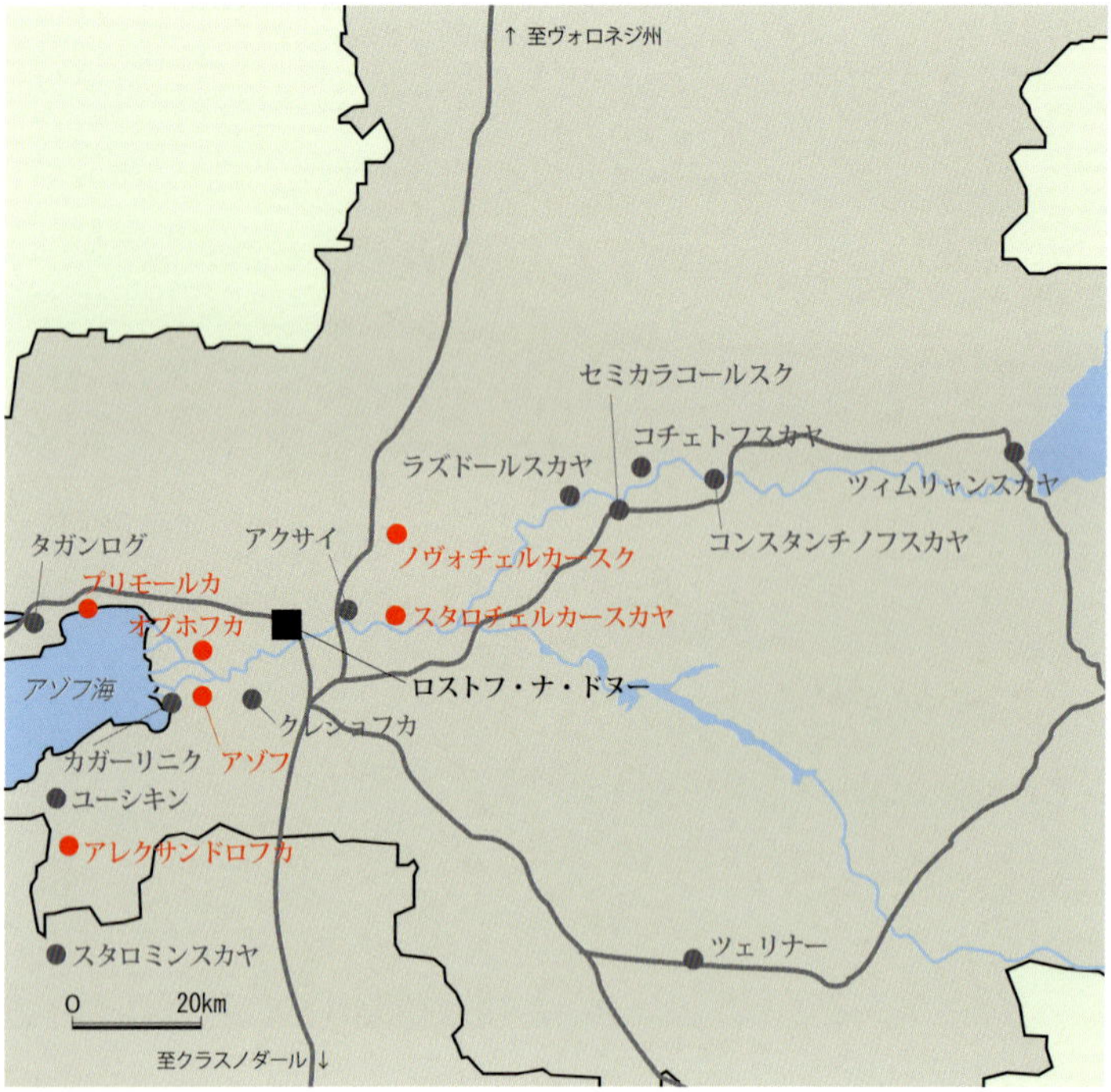
↑ 至ヴォロネジ州
セミカラコールスク
コチェトフスカヤ
ラズドールスカヤ
ツィムリャンスカヤ
タガンログ
アクサイ
コンスタンチノフスカヤ
プリモールカ
ノヴォチェルカースク
オブホフカ
スタロチェルカースカヤ
ロストフ・ナ・ドヌー
アゾフ海
クレショフカ
カガーリニク
アゾフ
ユーシキン
アレクサンドロフカ
スタロミンスカヤ
ツェリナー
0 20km
至クラスノダール ↓

アゾフの暮らし

宿

アゾフ市はロストフ州都のロストフ・ナ・ドヌー市から、四〇キロ程西に位置する。一九九五年以来、アゾフ市内のゴルベンコ館長のアパートを拠点にし、各地を回っている。それは市内のエレベーターの無い、古い五階建てアパートの最上階。ゴルベンコ館長は雪が解ける三月末から雪の降り出す一一月末まで郊外の別荘に移り、その間市内のアパートは、地方の博物館関係者、研究者などに無料で提供している。私たちもアゾフ滞在の時は、館長の好意に甘えている。贅沢品は何もないが、彼が普段生活に使っているものをそのまま借りられ、すぐに生活が始められる有り難い住居である。アパートのベランダからは中庭が見え、そこには建物よりも高いポプラやマロニエの木が何本も立っている。夕方になると、その中庭に周辺の住民が集まってきて談笑したり、歌を歌ったり、かん高い子どもたちの遊ぶ声がしたり、大変庶民的な住宅街である。部屋はきれいに掃除され、冷蔵庫にはいつもバター、ハム、チーズの他、野菜や果物など館長の心遣いが用意されている。滞在中、館長から菜園で取れた野菜や果物＝マスクメロン、ピーマン、プラム、梨、ジャガイモなどが、毎日のように届けられた。時には、遠方（プリモールカ村）に住む館長の母親から、産みたての卵、家鴨、七面鳥が丸ごと入った〝ふるさと便〟が宅配された。また、アゾフの特産品＝取れたての蜂蜜、絞りたてのひまわり油が館長の計らいで毎年用意され、五リットルビンの蜂蜜はレモン漬けにしたり、砂糖代わりに使ったりしている。

滞在中、いつもなにかと心配りをしてくれるのがイワンである。ゴルベンコ館長は、小学校へ通っているときから考古学に興味を持っていた彼を実の息子のように可愛がり、博物館の仕事を教え込んできた。やがてイワンは国立ロストフ大学歴史学部を卒業し、アゾフ博物館で働くようになった。館長からイワンを紹介され、それ以来、私たちは彼とも家族のように親しくしている。ある日、イワンは私たちに愛くるしいロシア美人ナターリア（愛称ナターシャ）を紹介し、その彼女と結婚。やがて二人に娘（クセーニヤ）が生れ、その子に手がかかるまで、私たちはナターシャの手料理を毎回ごちそうになっていた。病気になったりすると、二人は直ぐ医師を連れてきてくれたり、風邪をひいたときは、「コサックの風邪の治し方」と言って、私たちをサウナに連れて行き、自ら束ねた白樺の枝葉にたっぷり湯をつけ、それで温まった私たちの全身を叩いてくれたりする。イワンのお蔭で、現地の飲み物だけでなく、ダゲスタンの貴重なブドウの蒸留酒も味わうことができた。食べものでも、この地方ならではの贅沢なものをご馳走になっている。働き者で好奇心旺盛なイワンは会うたびに出世し、二〇一三年一月には、ロストフ州文化副大臣に抜擢された。それまでは博物館の国際部長、副館長を歴任し、館長の右腕として活躍した。

ザリガニとキャビア

この地方は、ドン川やアゾフ海で捕れる魚も豊富である。チョウザメ、日本のザリガニに似た殻が緑っぽいザリガニ（*Astous Iptodactylus Eichuw*）も、この地方では珍味とされている。しかし、高値で何時でも誰でもが食べられるものではない。ザリガニは客を招いた時などに、地ビールと共に出される。ハーブを入れ塩味で茹で上げると、殻が真っ赤になる。ゴルベンコ館長とイワンが市場でこのザリガニを買って来て、自分たちでよく料理してくれた。大きいザリガニは四〇匹が一〇〇ルーブル（一九九九年）する。海老に似た美味しいものだ。また、イワンが垂涎のキャビア（六〇〇グラム）を持ってきてくれたことがある。こんなゴージャスな差し入れも、南ロシアならではのこと。キャビアは温かい白いご飯の上に大匙で豪快に盛り、海苔を巻いて贅沢に食べる。絶品である。

キャビアはカスピ海、黒海を中心にこの地方の貿易の産物として、紀元前からギリシアなどに輸出されていた。この地方の食生活が豊かなのには驚かされる。チョウザメのスープもその一つであった。しかし、最近はチョウザメ漁が激減し、食卓に出てくる回数が減ってきているのは、寂しい限りだ。アゾフ滞在中、週に一、二度は必ず訪れているのが市場だ。食料品から衣料品、家財道具までも揃う、大きな市場である。多民族都市だけあって、ロシア語のイントネーションがそれぞれの民族語に似ていて、親しみを感じる。市場はいつも人の波でごった返す。特に休日はふだんの数倍も混み合う。客も店員も威勢がいい。この雰囲気は祭りの気分にしてくれる。血も騒いでくる。この地方の特産物でドン川から捕獲したばかりの鯉や鱸《スズキ》などの魚類が豊富なのも、賑わいの一因になっている。市場の一角で、大きな魚が地べたに置かれて売られたりする。その売り方や売り子をジーッと見ているだけで、うきうきしてくる。市場とは不思議なものだ。私たちもここアゾフでは、五キロや七キロの肉塊を買うのはふつうである。またカフカース地方の柿やいちじくなどの果物などは、日本を思い出してよく買う。最近は車を所有する市民が増え、車で買い物する客が多く、駐車場を探すのに苦労する。いつもゴル

ドン川の朝取りの魚を売る女たち　アゾフ市場にて

ベンコ館長やイワンの世話になりながら、私たちも持ちきれないほど食料品を買う。

二〇〇〇年の夏、前のアパートで結婚式があった。朝早く新郎の乗った車が、新婦を迎えに出かける合図のおどけたラッパの音が、住宅の中庭に響いた。数時間後、そのおどけたラッパの車が、今度は新婦を乗せて戻ってきた。ラッパが鳴る度に、近所の住民が車の回りに集まってくる。お菓子やお金などが集まってきた住民にばらまかれ、彼らはそれをはしゃいで拾う。日本の建て前の餅まき、神社の節分の豆まきにどこか似ている。モスクワなどでは見られない、地方の素朴な結婚式である。

その年はいつもより一〇日ほど早く、アゾフ入りをした。一口に一〇日と言っても、盛夏の一〇日の温度差は大きい。二〇〇〇年の暑さは四〇℃近くなり、日陰でも三三℃はあった。南ロシアの人々にとっても辛かったらしい。近くの魚屋に入ったが、昼下がり女店員が机に片手を大きく伸ばし、その手の上に半分顔をのせて寝ている。灼熱のモロッコでも同じ光景を見たことがある。国営はもちろんのこと、個人経営の店でも店員は暑さでだらけていて、日本では考えられないほど客に対するサービスはない。館長はこの暑さをしのぐため、私たちの到着に間に合うように、部屋にエアコンを入れておいてくれた。お蔭で暑さ知らずに、よく眠れた。いつも着いた当日は、館長とイワン、ナターリヤたちが歓迎の夕食を用意していてくれる。今年も冷房の入った部屋で焼肉が用意されていた。

モスクワのような大都会では、エアコンを備え付ける住宅が増えてきているが、アゾフのような小都市では個人の住宅にまでは、普及していない。日本製エアコンが目立って来ているが、べらぼうに高い。私のモスクワの友人は、日本製エアコンの販売を一手に引き受け、会社を設立し、商売も急成長してきた矢先に、若くして悪の凶弾に無念にも倒れている。

二〇〇八年に訪れたとき、ゴルベンコ館長は博物館に近いドン川の見えるマンションに引っ越していた。

アゾフの歴史

アゾフ博物館との交流を深化させていくなかで、この地方の博物館に展示されているユニークで貴重な出土品、文化遺産・歴史に興味を覚えた。アゾフ史を繙いていくと、ピョートル大帝がペテルブルグを首都として建設する決断以前に、アゾフは南ロシアの首都候補地であった。

ロシアでもアゾフの歴史を深く知る人は少ない。同博物館では、特にこの地方の歴史研究に力を入れている。そのアゾフ史研究については、歴史部部長Ｌ・Ｂ・ペレペチャーエワ、学芸員Ｖ・Ｏ・ブルラカ、Ｎ・Ｍ・フォミチョフらが著書、論文を多く出版している。

多様な民族から構成

アゾフ史、その概要を急ぎ足になぞっておこう。

アゾフがロシア領に入るのは一八世紀初頭のことであり、それまでのアゾフの歴史をたどると、この町に住む民族の多様さがうなずける。現在のアゾフ市はロストフ州の南西部にあって、一部はアゾフ海沿岸に面し、市の中心はドン川沿岸の高台にある。アゾフ海にはドン川など数十の川が流れ込み、やがてそれは黒海を経て地中海へとつながって行く。アゾフはドン川水系の内陸水路と黒海から地中海に出る海路の間にあり、紀元前からギリシア、イタリアなどとの交易の町として栄えてきた。この南国の豊かな地形故に、時の権力者たちは当地を巡って幾多の戦いを繰り返し、町の名称は権力者によって度々変えられてきた。アゾフはロストフ州に存在する都市の中では、最古の都市の一つである。アゾフとドン川は、古い歴史的繋がりがあった。

前一世紀末から後三世紀に、現在のアゾフにはじめて農耕民＝メオト族がクバーニ川沿岸からやって来た。前一世紀にはここに政治、経済においてギリシアの植民都市タナイス管轄下のメオト＝サルマタイ族の移住地（パニアルジスとパタルヴォ）があった。しかし、六世紀から一三世紀中葉までは、この地にどのような種族が存在したかの資料がなく定かでないが、アゾフの創設はポロヴェツ汗アズプが黒海沿岸を占領した一〇六七年とされ、汗の名を冠してアズプと呼ばれた。

一三世紀中葉、ここにキプチャク汗国の陶器製造センターが存在したことは、アゾフ市内を発掘した考古学者によって証明されている。市内の発掘現場からは、貴重なキプチャク汗国時代の陶器が多数出土している。当時の町の名称は、アザク（ロシア国家は「アゾフ」と呼んだ）となる。その沿岸部に、ジェノヴァ人とヴェネツィア人が創設した外国商館ターナがあり、西欧諸国と東洋諸国の交易が実現されていた。沿地中海地域、中央アジア、中国を結んだ交易路＝シルクロードは、アザク・ターナを経由していた。ここで取引されていたものは絹、香辛料、東洋諸国の陶器、それに奴隷であった。特に奴隷の売買は、盛んであった。

一二三八年のモンゴル・タタールの襲来後、キプチャク汗国が形成され、その汗国の都市アザクが誕生した。一二六一年にそのアザクにジェノヴァ人が、また一二六八年にはヴェネツィア人がやって来た。彼らは現在アゾフ港になっている領地に、イタリアの外国商館ターナを創設する。一二七六年にはターナを経由してペルシアシルク（絹）が、ジェノヴァの市場に出回った。ターナのジェノヴァ商人の投資額は、黒海沿岸のジェノヴァ人の全植民地を凌いでいた。ここから輸出された主な商品は、魚、大型有角獣の毛皮であった。一二九四年にマルコ・ポーロは、「ジェノヴァ人がペルシア絹をターナ経由で、黒海沿岸の重要なジェノヴァ人植民都市カーファ（フェオドシア＝ウクライナ黒海沿岸の港湾都市・前六世紀の古市）に輸出した」と記述している。一三〇六年ヴェネツィア人は、キプチャク汗トフタムィシの大使たちと共に中国に到着した。一三二二年ターナにヴェネツィ

『ターナの市場　14 世紀』 V・セメルニョフ作 （アゾフ博物館蔵）

ア植民地の行政機関が存在していた。

ターナはヨーロッパ諸国およびペルシアから中国、インドへの道と、モスクワからコンスタンチノープル（コンスタンチヌスの都の意＝イスタンブールの旧称・東ローマ帝国およびオスマン帝国の首都）への道が交差していた重要な地理的位置にあった。要するに、中世の二つの重要な行路が十字に交差していたこの町は、要衝としての地理的条件を満たしていた。

また、フィレンツェ人による、ターナから中国の首都までの道程についての記述もある。考古学者によれば、キプチャク汗国の最大級の都市であった一四世紀のアザクは、ロンドン、パリなど世界一の大都市に匹敵していた。一四世紀から一五世紀には造幣局を有していた。その証拠に、現在アゾフ市内で行なわれているキプチャク汗国時代の発掘現場からは、硬貨がざくざく出土している。

一三四〇年、ジェノヴァ人はターナにあったヴェネツィア植民地を襲撃したが、その後ヴェネツィア人は新天地に自分の居住地を求めて去っていった。一三四三年ヴェネツィア人によるアザク汗の総督殺害後、タタールの襲撃でターナが占領され、ジャニベク汗はイタリア人をターナから五年間追放した。一三四八年、東方からのキャラバン（隊商）とともに町に持ち込まれたペストが蔓延し、市民の五分の一が生き残っただけであった。一三四九年ジャニベク汗は、ターナを再び荒廃させた。ジェノヴァ人はヴェネツィア人と共に、タタールと戦った。ジェノヴァ人は、ヴェネツィア人に自分の植民都市カーファでのみ取引することを強いた。これが、一三五〇～五五年のヴェネツィア人とジェノヴァ人との戦争の原因となった。その結果、ジェノヴァ人が勝利し、ターナにヴェネツィア船の航行を三年間禁止した。しかし、一三五七年にはヴェネツィア人がまたターナに戻ってきた。一四世紀六〇年代のキプチャク汗国では、封建領主間の内紛が燃え上がっていて、アザク・ターナは互いに反目し合う汗の手から手に移った。ターナでは奴隷売買が盛んになった。一三六一年、ターナにおいてヴェネツィア人とジェノヴァ人の間で相変わらずの内紛が起き、ついにこの対立は大戦争（一三七六～八二）へと発展していく。戦争の結果、ヴェネツィア人にまたもや二年間のターナへの航行が禁止された。一三八〇年、ターナのジェノヴァ人はクリコヴォの戦いに参加し、ロシア軍に対抗してママイ汗側に立った。

一四七五年にはオスマン帝国の巨大な軍隊によってアザク・ターナは占領され、オスマン・トルコ領になる。トルコ人は、ドン川河口の手前八キロの左岸に堅固なアザク要塞を築いた。アゾフの北半分はドン川に面し、反対側の南半部は高台になっていて、その南側にはカガーリニク川が流れている。この要塞は遠方の見晴らしが抜群で、敵が攻めてくる時、また敵の動きを見る時にはもってこいの位置にある。要塞には一一の塔が築かれ、周囲は一二〇〇メートルの壁がめぐらされていた。壁の周囲には幅八メートル、深さ三メートルの堀があった。守備隊はトルコ軍の親衛兵を常時五、六千人置いていた。砲門は二〇〇を装備していた。要塞が堅固であると言われる所以である。

アゾフ要塞の砲門

コサックの登場

コサック（またはカザーク）は、トルコ語で「自由人」を意味する。一四～一七世紀ロシアでは国税を免除されていた自由人、または辺境で軍務に服した独特の身分の者をいった。コサックは何世紀にもわたって、ロシア帝国の領土拡張に大きな役割を果たしてきた。

一六～一七世紀にドン・コサックとオスマン・アザクとの戦闘に関連する出来事は、世界史に常に登場する。一六三七年ドン・コサックは、モスクワの皇帝には内密で、アゾフ要塞の攻略のための遠征を決めた。激しい白兵戦の末、トルコ軍は二ヵ月後に投降した。ドン・コサックはモスクワに使者を送り、ロマノフ朝初代ミハイル帝（在位一六一三～四五）にアゾフ占領を報告した。ドン・コサックはアゾフを自分たちの手に委ねるよう要請したが、オスマン帝国のスルタン（皇帝）は、ミハイル帝に「アゾフ奪取は条約違反だ」と非難すると、ミハイル帝は「コサックが勝手に行動したもの、オスマン・トルコが彼らをどうしようとロシア政府は関知しない」と回答してきた。スルタンはロシア政府の傍観を確認すると、属領のクリミア汗国やノガイ人などに、アゾフ要塞の奪回作戦を命じた。しかし、これらの軍は要塞を守っていたコサック軍に撃退されてしまう。

一六三七年から一六四二年までアゾフは、ドン・コサック軍の首都であったが、一六四一年にオスマン・トルコは大軍をアゾフに送り、町を包囲した。コサック軍は反撃に移り、やがてトルコ軍を撃退した。しかし、一六四二年夏、アゾフは再びトルコの支配下に置かれた。

『アゾフの聖母』にはアゾフ遠征時の要塞が描かれている
18 世紀末～ 19 世紀初頭（アゾフ博物館蔵）

ピョートル一世からソヴィエト軍による解放まで

ロシアは長い間クリミア・タタール、ステップの遊牧民族の脅威を感じていて、どうしてもそれを断ち切る必要があった。一六八九年に若いロシア皇帝ピョートル一世（在位一六八二～一七二五）が誕生すると、一六九五年に彼はオスマン・トルコとの戦争を決意する。トルコ領アゾフに近衛軍を送るが敗北。翌年ピョートル一世は最初のロシア陸・海軍をアゾフに派遣し、トルコ領アゾフ要塞の攻略を再開する。

ピョートル治世のアゾフ＝堅固な軍事要塞は、巨大なアゾフ県のセンターであった。プルート川遠征敗北後の一七一二年、アゾフはオスマン帝国に返還。一八世紀の露土戦争によって、アゾフ要塞の運命が決定された。一七三六年ロシア軍はアゾフを再度奪回したが、ベオグラード条約により要塞の全施設を壊し、爆破し守備隊を撤退させることになった。一七六八年アゾフは再びロシア軍が奪回し、要塞は《旧境界線》上に再建した。一七七四年クチュク・カイナルジ講和条約により、アゾフはロシア領となった。アゾフ要塞は、A・V・スヴォーロフ（一七二九／三〇～一八〇〇）将軍の管轄下のアゾフ＝モズドク防衛システムに組み込まれた。一九世紀初頭アゾフ要塞は軍事的役割を終え、一八一〇年には廃止された。一八八八年アゾフはドン・コサック軍管区に入った。

一九世紀末にドン地方の農業貿易の発展に関連して、アゾフ港経由で一五〇〇万トンの穀物を搬出した。

一九〇〇年アゾフに最初のマルクス主義のサークルが誕生し、一九〇五年革命の時には、社会民主主義組織が活躍した。アゾフに工業が発展し、一九一一年には鉄道が開通した。一九一七年三月アゾフに労働者、兵士代表ソヴィエトが結成されたが、それを指導したのはメンシェヴィキ（ロシア革命運動の右派）であった。一九四二年七月からアゾフの町は、ドイツ・ファシスト軍に占領されたが、一九四三年二月にソヴィエト軍によって解放された。

以上が、アゾフ史の概略である。

アゾフ博物館の歴史とその収集活動
―ゴルベンコ館長に聞く―

南ロシアはスキタイ、サルマタイなど騎馬民族の研究、クルガン（古墳）発掘のメッカである。また、この地方のステップで地質時代に生息し、絶滅していった古生物の発掘にも力を入れ、骨格などの研究も行なっている。その中心になって活動しているのが、アゾフ博物館である。同博物館は、それらの出土文化遺物の収蔵品からなる国内外の展覧会をサンクト・ペテルブルグのエルミタージュ美術館、モスクワの歴史博物館などと共催で開催している。

人口八万人都市の博物館だが、ソ連邦崩壊後の困難にもめげず、館員が一丸となって博物館の増設に尽力し、地方博物館の羨望の的となっている。その立役者がゴルベンコ館長である。

このほど博物館の歴史、収集活動の原動力について伺った。館長はロシア連邦文化功労者であり、アゾフ

A・ゴルベンコ館長（中央）60 歳の祝賀会にかけつけた近隣地区の博物館館長たち

市の名誉市民でもある。

博物館の成立ちと活動

―― アナトーリイ・アレクサンドロヴィチ、モスクワのプーシキン美術館館長イリーナ・アントーノワ女史が退任（二〇一三年七月）し、いまは貴方が全ロシアの博物館館長で、最も長い現役館長ですね。要するに四〇年以上館長をなさっていらっしゃる。博物館の始まりはどのようなものでしたか？

ゴルベンコ館長（以下、館長）一九七〇年にアゾフ博物館に就職し、一九七三年に館長になりました。五〇年代後半から博物館は、住宅の一階にあって、展示品は小ホールに自然部、他の二つのホールに古生物学・考古学部と歴史部が占めていた。館員は八人。その内四人が学芸員、三人が監視員と館長でした。

A・ゴルベンコ館長

―― その博物館をどのように拡大していきましたか。

館長 その歴史は一人の熱意から始まるのです。一九七〇年代、アゾフ市ソヴィエト執行委員会の議長を務め、歴史家でもあったルキヤン・イワノヴィチ・イズマイロフが、博物館を市の中心の最も美しい由緒ある建物に移すことを提案したのです。その建物は一八九二年に、著名な建築家F・N・ガウゼンバウムの設計によって建てられたもの。それが一九七四年に博物館に譲渡され、二年間の改装工事を終え、一九七六年に博物館の所蔵品が披露されたのです。

――ソ連邦崩壊後の最も困難な九〇年代に、博物館の建物がいくつも増築されましたが、どのように乗り越えたのですか。

館長 そう、当時国内は財政面で窮地に陥っていましたね。九〇年代に博物館は、新しく展示棟と研究棟を積極的に建てた。一九九四年から九五年に五階建て二棟、一九九九年に三階建ての連絡通路開通、二〇〇一年から二年にも五階建てを建てた。これらすべての建物は、まず、博物館の多彩な展示を実現すること、次に収蔵庫と職員の職場の改善と拡大を考慮したものでした。

――古生物学や考古学の所蔵品は、どのように収集しましたか。

館長 アゾフ博物館は、特に古生物の発掘に努めています。一九八二年にはキエフ古生物学研究所の研究員に先駆けて、われわれはノヴォチェルカースク市郊外のオブホフカ村で、約八〇〇万年前のデイノテリウム（化石）を発掘した。一九九九年にはアゾフ市近郊で、六〇万年から七〇万年前の二頭目のトロゴンテリーゾウ（化石）を発掘し、二〇〇三年には四万六五〇〇年前のステップ野牛（化石）の大群を発掘しています。また、一九七〇年代から八〇年代にはロストフ州が、灌漑用水路網の建設を積極的に行なった。そのことによって、この建設地帯にある数多くのクルガンの発掘が急ピッチに進められた。八〇年代末になると、アゾフ市郊外の別荘地が、市民に割り当てられた。この地域にも多くのクルガンがありますから。別荘を建てるには、市の規定によって博物館の「発掘・調査済証明書」が必要になってくるわけですよ。こうして考古学調査隊は、考古学的発掘をロストフ

1　留め金
2　革帯端末飾り
3　轡・鏡板・手綱
4　ファレラ（馬勒装飾）
5　胸飾り
6　ファレラ
7　鹿形腕輪
8　短剣と鞘
9　留め金
10　革帯端末飾り（伏せた豹の形）
11　革帯端末飾り
12　衣服装飾：塔形、菱形、半球形、「ヘラクレス結び」形、ヤギ角形、三日月形、十字形、三角形

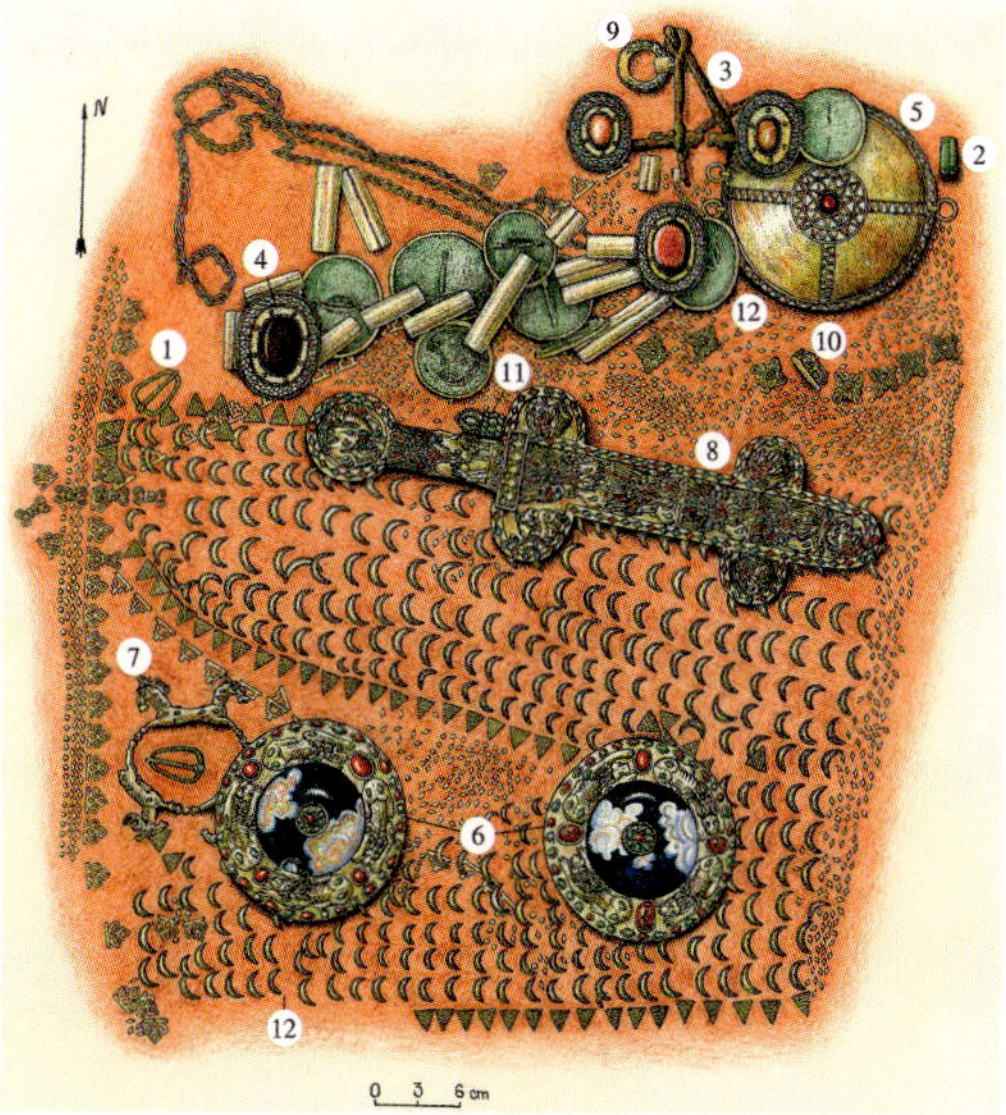

「ダーチ」墓地１号墳隠し穴の金属製品出土状況（右上）、胸飾り（左中）、轡・鏡板・手綱（左下）、金属製品着装復元図（右下）

［部分拡大］

「ファレラ」
1世紀後半　金・青銅・シマメノウ・トルコ石・ザクロ石製「ダーチ」墓地1号墳隠し穴の出土（アゾフ博物館蔵）

州の各地で精力的に行なったのです。そのことによって、博物館の収蔵品が増えて行ったと言えますね。

サルマタイ時代の貴重な世界的文化財

――もっとも貴重な文化財はどのような場所で発掘されましたか。

館長　発掘されたものの中で、唯一無二なものがあります。それは、一九八六年にアゾフ市郊外の古墳「ダーチ」墓地の隠し穴で、サルマタイ時代の多量の金製品（一世紀後半）の発掘でした。まず、馬の背掛けを見ると、それには一万五〇〇〇個から成る、それもさまざまな形の金の留金が縫い付けられていたのです。その馬の背掛けには、金で飾られた馬具、金

短剣と鞘装飾板
1世紀後半　金・ザクロ石・紅玉髄・トルコ石
ロストフ州「ダーチ」墓地出土

製の柄の短剣と鞘、サルマタイ戦士の金の腕輪が包んであったのです。一九七七年にはヴィソチノ村で、サルマタイ時代の鍍金・彫金などさまざまな技法を駆使した美しい容器（一世紀）、金製碗、銀製盤（これらの容器にギリシア人はワイン一に対し水一を注いだ。彼らは水で割ってないワインを飲まない）、銀製水差し、銀製柄付きワイン用濾過器、鍍金の施された四つの銀製カンタロス杯、豹形把手付容器が発掘された。アゾフ市郊外のノヴォアレクサンドロフカ村では、銀製容器一揃いが発見された。これらは、わが博物館のスキタイ・サルマタイ時代の貴重な貴金属品であり、「黄金宝物庫」（二〇〇八年公開）に展示されています。

――アゾフ市は南ロシアの歴史上最も重要な都市ですが、そこで精力的に発掘していますね。発掘活動が博物館に与えたものは？

［部分拡大］

鹿形腕輪
1世紀後半　金・トルコ石・珊瑚　ロストフ州「ダーチ」墓地出土

館長　ソ連邦崩壊後、財政困難によって国内の多くの大学、研究所などが、クルガンの発掘を止めてしまいましたが、われわれはむしろ活発に市内の発掘を行なった。アゾフ市内の発掘は、一九一七年の革命前から始まりましたが、九〇年代初頭から今日に至るまで、計画的かつ大規模に行なわれています。それと言うのも、一四世紀のアゾフには、強大なキプチャク汗国の都市＝アザクとイタリアの最北端の植民地＝ターナがありましたから。ソヴィエト時代には中世の考古学、特にタタール・モンゴル時代を真剣に研究しなかった。なぜなら、タタール・モンゴルはロシア人の抑圧者であった、と見なされていたからです。しかし、ソ連邦崩壊後われわれはむしろ貪欲にこの問題に取り組み、アゾフ市内をできる限り発掘しています。お蔭でわが博物館は、中世の出土品を多く所蔵していますす。その中に、素晴らしいカシャーン製ペルシア陶器コレクションがあります。このようなカ

カシャーン製ペルシャ陶器「高台鉢」 14 世紀　キプチャク汗国　アゾフ市内出土

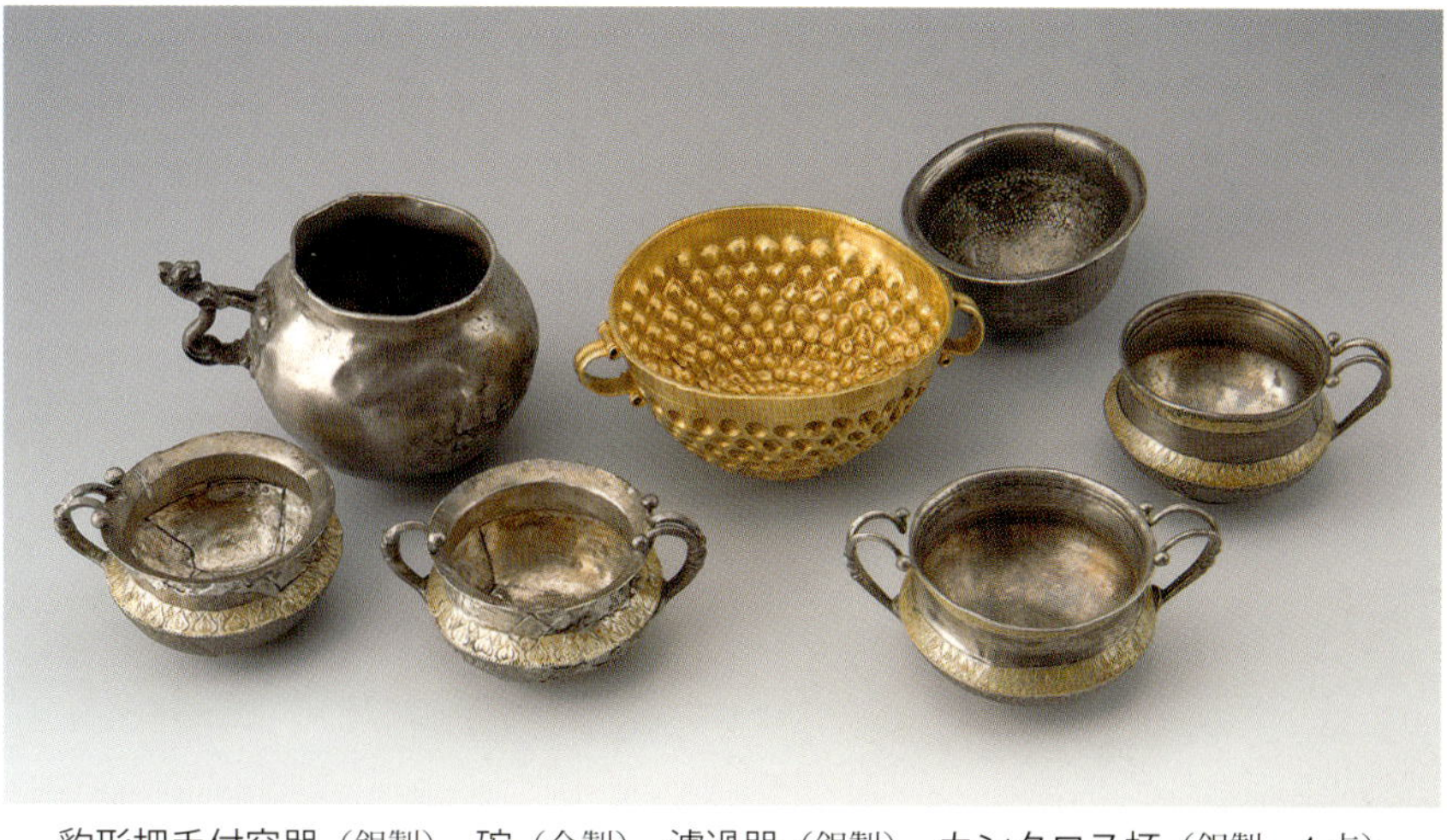

豹形把手付容器（銀製）、碗（金製）、濾過器（銀製）、カンタロス杯（銀製　4 点）
1 世紀　ロストフ州ヴィソチノ墓地出土

カシャーン製ペルシア陶器　14世紀　キプチャク汗国　アゾフ市内出土

シャーン製陶器の大コレクションは、エルミタージュ美術館といえども所蔵していませんよ。カザン市（現タタルスタン共和国の首都・旧カザン汗国の首都）一〇〇〇年を記念して開かれた展覧会の目玉が、アゾフで出土したカシャーン製ペルシア陶器の『高台鉢』（一四世紀）でした。アゾフ博物館には、トルコ陶器の大コレクションが収集されています。われわれは広範な学界やアゾフ市民のために、アゾフを〝発見〟したと言えます。タナイスでは考古学者に興味のある場所が発掘されていますが、われわれはアゾフの建設予定地のみで発掘し、中世の文化遺産を救っているのです。発掘のお蔭で、いまわれわれは現在の市内のどこにイタリア宮殿が、どこにトルコの要塞が、ロシアの要塞があったかを知ることとなるのです。

アゾフが何世紀にもわたって諸民族、諸文化の結集地であったことを、われわれは考古学的に実証しています。

――貴方が館長になって、何に力を入れ、最初に行なったのは何ですか。

館長 私は考古学者なので、まず思ったのは博物館に考古学研究を立ち上がらせたい、ということ。博物館のスタッフの中には、考古学者も古生物学者もいなかった。これらの専門家を育てる必要がありました。そのために、アゾフ博物館の発掘調査隊にロストフ大学の考古学者たち―セルゲイ・イワーノヴィチ・ルキヤシコ、ウラジーミル・エヴゲーニエヴィチ・マクシメンコ、ウラジーミル・ヤコヴレヴィチ・キヤシコ、モスクワの科学アカデミー考古学研究所からマリーナ・グレボヴナ・モシコワ、コンスタンチン・フョードロヴィチ・スミルノフ、ゲルマン・アレクセエヴィチ・フョードロフ＝ダヴィドフらを招聘したのです。

――それが大きな成果を挙げているわけですね。発掘された文化遺産のコレクションも、世界が注目するようになりましたね。貴博物館のコレクション展は、これまでどこで開催されましたか。

館長 まず、最初に挙げたいのは、日本でサルマタイ時代の黄金の所蔵品を出品した『南ロシア騎馬民族の遺宝展』（一九九一年）と、貴方方と共催した『地球四六億年の歴史・マンモス展』（一九九七〜九九年）ですね。その後はヨーロッパの多くの国々で、アゾフ博物館の「黄金の秘宝」が展示されています。また国内では、エルミタージュ美術館や国立歴史博物館などと、積極的に共催展を開いています。

――七〇年代初頭の館員は八名と聞きました。四〇年過ぎた今の館員数は？

館長 いまは二〇〇人を超えていますが、そのうち学芸員は四〇人。最も多いのが考古学部。ここの部員が多いのは、遺跡を発掘するだけでなく、修復したり展示したりするためです。しかし、わが博物館にとって考古学だけでなく、アゾフ市史も重要なのです。なぜならアゾフ市はロシアとトルコ、ロシアとカフカースとの関係において、要の都市でしたからね。ピョートル一世時代も、またその後もアゾフでは、何世紀にもわたって戦争が繰り返されていた。これらの歴史については、博物館の歴史部から何冊も本が出ています。

―― 南ロシアには多くの民族が住んでいますね。アゾフ博物館ではこの地方の歴史、文化がどのように反映されていますか。

館長 アゾフの歴史は、ここに住んだスキタイ、サルマタイ、メオト、ポロヴェツ（一一～一三世紀に南ロシアを侵したチュルク語族）、タタール、トルコなどの歴史を反映しています。目と鼻の先には、ナガイ人（クリミア、ダゲスタンなどに住むタタール族）、カバルダ人（カフカースの民族）、ロシア人、ウクライナ人などが遊牧していました。コサック文化は、先人の騎馬遊牧民族文化にたいへん似ています。コサックは遊牧民の衣装・武具、風習を取り入れていますからね。

―― 私もそれを感じました。ところで貴方は発掘調査、研究だけでなく、学術的成果を出版という形で発表していますね。

館長 われわれの出版活動は、一九八二年に考古学の研究成果を発表したのが始まり。ソヴィエト時代は小冊子を出すのでさえ、許可が必要でした。今、わが出版部はロストフ州の考古学の出版センターとなっています。今日博物館の出版物は、ロシアだけでなく、アメリカ、アゼルバイジャン、アブハジア、ウクライナ、トルコでも広く知れわたっています。

アゾフ博物館

アゾフ博物館は市の中心にある。博物館の隣には、アゾフの歴史に大きく関係しているピョートル大帝像が立っている。市の大きな行事は、同博物館の近くの広場で行なわれている。現在博物館は、帝政ロシア時代の歴史部、ソヴィエト時代の歴史部、自然部、考古学部などからなっていて、三〇万点以上の収蔵品がある。私と新田さんは一九九四年から毎年のようにアゾフ博物館の協力の下、この地方、特にロストフ州、クラスノダール地方を中心に各地の考古学的発掘現場に赴き、また博物館などを訪れ、この地方の考古学、民族学、諸民族文化を幅広く研究している。

自然部

自然部で特筆すべき展示品は、六〇万年前のトロゴンテリーゾウ＝マンモス（*Mammuthus trogontherii*）の骨格である。それは博物館が誇る世界に二つしかないものとして、実物の七〇パーセント以上の骨を組み立てて展示されている。また、中新世（約二三〇〇万年前〜五三〇〇万年前）に南ロシア及びヨーロッパに広く分布していたデイノテリウム（*Deinotherium giganteum*）は、アゾフ博物館の指導のもと、一九八二年にロストフ州ノヴォチェルカースク市郊外のオブホフカ村の砂採掘場で発掘された。

自然部では植物採集や動物・昆虫などの剥製も作っている。毎年クラスノダール地方の博物館から、ロストフ州の動物・昆虫の剥製の注文がきている。自然部の学芸員が捕獲から剥製作りまで行なっている。

『遊牧民の至宝』展の準備をするI・ザセツカヤ女史（エルミタージュ美術館上級学芸員）と M・フィリモノワ女史（アゾフ博物館学芸員）

考古学部

考古学部には、南ロシアのステップを縦横に駆け巡ったかつての騎馬民族＝キンメリア、スキタイ、サルマタイ、マイオタイ、フン、ハザールなどの遺宝、その他の出土品が所蔵されている。特に、ロストフ州の「ダーチ墓地」の隠し穴から出土した短剣・鹿形腕輪・胸飾りなどの黄金芸術品は、博物館のコレクションとして、いまや世界的に知られている。この収蔵品の保管責任者で、『ユーラシア遊牧民の至宝』展の発案者マリーナ・エヴゲニエヴナ・フィリモノワは、目鼻立ちの整ったこの地方に見ない美人である。仕事の丁寧さ、正確さ、研究熱心さで、他の博物館の同僚からも尊敬されている。アゾフ市は前述のように、歴史的に幾多の民族がその支配を繰り返してきている。そこでアゾフ市当局は、市内に新建築物を建てる際、その場所が名所旧跡である場合は、アゾフ博物館の証明書が必要となる。博物館は要求に応じてその土地を発掘し、証明書を発行している。それによって博物館は、多少の収入を得ている。二〇〇〇年には市内の官庁、私企業、個人の住宅の建

アゾフ博物館で子供たちに作品の説明をするI・アファナシエワ学芸員

築が例年より盛んであったため、アゾフ博物館にさまざまな発掘の依頼がきた。

その年の八月、博物館から歩いて五分ほどの場所で考古学部の学芸員が、市当局の新建築のための発掘をしていると言うので、早速その現場を訪ねた。現場指導者は考古学者のイーゴリ・ベリンスキイであった。日本で『地球四六億年の歴史・マンモス展』が開かれた際に来日している。真夏の太陽が照りつけている中での発掘だが、さすが街なかの発掘現場は、ステップの現場とは服装が違う。男性は帽子や手ぬぐいを被り、上着を着、ズボンを穿いている。一四世紀のキプチャク汗国の住居跡、台所が掘り進められていた。陶器や人骨が隅にまとめて置いてあり、これらは博物館に持ち帰り、調査されると、言う。

図書館

ロシアの美術館、博物館は所蔵品を豊富に収集し、また図書館もばく大な資料・文献を揃えて、一大研究センターの役割を果たしている。アゾフ博物館においてもユニークな収蔵品を有し、また貴重な考古学的・歴史学的文献が豊富に揃えられている。経済的に困難な昨今でも、古参研究者が手離す図書を丸ごと購入したりしている。一九九八年、ちょうど私たちがアゾフ滞在中、モスクワの科学アカデミー考古学研究所の研究者から博物館に、亡くなった著名な考古学者の「蔵書を買ってほしい」と連絡が入った。興味を示すと、数千冊の文献リストがすぐに送られてきた。現地の学者、研究者たちも「二度とない掘出し物」、できることなら、と購入を薦めた。博物館は新しい展示室を建築中であり、購入費をどのように捻出できるか、ゴルベンコ館長は悩んだ末に、「このチャンスを逃す手はない」と大きな決断をした。日本に帰国して間もなく、その図書を引き受けるため、アゾフから博物館のトラックがモスクワに向かった旨の連絡が入った。ここの図書館でも学術・文化センター的役割を果たしているのが、二人の司書＝エレーナ・ヴィターリエヴナ・チェルノウソワとスヴェトラーナ・ヴィクトロヴナ・ペレルイギナだ。アゾフ滞在中に、彼女たちの適切な助言はもとより、貴重な文献も資料も利用させてもらっている。

このアゾフ博物館には学芸員だけでなく、考古学的発掘の多い土地柄もあって、ロストフ大学のＳ・ルキヤシコ、Ｖ・キヤシコら考古学者、Ｖ・バイグーシェワ古生物学者らがアゾフ博物館の主任研究員となって共同研究を行なっている。

編集委員会

ロシアには数多くの美術館、博物館があるが、独自の出版委員会を持ち、毎年定期的に学術的研究成果を刊行しているところは、大変少ない。アゾフ博物館が何と言っても誇れるのは、博物館に編集・出版委員会を設けていること。その委員会には博物館の学芸員だけでなく、同博物館に調査研究発掘などで協力している大学や科学アカデミー研究所の専門家、教授も入っていることだ。その委員会の協議によって出版物が決められている。特に経済事情の困難な地方において、研究者、学芸員の研究成果が出版物として世に出ることは素晴らしいことだ。驚くことに出版物に関する技術面は、編集委員のコンピューター部長エレーナ・ニコラエヴナ・サマリチが一人で行なっている。

ロシアの考古学的発掘活動は二〇〇〇年になり、初期のクルガンの調査には資金も経験もなかったが、学術研究の目的に貢献した考古学者は多かった。ところが、一方で経験の乏しさから黄金製品に目を奪われて、学問に損害を与えた例も少なくない。発掘の過程も成果も記録されず、発掘地の図面も描かれないことがあった。発掘者の興味のない出土品はそのまま捨てられ、貴重な歴史的遺産が失われるという取り返しのつかない損失となっていた時代もあった。いま、アゾフ博物館が行なっている発掘調査の研究を出版物として、編集者らの厳しい審査を受けて世に出していることは、高く評価しても良いと思う。全ロシアの考古学界に大きな影響と勇気を与えていることは、言うまでもない。

また博物館には、館長はじめ幹部を支えている陰の偉大な力がある。私たちはその人たちを〝ジェン・ソヴェト〟（女性幹部会）と呼んでいる。館長秘書（アントニナ・ニコラエヴナ・ドロビャシキナ）、会計士（ナジェージダ・ワシーリエヴナ・チニャコワ、イリーナ・ニコラエヴナ・グルンスカヤ）、編集委員（イリーナ・ペトローヴナ・キルサノワ）など、重要な任務を任されているキャリア・ウーマンたちだ。風格といいその存在は大きい。彼女たちはいつも私たちを姉妹のように迎え入れて、彼らのお茶の時間にはロストフ州の特産物でもてなし、また、ときどき手作りの民族料理なども振舞ってくれる。私たちが南ロシアで多民族の文化を充分研究できるのも、彼女たちの協力のお蔭である。

ロシア正教の洗礼

ロシアのどこを旅していても、教会を見ない都市、村はない。大都会ではその建物の規模も大だが、その数も多い。どんな辺鄙な森の奥でも細い道ができていて、それは教会へと通じている。そこに信者が集い、お祈りが行なわれている。一九九一年のソヴィエト崩壊後は、これまで廃墟同然であった教会の建物も、徐々に改築・修復されてきている。アゾフ市内にもロシア正教、カトリック教、バプテスト派の教会があって、各宗派が活発に活動をしている。しかし、イスラム教の信者はいるが、モスクはない。

アゾフの聖三位一体聖堂

ロシア正教は毎日曜日の礼拝はもとより、聖堂のあらゆる行事、復活祭（パスハ）や主の降誕祭（クリスマス）なども積極的に祝っている。アゾフ市内の聖堂でも、土・日曜日の嬰児の洗礼（聖洗機密）では、行列ができるほどだそうだ。

今回、一九九九年八月二八日、アゾフ市内の聖三位一体聖堂で行なわれた洗礼に参加することができた。その聖堂は、市内の高台に威風堂々と建っていた。六月三日、アゾフ博物館のイワン・グルンスキイの弟に娘アナスターシアが誕生した。弟夫妻が娘の洗礼を市内の聖堂で行なうので「ぜひ見てください」、と誘われた。洗礼に立ち会うのははじめてのことであった。ロシア正教の洗礼には規則がある。洗礼親といって代役を務める「代父」、「代母」がいる。この洗礼親には修道女、実の父母はなれない。それ以外の男女で信者、その子の近しい男女がなる。それは彼らが両親と共にその洗礼を受けた者にキリスト教的教育を行なう責任、信仰の保証をする義務があるからだ。そこでグルンスキイ家では、兄嫁のナターリヤ・ヴィクトロヴナが「代母」に、館長の甥のアレクセイ・イワノヴィチが「代父」になった。洗礼は教会内で行なわれるが、その間は実の父母は教会内に入れない。女の子は最初からナターリヤに抱かれている。彼女はまだ自分の子供を生んでいないので、緊張した面持ちであった。当日は一〇人ほどが洗礼を受け、順番を待った。

　洗礼を受ける者の年齢はまちまちだが、この日はほとんどが幼児であった。教会内に入るとどの「代父」、「代母」も緊張した面持ちであった。な

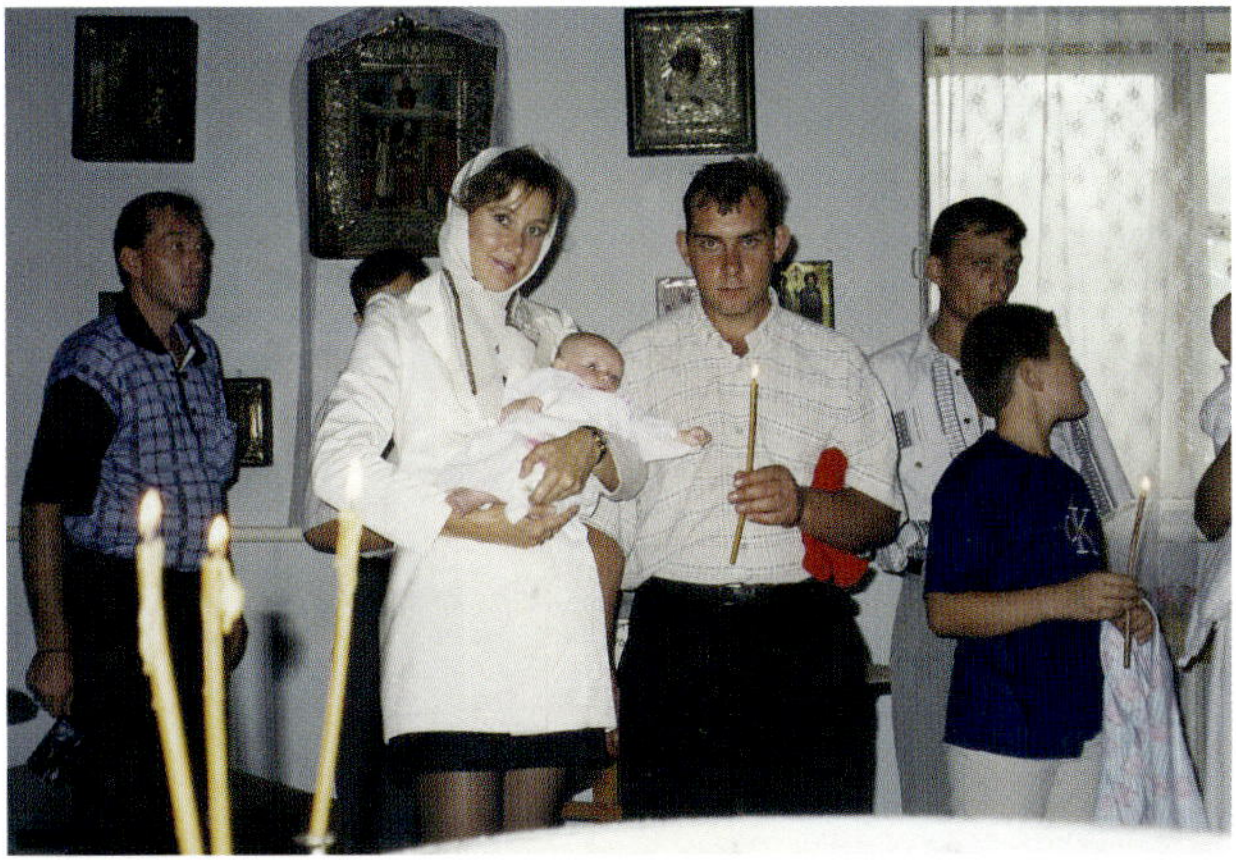

嬰児を抱く「代母」ナターリヤ（左）、「代父」アレクセイ

受洗した嬰児を「代母」に渡す司祭

洗礼の祝いを準備するグルンスキイ家

れない「代父」、「代母」に抱かれた嬰児の泣き声が響きわたっていた。代役の親たちの中には、パニック状態になっている者もいた。小太りの司祭が現れ彼らを励まし、幼児に優しく頭に聖水をつけ、なでていく。こうして祈りの言葉を唱えて、子供たちに十字を切っていく。その間に若い輔祭が洗礼のためにホーロー引きの大きな洗礼桶を用意する。やがて司祭がそのそばに立った。順番に一人ずつ幼児を抱き上げて、洗礼桶に頭を入れ聖水を三回かける。“Отец и Сын и Святой Дух”（「父と子と聖神」）の名に因《よ》りて。洗礼を受けた者が女子は「代母」に、男子は「代父」に渡される。参加者全員が洗礼を受け終わると、司祭が両手で幼児を抱え、聖堂の中心にある祭壇の前で、洗礼がつつがなく執り行なわれたことを報告する。洗礼が終わってキリスト教に改宗させ、洗礼名聖アナスターシアを授けた。実の母親は、すべての儀式が終わった後で教会内に入ることが許され、司祭から洗礼された娘が渡される。その費用は一〇〇ルーブル（一九九九年）だった。

洗礼が終わると、家で祝賀会が開かれ、祖父母が家庭料理でもてなすのが、習わしのようだ。グルンスキイ家でも、とっておきのシャンパンで祝った。

アゾフ・ドン・コサック民族アンサンブルの活躍

南ロシアにはドン・コサックの歌と踊りのアンサンブルが数多くある。中には歌と踊りだけでなく、民族楽器を加えたものもある。このアンサンブルは職場・地域毎に研鑽を続け、その成果を競い合うフェスティバルが毎年各地で開かれている。スタロチェルカースカヤ村で見たフェスティバルは、歴史が古く規模も大きいものだった。アゾフ市内にもドン・コサックの歌と踊りのアンサンブルがいくつかある。そのうちの一つ、民族の歌と踊りのアンサンブルを訪ね、座長のリュドミーラ・ニコラエヴナ・ゴリコワにアンサンブルについて話を聞き、そのあと練習風景を見せてもらった。

L・グリコワ座長

ゴリコワ座長の話によると、このアンサンブルはドン・コサックの民族音楽と踊りの愛好者によって一九五四年に創設された。団員の一人一人が仕事または学業に携わっているので、練習は夕方と土・日曜日となっている。これまで、クレムリン宮殿などでドンの文化を披露してきた。最近のヨーロッパ諸国の演奏旅行には、バスをチャーターして出かけている。残念ながら、日本を含むウラル山脈以東での公演は財政的にも距離的にも困難なので、計画にも入っていない、と言うことだった。またどんな歌に取組んでいるかとの質問には、彼らはコサックのあらゆるジャンルの歌や踊りに取組み、各地で開催される様々なフォークロアのフェスティバルに参加している。そこで多くの民族に出会い、彼らの誇る伝統文化に触れることができる。そしてリュドミーラ・ニコラエヴナは、「民族文化とは―本物であり、芸術的真実に背くことのない〝生きた〟響きなのだ」と自分の考えを熱っぽく語った。

――ところでコサックの性格をどのように表現していますか。

グリコワ座長　コサックって、とっても精力的で、活気があって、情熱的。そして独特の風格を持ち合わせていると思うわ。彼らには曖昧さはないの。好きか嫌いか、白か黒かで、灰色は受け入れ難いもの。ですから、二〇世紀初頭に起きた社会主義革命は、頭を下げるより死んだ方がマシだ、と新政権を受け入れられなかった。コサック社会にとっては大悲劇だったのです。コサックは芸術においても、点火し易く、激しく燃え上がり、まるで烈火のごとく、と言えましょう。

――このアンサンブルの指導者になられたのは？

座長　歌が好きで一九八五年にアンサンブルに仲間入りし、その後子供たちを教え始め、一九九九年からはダンスと歌のグループの全員を指導しています。現在八〇名の団員がいますが、四〇人が舞台で活躍しています。我が家は親子三代＝娘・孫も活躍しています。

ドン・コサック民族アンサンブルの練習風景

●第二章●

古生物学、考古学研究・発掘現場から

発掘調査隊の夏のフィールドワーク　ラズドールスカヤ村のドン河畔

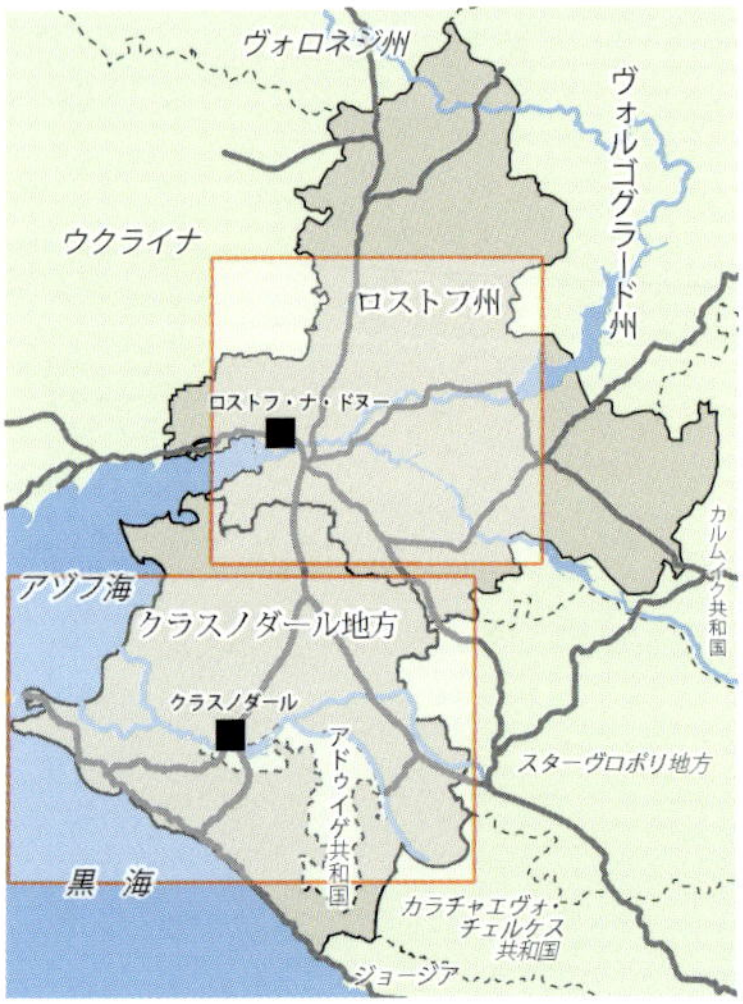
ヴォロネジ州
ヴォルゴグラード州
ウクライナ
ロストフ州
ロストフ・ナ・ドヌー
アゾフ海
クラスノダール地方
クラスノダール
アドゥイゲ共和国
カルムイク共和国
スターヴロポリ地方
黒　海
カラチャエヴォ・チェルケス共和国
ジョージア

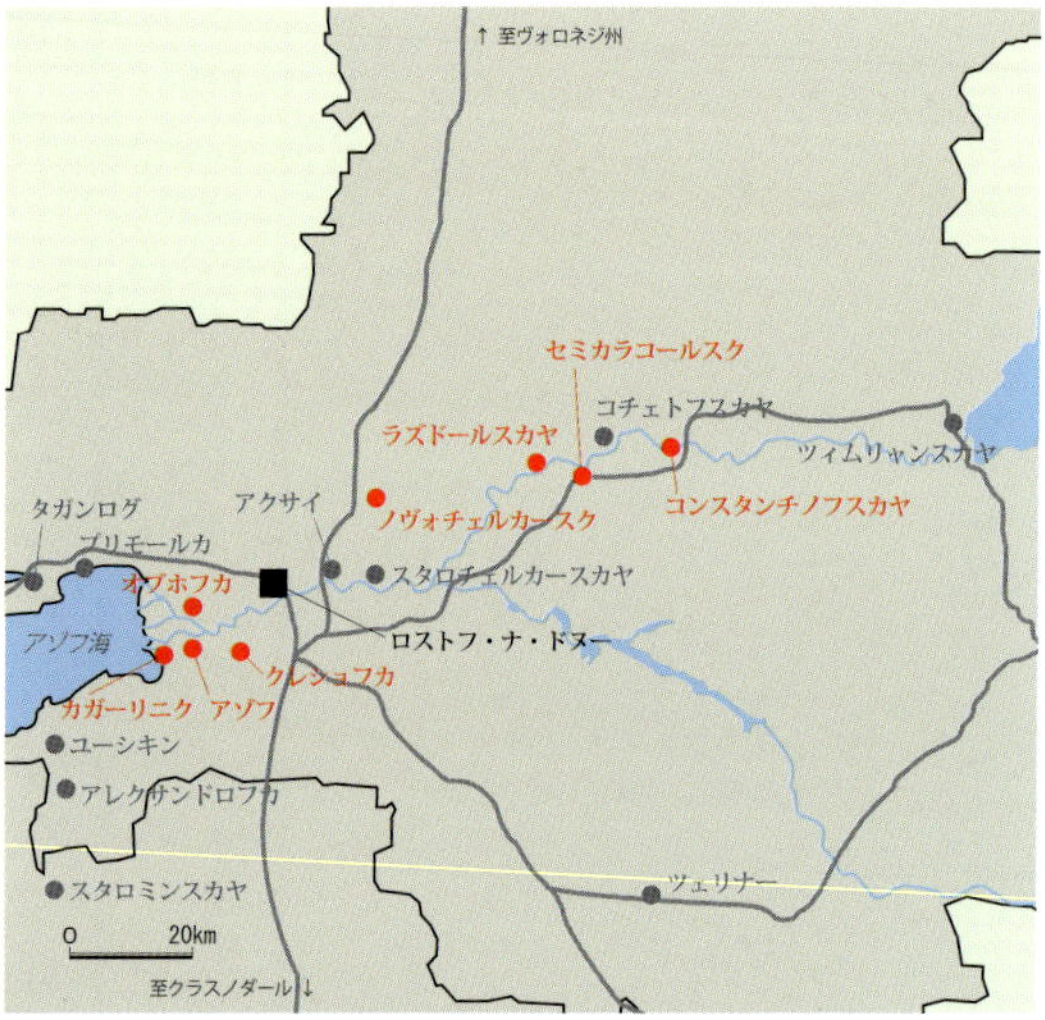
↑ 至ヴォロネジ州
セミカラコールスク
コチェトフスカヤ
ラズドールスカヤ
ツィムリャンスカヤ
コンスタンチノフスカヤ
ノヴォチェルカースク
アクサイ
タガンログ
プリモールカ
スタロチェルカースカヤ
オブホフカ
ロストフ・ナ・ドヌー
アゾフ海
クレショフカ
カガーリニク
アゾフ
ユーシキン
アレクサンドロフカ
ツェリナー
スタロミンスカヤ
0 20km
至クラスノダール ↓

↑ 至ロストフ・ナ・ドヌー
アゾフ海
チホレツク
チマシェフスク
カフカースカヤ
テムリュク
クロポトキン
タマーニ
スラヴャンスク・ナ・クバーニ
クラスノダール
アナパ
黒　海
ソチ
0 20km

六〇万年前のトロゴンテリーゾウ

ガリーナ・チモーニナさんの活躍

アゾフ博物館館長から「トロゴンテリーゾウ発掘にはぜひいらっしゃい」と誘いの電話があり、一九九九年八月、大きな夢をふくらませて当地にやってきた。私たちがアゾフに着いた八月二六日には、かつてなかったという灼熱の暑さも多少は和らいでいた。この年のアゾフの夏はほとんど雨がなく、木陰で三八℃から四〇℃以上の酷暑が何週間も続いていた。ちょうどこの時期、アゾフ博物館に日本から来ていた観光客が、この暑さにたまりかねて、街中の氷を集めさせたことが話題になっていた。

トロゴンテリーゾウの発掘状況を説明する
ガリーナ・チモーニナさん

今回のカガーリニク発掘の指揮をしたガリーナ・イワーノヴナ・チモーニナ（アゾフ博物館上級学芸員・自然部部長以下、ガリーナ）は、「今までにない暑さだったけど、〝宝物〟を早く掘りたかったので、四〇℃以上の炎天下でも、発掘を続けたのよ。どんなに厳しいものであったかは、日本人のあなたたちには想像できないことよ。遅れてきてよかったわ」と言った。

アゾフでの生活を始めて三日目に、私たちはガリーナに案内されて、一大プロジェクトの発掘が行なわれたカガーリニク村に行く。そこは、夏に考古学者、民族学者、古生物学者、地層学者、地質学者、そしてロシアの諸博物館の学芸員、専門家、マスコミ関係者で賑わったマンモスの先祖＝トロゴンテリーゾウ（*Mammuthus trogontherii*）の発掘現場である。そこに行くのが、今回のアゾフ滞在の大きな目的であった。

脚光を浴びたカガーリニク村

カガーリニク村は、アゾフ市から北東へ七キロ程行ったのどかな村である。村のカガーリニク川はデルタでドン川に合流し、アゾフ海に注いでいる。村はずれに砂・粘土の採掘場がある。太古はドン川の大先祖とでも言うべき古代ドン川であった。「現在のドン川は長い年月の間に、その位置を変えて五〇〇メートルほど先に移動している」とガリーナは言う。アゾフ市内を抜けると、舗装された大通りの両側は、ひまわり畑とステップが交互に続く、この地方特有の景色に変わっていた。七〜八分も車を走らせただろうか、小路脇に「カガーリニク」の小さな標識があった。それを右に曲がると、そこはもうステップのでこぼこ道であった。道に沿ってアンズの木が植えられていた。しばらく走ると、小高い丘から延々と続く低地のステップの〝大海原〟の景色が、目の前に広がってきた。私たちは車を止めた。人っ子一人見当たらない。ここから村は見えない。夏草が青々と生い茂っている。遠くの下方に蛇行したドン川が、また左の遠方にカガーリニク川が、燻し銀のように光って見える。すぐ下を見ると、四〇メートルは傾斜していようか。斜面一体も草で覆われていたが、その一部が大きくえぐられているのが見えた。真新しい土が高く積まれ、その脇に深く掘られた大きな穴があった。何重もの地層が、その歴史の深さを示している。数日前まで灼熱の太陽の下で、トロゴンテリーゾウが発掘されていたことが想像できた。ガリーナに先導されて、今度の発掘で作られた細く新しい道なりを下って行った。三〇メートルほど下ったところには、トラックのタイヤの痕跡がいくつもあった。そこは砂・粘土の採掘場であった。

トロゴンテリーゾウ発掘の現場　1999年

一本の電話から

今回のトロゴンテリーゾウの骨の発見は、ガリーナによると、「そもそも、ここの砂・粘土採掘場作業員の一本の電話から」であった。そのときの様子を彼女は歩きながら熱っぽく話す。――

一〇月二八日の夕方、博物館にある男の声で『放置された採掘場の土から、何かでっかい動物の骨が突き出ている！』と電話があった。その人は、名を言わずに電話を切った。すぐに、私とイワン・グルンスキイ国際部長（当時）が現場に駆けつけた。現場に着くとドン川河口デルタ左岸の傾斜地であった。「あのとき（一九六四年）の発掘現場近くではないか！」私とイワンは顔を見合わせて驚いた。私たちが最初に見たものは、大きな牙であった。私は土の層に白いものを見つけ、「これは牙よ！」と叫んだ。

「どうして牙だと言えるの？」とイワン。

「見てごらんよ、牙の白い破片が見えるでしょう」私は夢中になって話し出す。少々興奮もしてきたわ。夕方で辺りが薄暗く、黒土層の白いものが私にはよく見えた。真ん中で折れてはいたけれど、まぎれもなくトロゴンテリーゾウの牙であった。辺りが急に暗くなったので、翌日から調査を始めることにした。

そして翌朝、私は考古学者のイワン・ベリンスキイと一緒に現場に行き、掘り出し始めた。直ぐにトロゴンテリーゾウの左の牙と頭蓋骨が見つかった。「これは間違いなくトロゴンテリーだ！」と、私たちの意見は一致し、確信した。さっそく博物館に使いを走らせ、発掘に必要な道具を持参し、また古生物学者のヴェーラ・セミョーノヴナ・バイグーシェワにも来てもらうように依頼した。

一〇月三〇日　大勢の男たちが来て発掘を始めた。夕方、ゴルベンコ館長がやってきた。頭蓋骨と二本目の牙を見つけ、本格的な発掘に入ろうとした。一一月一日、雨が降りだした。翌日も、その翌日もまた雨。アゾフの一一月は雨が多い。みんなで協議し、最初のトロゴンテリーゾウを発掘したとき（一九六四年一一月）を思い出した。雨や雪で度々発掘の中断を余儀なくされた苦い経験を生かし、来春まで待つことにした。掘り出した土をみんなで丁寧に元に戻し、その上をコンクリートで固め、春を待って発掘するまで職員が現場を見守ったの。――

私は興味あるガリーナの弾んだ話を聞きながら、盛り上がった土の中ほどまで来た。と驚いたことに、この辺一体は見覚えのある場所ではないか！　すると、彼女が私の驚きの顔をうかがって、「そうよ！思い出しましたか。二年前（一九九七年）、あなた方をここに案内しているのですよ。一九六四年に発見された、あのマンモスの発掘現場をね。その時は別の道から来た」と、さらに弾んだ声で説明を続けた。

いま私が立っているのは、今年トロゴンテリーゾウが発掘された場所であった。ここの砂・粘土採掘場には二年前、私たちがバイグーシェワ先生とガリーナに案内されて、すでに来ていた。その時、私はその周辺の写真を撮っている。今回の発掘現場は私が写真を撮った、まさにその真下であった。ガリーナは「あなた方のお蔭よ」と言った。

　六月、発掘が開始された。前年の一一月にコンクリートや土で覆った部分を除く作業から始めた。最初の骨格―頭蓋骨が出てきた。「これでトロゴンテリーゾウの全体像が見えてきたのです」と、彼女は言った。頭蓋骨の横たわっていた周辺は、大事をとって長さ七・七メートル、幅六メートルを掘ることにした。発掘作業は、アゾフ博物館の考古学部と自然部が中心となって行なった。それと同時に、骨格の骨の状態・判定、他の長鼻類と解剖・生態学上の特徴の比較測定なども行なった。ガリーナはトロゴンテリーゾウの骨格がどのように横たわっていたか、どの位置にどの部分の骨があったかなど、詳しくその穴に入って説明した。発掘現場の二二平方メートル全体に骨の大きな部分が横たわり、幾つかの層にも骨が見つかっている。

　また彼女は「当時、ようするに六〇万年前ですね、この辺はドン川の祖先とも言われている古代ドン川であって、私がいま立っているところは、古代ドン川の深みのあったところなの。トロゴンテリーゾウたちはここで水を飲み、そして溺れたのではないか、水の流れが骨を浸食していったと考えられるのです」と言う。

　アゾフ海沿岸のドン川のデルタには大小さまざまな無数の河川が注いでいて、その周辺には湿地帯、ステップが続く。そこに棲息する動・植物相は、実に多種多様である。この地方は、地球に生物が誕生した三十数億年前から各時代の古生物の化石が出土し、また紀元前・紀元後の騎馬民族の墳墓がいまなお存在し、ギリシアやイタリアなどと交易のあった場所で、いろいろな年代の発掘が盛んに行なわれている。

　この地方のどの博物館にも、それらの歴史を物語る出土品が所蔵されている。アゾフ博物館にも、あらゆる時代の遺物が展示されている。特に、同館には六〇万年前のトロゴンテリーゾウの全身骨格が組み立ててあ

トロゴンテリーゾウはアゾフ博物館の人気展示品
全身骨格　体高 3.7m

り、これは同博物館の世界に誇る所蔵品なのである。このトロゴンテリーゾウはヨーロッパやアジアに棲息した草原性のマンモスで、ステップマンモスとも言われている。ケナガマンモス（*Mammuthus primigenius*）の直系の祖先である。これは一九六四年一二月に、今回と同じカガーリニク砂・粘土採掘場で発掘されたものである。このトロゴンテリーゾウはオスで、年齢は大臼歯の種類から判断して四〇歳から四五歳と考えられている。全身骨格の復元は、サンクト・ペテルブルグの旧ソ連邦科学アカデミー動物学研究所で行なわれた。その全身骨格の体高は三・七メートルであるが、六〇万年前に生存していたときの体高は、四・五メートルから四・六メートルと推定されている。現在、世界中の博物館に所蔵されている実物の全身骨格を組み立てた巨象の中では、アゾフ博物館所蔵のものは、世界最大級である。

私と新田さんは、アゾフ博物館所蔵の四メートル近いトロゴンテリーゾウと地球四六億年の歴史を物語る先カンブリア時代からの資料・展示品、古生物の化石などから成る『地球四六億年の歴史・マンモス展』を企画した。日本初公開のこの展覧会は、一九九六年から二年間新潟ロシア村マールイ美術館で開催された。そんなこともあって、同じ場所でマンモスが発見された時、アゾフ博

1969年、1999年のトロゴンテリーゾウ発掘現場　カガーリニク村

物館はまず私たちに第一報を伝えてきたのである。今回発掘されたトロゴンテリーゾウはメス、年齢は四五から五〇歳。ふつうトロゴンテリーゾウは、八〇歳まで生きられたと考えられている。一九六四年に発見された場所からわずか五〇〇㍍のところであった。ガリーナはじめ専門家たちは、一九六四年に発掘されたものと、今回のトロゴンテリーゾウはつがいであったのではないか、と見ている。

今回のトロゴンテリーゾウの発見自体大変貴重なことであるが、それにもまして今回の発掘は、関係者によると、「一九六四年の最初のトロゴンテリーゾウに関する資料に、重要な補足も加えることが出来た。一九九九年の発掘は、アゾフ博物館の新しい興味ある展示品としてだけでなく、地質学、地層学、古生物学などの分野で、これまで知られていなかった点が明確にできた」ことが大きいという。

発掘現場は一九六四年の時と同じ場所であるドン川河口デルタの左岸の傾斜地、カガーリニク村の砂・粘土採掘場であった。ここの砂の採取は不法に行なわれている。発掘現場の砂と粘土層の深さは、一三㍍に達していた。古代ドン川の河床であった砂採掘場の底は、舗装されていないがトラックのタイヤの痕跡で平らな道になっていた。その周辺の土壌は、乾燥し大きく地割れし、至るところでそのすさまじさを覗かせていた。しかし、そんなところでもステップの薬草は、何世紀にもわたって可憐に花を咲かせていた。この辺には、スキタイ時代から利用されていたという〝大麻〟も、威勢よく生えていた。

古生物学・考古学合同調査隊の活動開始

六月一日、カガーリニク村の砂・粘土採掘場で、アゾフ博物館古生物学・考古学合同調査隊の活動が開始された。ロストフ自然科学大学、ロストフ科学アカデミー地質学研究所の専門家らは、トロゴンテリーゾウの横たわっている断面図などを担当した。地層の年代判定やトロゴンテリーゾウの死滅した時代の環境究明などで、多くの専門家らが活躍した。ルキヤシコ博士の指導下で、ロストフ大学歴史学部の学生らも協力した。トロゴンテリーゾウは、砂層と粘土層の間に横たわっていた。ほとんどの骨は同じ状態で保存されていたが、化石化は弱く、骨は軽く折れやすい。ほぼ三カ月の発掘作業で、一つの個体から約三〇〇の骨が発掘された。

八月一九日に発掘作業は終了し、発掘品はアゾフ博物館に収蔵された。この貴重なトロゴンテリーゾウの骨は、同博物館の修復師らの手によって修復され、組み立てられる。アゾフ博物館は一九六四年と一九九九年の発掘で、二頭のトロゴンテリーゾウを所蔵したが、このような発見・発掘は、全世界の研究者・専門家が、誰でも経験できるわけではない。

今度はロストフ郊外にマンモスの骨

カガーリニクの発掘現場を訪れて三日目の八月三一日、アゾフ博物館に今度は「ロストフ郊外にマンモスの骨がでた！」との知らせが入った。

リヴェンツォフ砂採掘場で古生物の骨を発見したI・グルンスキイ氏　1999年

直ちにガリーナとイワンと一緒に、私たちもロストフ・ナ・ドヌー市郊外のリヴェンツォフ砂採掘場に向かった。そこは有名な砂の採掘場で、車がやたらに入れないように現場の入口には遮断機が取り付けてあり、人・車の出入りを企業が管理していた。日曜日と言うこともあって、完全に閉鎖されていた。長いことベルを鳴らし続けると、休んでいたのであろうか、上着の襟を広げて若者が出てきた。彼に訳を説明して、ようやく中に入れてもらった。カガーリニクの数十倍の広さで圧倒された。そこも二五〇〇万年前は、古代ドン川であった。河床はまさに砂地で、すでに数十メートルは掘られていた。直ちに仕事にかかると、イワンが幾つかの骨を発見した。彼は小学生のときから考古学に興味を持ち、夏休みはいつもアゾフ博物館のゴルベンコ館長について、発掘現場で過したと言う。マンモスの骨は、すでに誰かが持ち去っていったのであろう。幾つかの古生物の骨を見つけることができただけで、もう一度マンモスを発掘するという夢は、消え失せた。しかし、確かに何かがある、そんな匂いのするところであった。

八〇〇万年前のデイノテリウム

スヴェトラーナさんの熱意に押されて

スヴェトラーナ・ウラジーミロヴナ・セミョーノワ（以下、スヴェトラーナ）はアゾフ博物館自然部の学芸員。働きながらモスクワ国立技術アカデミーの通信教育を受けていた。夫のヴィターリイは同博物館で運転手として働いている。私が最初にアゾフ博物館と仕事を始めたのが、一九九四年である。日本で『地球四六億年の歴史・マンモス展』を開くに当たって、この博物館の展示品・所蔵品を見せてもらうことにした。その時の担当者が二十代そこそこの、瞳の愛くるしいスヴェトラーナであった。彼女は博物館に展示してあった六〇〇万年前のトロゴンテリーゾウや古生物の化石、四六億年の地球誕生に関係する資料はもちろんのこと、収蔵庫の奥に埃のかぶった八〇〇万年前のデイノテリウム（*Deinotherium giganteum Kaup*）の化石化した骨格まで熱心に披露した。デイノテリウムについて、私ははじめて聞く名前であった。それは全身骨格の体高が四㍍から五㍍もあったという、長鼻類の一番古い先祖メリテリウムから早く枝分かれしたゾウであるという。その骨は、前肢《肩甲骨・橈骨付き尺骨・手根骨・中手骨・指骨》、推骨《腰推四点・仙骨・尾推》、後肢《骨盤・大腿骨・脛骨・腓骨・足骨》、左肋骨九本、歯の残っている左右の下顎骨などである。一つ一つの骨格は化石化していて重い。学術的な価値もわからず、あまり興味を示さない私に、スヴェ

スヴェトラーナさん

『地球 46 億年の歴史・マンモス展』を見学される紀宮様（当時　右から二人目）
新潟ロシア村　1997 年

トラーナは棚に並べてあった骨格の一部を黙々と床に置いて、説明をし始めた。彼女の熱意とひた向きな案内によって、私は少しずつアゾフの土地柄を理解し、古生物にも興味を持つようになった。そして、日本でこのユニークな『地球四六億年の歴史・マンモス展』を企画し、展覧会を開催することになる。その中でも何トンもあるこのデイノテリウムの化石が、日本に運ばれてきて展示できたのは、まぎれもなくスヴェトラーナの熱意であった。

この展覧会に展示されたデイノテリウムは、日本の専門家の間でも評判を呼んだ。やがてこの展覧会は皇室にまで話題がのぼり、紀宮様が大変興味を示され、そして、わざわざ新潟ロシア村のこの展覧会場にお見えになったほどだ。

生態と分布

アゾフの専門家によると、デイノテリウムは水中に生育する植物が豊かに茂る水辺、川沿いの低地、河口、湾などに棲息していた。中新世のものとしてアフリカ、ヨーロッパ、インドで発見されている。アゾフ博物館のものは、一九八二年にロストフ州ノヴォチェルカースク市郊外のオブホフカ村の砂採掘場で発掘されたものである。全身骨格はトゥズロフ川の中新世の砂層に横たわっていた。専門家は、骨格の配列とその横たわっていた姿、さらに地層の断面から判断し、水中に沈んだデイノテリウムの屍骸が川に流され、水中の深みにはまり、砂に埋まってしまい、屍骸の軟組織は砂の中で腐敗した、と結論づけた。発見された骨格の研究の結果、この動物は中新世に旧ソ連邦の南ヨーロッパ部に広く分布していたデイノテリウムと判明した。デイノテリウムの化石の発見は比較的稀であり、特に全身骨格の発見はきわめて貴重であり、学術的に大きな価値がある。古生物の残存物の中からデイノテリウムが分類されてから一五〇年余の間に、デイノテリウム属は様々な種に区分されてきた。それぞれの種は異なる大きさと解剖学的特徴を持っていた。

デイノテリウムは、旧ソ連邦時代に主としてウクライナの南西部諸州、モルダヴィア（現モルドヴァ共和国）、ザカフカース（外カフカース）地方でも見つかっている。

ロストフ州で一九三〇～四〇年代に、V・V・ボカチェフが最初にデイノテリウムの化石を発見したが、ノヴォチェルカースク市近郊のオブホフカ村の砂採掘場でも、それを発掘した学者がいた。これまでに発表された文献によれば、デイノテリウムの全身骨格が発見され、組み立てられているのは次の機関である。

ブカレスト（ルーマニア）のアンティパ伯爵記念自然博物館（*D.gigantissimum*）、ソフィア（ブルガリア）大学地質学博物館（*D.gigantissimum*）、キシニョフ歴史・郷土博物館（*D.giganteum*）、ウクライナ科学アカデミー古生物学研究所（*D.Levius*）。なお、国立オデッサ大学古生物学博物館（*D.gigantissimum*）、プラハの博物館（*D.gigantissimum*）にも骨格が所蔵されているが、組み立てられてはいない。

デイノテリウム発掘現場

オブホフカ村へ

二〇〇〇年八月一二日　アゾフ市からゴルベンコ館長の車で、デイノテリウムが発掘されたノヴォチェルカースク市郊外のオブホフカ村にある砂採掘場に行く。一九八二年に発掘にたずさわった館長に、現場を案内してもらった。発掘現場を訪れるのは、今回がはじめてという同博物館自然部部長のガリーナも同行した。

発掘現場には、アゾフからロストフ・ナ・ドヌーを経由して行くのだが、同市までは直通の幹線道路がある。アゾフから車で四〇分ほど走ると、ドン川の大きな橋に突き当たる。それを渡ると、そこはもうロストフ・ナ・ドヌー市の中心地である。今回は市内を通らないために橋のたもとで右に曲がり、

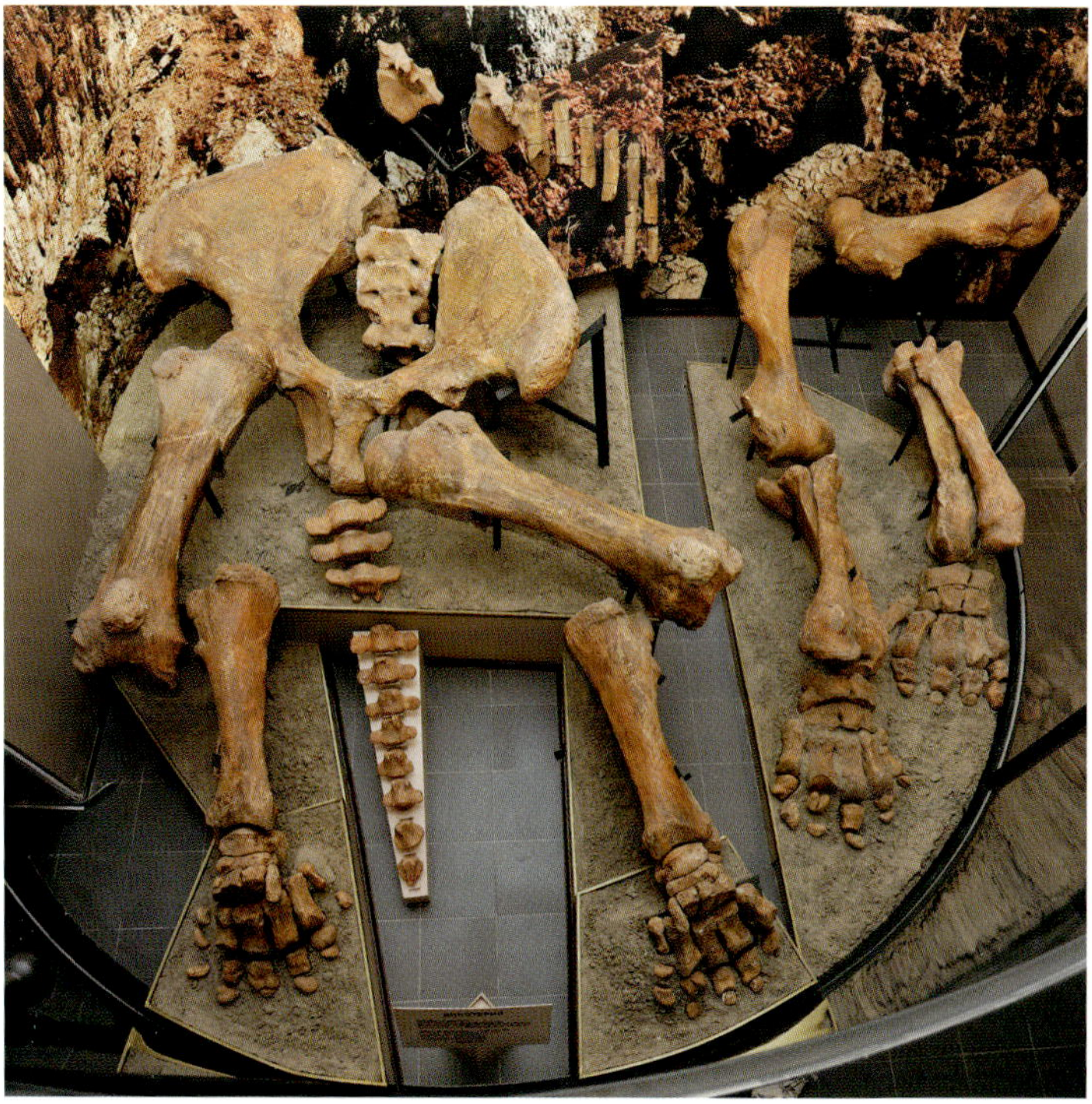

日本でも展示されたデイノテリウムの化石

ドン川沿いの自動車道路を走った。ロストフ・ナ・ドヌー市は、ドン川の断崖の上に発達した細長い商業都市である。ドン川の対岸の高台にある市街地を見た後は、郊外の住宅街の眺めだ。川岸沿いに鉄道が敷かれている。モスクワからロストフ・ナ・ドヌーに来るときには、この鉄道を通ってくる。毎年この鉄道でロストフ地方に来ているので、ドン川の風景は見慣れているが、今回は反対側から列車を見ていることになる。対岸のなだらかな斜面には、緑に包まれた一戸建ての家屋が太陽をいっぱい浴び、ドン川を見下ろして建っている。その頂上の平地には、近代的な高層住宅が幾つも建っている。ロストフ・ナ・ドヌー市のベッドタウンである。道路沿いにはドロヤナギ、ポプラ、白樺、ウラジロ、ハコヤナギなどが生えている。そんな木々に混じって、大きな看板「長生きしてください」が目立つ。日本語で「道中お気をつけて！」と言うことであろうか。われわれの車を日本の三菱車、トヨタ車が追い越していく。道路はやがて林の中に入っていく。そこには、華やかな外国の飲料水の看板が立っているレストランや喫茶店が幾つもある。シャシルイク（肉の串焼き）を焼く煙もあちこちに見られる。ロストフ・ナ・ドヌー市内の若者やニューロシア人たちの溜り場、憩いの場所であるようだ。トゥルバーザ（旅行者用の宿泊・サービス施設）があり、宿舎の名前に〝ポプラ〟、〝白樺〟など樹木の名がついている。

やがて車はドン川を渡り、ノヴォチェルカースク方面へと向かう。周りに生えている樹木を見ながら、ロストフ州の植物に詳しいガリーナが、木々の由来などを話しはじめた。――

南ロシアのステップ地帯に樹木がまったくなかった一九世紀末に、一〇〇種類以上の樹木が植樹された。そのうちの四三種は、北アメリカから取り寄せられた。現在、この地方にはポプラが一五種類以上ある。ロストフ州一帯の幹線道路の両側にも、耕地にも樫の木、ネムノキが防風林の役目を果たしている。目的地に近いノヴォチェルカースク市郊外の耕地にも、これらの防風林が分厚く植えられている。同じような

オブホフカ村へ続く道

耕地と農道が幾つもあって、そして防風林がある。車道沿いの防風林の中に、他の樹木に混じってアカシアがある。この花が咲く時期は華やかさはないが、心が和む。

ゴルベンコ館長は「ここを右へ曲がったと思うよ」と、幹線道路から右に曲がって農道に入った。「一八年も前に通った道だからねえ」と、少々不安げである。農道に入ると、車の後はほこりで見えにくい。こんな道は車も人もめったに通らない。しばらくすると幸いなことに、前方からオートバイが来るのが見えた。村の若者のようである。車を止めて道を確かめると、「そう、オブホフカ村はあっち」と車の前方を指差した。

太古の地層が浮彫りに

目的地は、いまは干上がって砂採掘場となっている、太古のトゥズロフ川の河床である。車を止めた場所からは、そこが一望できる。意外と河床は下方に大きく見える。車はいつの間にか、かなりの坂を登っていたことになる。砂採掘場は日曜日で小屋には人影はなく、犬が一匹留守をしていた。そんな小屋も犬もこの砂採掘場の前では、小さな粒にしか見えない。河床は大きくえぐられ、何百万年も前の地層が浮き彫りになっている。その前に掘削機が一台ある。

「太古のトゥズロフ川は、現在のドン川よりも大きく、またこの辺は海だった」とガリーナは言う。彼女にとっては、このトゥズロフ河床の採掘場を見るのははじめてで、先輩からはいつも自慢話の中で聞かされていた〝夢

デイノテリウムを発掘した考古学者たち　1982年

のフィールドワークの現場〟であった。
ガリーナは誰よりも目を輝かし、車を降りると一目散に、数十メートルの高さの黄色砂層まで駆け登った。この砂層は足を動かす度にさらさらと崩れ、上に登るのは一苦労であった。「デイノテリウムはここの黄色層で見つかったのよね〜」とガリーナの興奮気味に叫ぶ声が、河床に立つ私たちにまで響いた。世紀の発見となったデイノテリウム発掘の責任者であったゴルベンコ館長は、「そう、デイノテリウムはあの黄色層と白層の間に横たわっていたのさ」と懐かしそうに上を眺めた。

特にデイノテリウムの発掘は、古生物学的観点から見て世界的に価値あるものであった。館長にとってもデイノテリウムの発掘は、人生最高の〝宝物の発見〟であったに違いない。館長は、一八年前にデイノテリウムを発掘するために張ったテントの位置を探したが、確かな場所は見つからなかった。館長は「この辺だったかな」という場所を歩きながら、目当ての木々を探したが、樹木はすでに大きく育ち、

太古のトゥズロフ河床の地層に駆け登るガリーナさん　2000年

砂採掘場もかなり移動してしまっていたようだ。

砂採掘場の高台に立つと、ヤノフカ村が遠方に見えた。周りにはオリーブに似た木がいっぱい実をつけている。秋になると甘くて美味しい。乾燥しても元の形や色が変わらないと言われているムギワラギク、ロダンテやキクニガナ、チコリ、ヤグルマソウ、ヤグルマギクなどが目を引く。

オブホフカ村の砂採掘場は、マンモスが発掘されたカガーリニクの砂採掘場よりは大きいが、ロストフ・ナ・ドヌー市郊外のリヴェンツォフ砂採掘場よりは小さい。しかし、砂の層は何層にもなっていて、手で触れただけでもさらさらと落ちる。この砂採掘場は、われわれが日本の展覧会で紹介したデイノテリウムやその他の動物の骨格が発掘されたところ。そんな現場を訪れることができたのだから、私たちは感無量であった。八〇〇万年前のデイノテリウムになったつもりで、しばし周りを見回し、私は時間を忘れて立ち尽くしていた。南ロシアの魅力がここにもあった。

古生物の骨研究に半世紀――バィグーシェワ先生に聞く――

南ロシアの中心地、ロストフ州のいくつもの発掘現場で古生物学者として、幅広く研究してきたヴェーラ・セミョーノヴナ・バィグーシェワ先生にこれまでの活躍ぶり、この地方の古生物の特徴などについて伺った。今年（二〇〇〇年）七五歳になる先生は笑顔が可愛いい、マンモスや獣の骨など手にするようには見えない、チャーミングな現役学者である。ここ数年、バィグーシェワ先生と一緒に発掘をしたり、旅をしたりして共に過ごす機会に恵まれたが、私はそのたびに先生の学問に対する意欲に驚嘆してきた。一緒に食事をしていても魚や肉の骨が出てくると、骨の話に熱中する。ステップの生きものたちの話になると、時間を忘れるほどだ。

ステップの生きものの話に、時間がたつのも忘れて

――ヴェーラ・セミョーノヴナ、トロゴンテリーゾウの発掘では大変ご活躍のようでしたね。この発掘（カガーリニク砂・粘土採掘場）の際には古生物学者、考古学者、地質学者、地層学者などさまざまな専門分野の方々が、参加したと聞きました。まず、先生のご専門の古生物学とは、どんな仕事をなさるのか、考古学との違いからお話し下さい。

バィグーシェワ先生（以下、先生）そう、今回の発掘はトロゴンテリーゾウと言うことで、私たち古生物学者の仕事が中心で発掘を始めましたから、古生物学者として当然大きな役目がありました。私の仕事は骨を測定し、写真に収め、骨の属性・名称、骨組みがどのように横たわっていたか、などの説明をするものでした。そして「なぜトロゴンテリーゾウが死滅したか」という仮説を立てるこ

古生物学者バィグーシェワ先生　2000年

とも、大きな仕事でした。まず古生物学は人間の誕生以前に生存し、絶滅した動・植物の研究をする学問で、考古学は人間の生活や活動の物質的遺物により、社会の歴史を学ぶ学問です。考古学は発掘の際、人間と関係した物質だけでなく、野生の動物の骨をも研究の対象にする。これはその土地に生きものが存在したか、しないかを見極める一つの証明となりますからね。ロストフ州のステップに多くの動物が存在したことについては、その自然遺物によってのみ判断できます。当然ながら、文献に記述されたものもありますが、古代文献はあまり残っていない。一七世紀に入ると、例えば、ロストフ州のドン川周辺のステップには、数多くの野生馬（ターパン）が棲息していた。古生物学と考古学の二つの学問から、古人類学と言う学問も生まれています。古生物の発掘の際には古代人の遺物だけでなく、動物の骨もでてきますからね。

野生動物が棲息していたステップ

——ロストフ州のステップの地質、地層の特徴は？

先生　ロストフ州のステップ地帯は、大変広範囲に存在しています。地理学的に「ステップ」をはじめて紹介したのは、E・F・ジャブロフスキイ著『ロシア帝国の最新地理』（一八〇七年）でした。そこには「ステップは森林も水もない非常な乾燥地で、ドン川からヴォルガ川、エルベ川まで続いている」

と、記されています。ステップの降水は森林地帯よりも少なく、その水分は冬に雪が降って蓄積され、夏の前半に雨が最も多く降ります。四、五月は土地が湿っていて花が咲き乱れ、六、七月は水分の蒸発量が多くなり、乾いた熱風（スホヴェイ）が吹き荒れます。ステップには干ばつに強い植物群（カシ、カエデ、菩提樹、ポプラなど）と、イネ科の植物が多く見られます。また、草木と多年草の耐寒性植物タイプがあります。ステップには最も肥沃な土壌―黒土と腐植質の少ない栗色土があって、干ばつを伴う気候と関係しています。他方、森林ステップの黒土には、土壌中の腐植質の含有量が少なく、栗色土のステップ地帯では、それは二〜三パーセントほどです。一、二世紀前まではステップに野生動物がたくさん棲息していましたが、いまは自然保護区域に保護されているだけ。いまでもステップで見られる生きものは、ステップ・マーモット、ハタリス、ヤブノウサギ、ハタネズミという齧歯類です。彼らは地中に穴を掘って巣を作り、植物を食べています。彼らの天敵は狼、狐、ケナガイタチ、それに猛禽のステップ・ワシなどです。またステップの鳥類はノガン、ワシ類などです。

――先生の論文「スキタイ騎馬遊牧民族時代の野生の動物」で、強調されている問題とは何でしょうか。

先生 この論文は、ロストフ州の動物について書かれていますが、これまでの学者の文献に登場したものも入っています。例えば、トラの化石は、ロストフ州では見つかっていない。しかし、トラの生き方からして、ここのステップに住んでいたことは間違いありません。一七六八年にP・S・パラス（一七四一〜一八一一）は、この地方のステップを旅したとき、野生のターパンを見ているのです。野生の馬と家畜の馬との見分けは大変難しい。というのは、比較する骨格が一つも残されていないからです。あえて言えば、それを見分ける唯一の方法は、去勢された馬の骨にあります。それらには、生きている間中成長している骨に変化が生じますから。発掘しているとき、私たちはターパンの骨にも家畜馬の骨にもぶつかります。

——それが野生か家畜か、どのようにして見分けますか。

先生　歯だけですね、見分けることができるのは。もし幼稚な形の細かい歯であったら、それは野生のもの。でも、正確には証明できません。

——先生はこの地方で、二度のトロゴンテリーゾウの発掘に参加されていますね。

先生　そうよ、トロゴンテリーゾウの発掘には、二度とも参加しています。ロストフ州でこの専門につけたことは、ラッキーでした。トロゴンテリーゾウの一日食べる量は、似かよった現代ゾウ（インドゾウ、アフリカゾウ）と比較して判断すれば、その量は三〇〇キロから五〇〇キロでしょうね。その食料とは、川の周辺一帯に昔から生えていた巨木樹です。その巨木もピョートル大帝時代には、まだこの地方の窪地・凹地に生えていた。いまはドン川沿岸のラズドールスカヤ村近辺でしか見られません。ロシアとトルコ戦争の際に見通しをよくするために、ドン川の低地に生えていた草木を焼き払い、切り倒してしまったのです。これらの植物は、新第三紀（約二三〇〇万年前～一八〇〇万年前）からのものでした。ロストフ州の西方ではマロニエ、クリ、ブナなどの広葉樹林の化石とともに、海の軟体動物や貝類の化石にも出合います。これらの年代は約二五〇〇万年前、ようするに、森林がこの時代に、現在のロストフ州の地域に存在していたことになります。それと同時に、高い分水嶺内にはステップの植物が形成され、低地の湿原には森林がそのまま存在していた。ですからドン川地方では、ステップ地帯や森林地帯の動物にも出合い、水辺の生き物にも出合います。石、砂、粘土などの採掘場として知られている、ロストフ・ナ・ドヌー市郊外の古代の河床リヴェンツォフがよい例でしょう。ここに行けば、一目瞭然です。ここで二五〇〇万年前の動物の骨が見つかっています。

水中植物を食していたデイノテリウム

―― 私もリヴェンツォフの砂採掘場に行ってきました。今年はまた、デイノテリウムの世紀の発掘（一九八二年）とも言われた、ノヴォチェルカースク市郊外のオブホフカ村の砂採掘場にも。古代、ここには何があったのでしょうか。

先生 このデイノテリウムの全身骨格は、中新世（約二三〇〇万年前～五三〇〇万年前）に存在した川の砂層に横たわっていました。デイノテリウムは巨体でしたから、水の中で自分の身を動かす方を好んだのです。その巨体は、陸地を動き回るだけの筋肉質の足ではなかったのです。歯形から見ても、水中の柔らかい植物を食べていたと言えます。他のゾウに比べて、デイノテリウムの歯冠は低く、臼歯の咬合面は櫛に似たぎざぎざの形をしています。これは彼らの食物が、川辺や水中に生育している柔らかい水中植物であったことを物語っているのです。デイノテリウムはふつうのゾウと違って下顎だけに牙があり、しかもそれは下に曲がっているのが特徴なのです。このような例は他にないために、初めて顎の化石が見つかったとき、さかさまに復元されたそうよ。

―― オブホフカ村の砂採掘場は地層が何層もあって、色相がはっきりとわかりますが、これらはどのように形成されたのでしょうか。

先生 砂採掘場の白い砂層、この部分から話を始めましょう。これは中新世にあった古代の川の地層です。その源泉は遠い北方のコラ半島地区でした。そこは氷河であり、この氷河から川が砂を運び、ここに堆積していった。白い砂層の上の黄色い砂層は川の流れが緩やかなところで、植物が河床に蓄積され、長い時間の中でその植物遺体が分解され、腐植が堆積し、黄色い砂の厚い層になったものです。白い砂層は流れの速さを物語っていて、植物は川の流れに運び去られている証拠なのです。

――では地層の最も上の部分、草の生えている部分では？

先生　これは石灰岩で、ここは海でした。この草の生えている上の地層には、動物の骨、海の魚、貝類などの化石も見つかっています。これは古代の黒海で、広大な面積を占めていました。

――なぜ突然、この川だった層の上に海が出来たのですか。

先生　これは地球の表面の海進、海退、回転に関係があります。この時代は浸食作用の構造が変化した時代でした。陸が後退して海の海進現象が起き、海は陸を呑み込む。ところで、アゾフ海は黒海の約二千分の一の水量しかありません。氷河期にはアゾフ海盆は干し上がり、ドン川は海（現

デイノテリウムの全身骨格　レプリカ　（アゾフ博物館蔵）

在の）の凹部の底を流れていました。大昔は現在のケルチ海峡地区の近くで黒海に流入していました。いまは海退しています。ドン川は砂を運び、アゾフ海に流し込む。デルタは拡大するばかりです。アゾフ海は浅瀬が増えつつあります。ドン川はアゾフ海にとって代わり、アゾフ海は海退している。海を航行していた船が横付けしていた古代都市タナイスがよい例でしょう。いま、そこは小さなミョールトヴィ・ドネツ川が流れ、陸地化が進んでいます。

――ところで、私たちが日本で紹介したデイノテリウムは、どの層で見つかり、どのように横たわっていたのでしょうか。

先生　デイノテリウムの骨はちょうどこの黄色い砂層、要するに、中新世に存在した川の砂層に横たわっていたのです。骨格の配列や地層に横たわっていた姿から判断して、また、地層の断面から判断して、水中に沈んだデイノテリウムの死骸が川に流され、水中の深みにはまり、そこがまも

「デイノテリウムは川辺の草を食べていた」と案内されたドン河畔

なく砂に埋まった。死骸の軟組織はその砂の中で腐敗したのでしょう。川岸が崩れた時にデイノテリウムも川に落ちたと言えましょう。デイノテリウムが発掘されたとき、川辺に生えていた木々や土の下敷きになっていましたから。化石化していたデイノテリウムの骨と骨の間に、古代樫の木の化石化した幹も見つかっています。崩れた岸は、砂と粘土によって死体を運ぶことになった。デイノテリウムの倒れたその場には、粘土でない砂層があったことが、強固な化石にしたのでしょう。デイノテリウムが地中に存在していたことによって、古代の川の流路が判断できますし、それによると、川が東から西に流れていたことがわかります。

古生物の骨の宝庫、リヴェンツォフ砂採掘場

先生　―ロストフ州だけに存在する生きものはありますか。

私はロストフ郊外のリヴェンツォフ砂採掘場で、長い間数多くの骨を発掘してきて、それらは古生物の骨の貴重なコレクションとなりました。それらによって、この地区の動物相について確信を深めたのです。ロストフ州にはステップ特有の動物が棲息していました。ここで発掘した骨、またこの古代河床の研究を、私たちはいまも続けています。

先生　―リヴェンツォフ砂採掘場では、何を発掘しましたか。

そこではグロモフゾウ（*Archidiskodon gromovi*）とアナンクスゾウ（*Anancus*）。それらは咬合面がぎざぎざしています。湿地帯の柔らかい草を食べていた臼歯です。この時代に棲息していたゾウは、ステップに活路を見いだし、ステップの草も森林の植物も食していた。森林もステップも広がっていましたから。やがてステップは、森林を春の増水期に冠水する流域部分に押しのけ、新しい土地を浸食

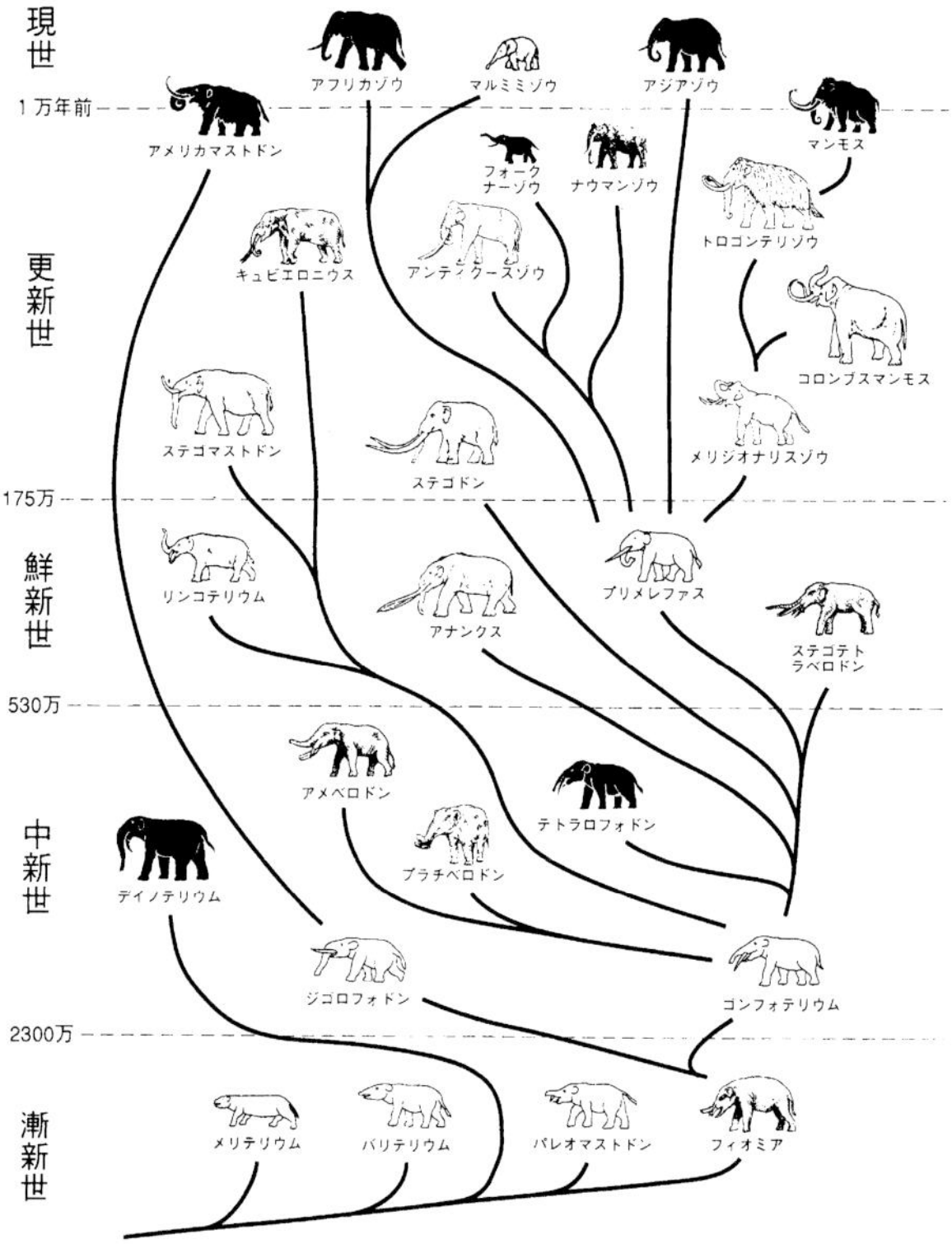

マンモスの系統図

し始めました。すると、そこに、ステップの草を主食とした南方ゾウやトロゴンテリーゾウが出現してきます。

――ところで、先生が古生物学者になられたきっかけは？

先生　私はロストフ大学の生物学部を卒業し、一九五四年からロストフ博物館で働き始めました。戦争で崩壊したロストフ・ナ・ドヌー市には、再建のため砂利が大量に必要でした。リヴェンツォフ砂採掘場の砂は、市内の住宅、学校、企業などの建設のために無くてはならないものでした。そこで砂を掘る、すると、そこから骨が出てくる。砂の採取に携わった人たちが、これらの骨を私に見せに持ってくる。私は生物学部を卒業しましたが、ほんとうは植物学が専門でしたのよ。そんなわけで、私は大学を卒業してから、古生物の骨の研究をせざるを得なかったの。ロストフ州の砂採掘場にロシアの古生物学の専門家や学者に来ていただきました。レニングラード（現サンクト・ペテルブルグ）からN・K・ヴェレシチャーギン教授がやってきて、骨を見分けて行き、やがて、私がモスクワやレニングラードの学者のもとに発掘した骨を持参するようになりました。大都会の古生物学者たちは、その骨を見て感動するのです。先輩の学者たちは、主にパヴロフ砂採掘場で発掘しましたが、そこではそれほどの骨が見つかりませんでした。リヴェンツォフ砂採掘場のものは、彼らにとって驚嘆の一言だったのです。私にとって、こんな楽しいことはありませんでしたよ。

一九七〇年から私はロストフ大学で教鞭をとり、骨の発掘を続けた。そうしているうちに、ロストフ州の各地で掘った骨のコレクションが出来たのです。それらはいま、ロストフ博物館とアゾフ博物館の所蔵となっています。

―― これまで先生が掘られた中で、最も輝かしい業績を上げるとしたら？

先生 それはまず、一九五七年にリヴェンツォフ砂採掘場で二五〇万年前のグロモフゾウの頭蓋骨を発掘したことでしょうね。これは稀にしか見つからないもの。未だ、一つしか発掘されていません。これを新しい種類として記述し、戦前からパヴロフ砂採掘場で、この種の生き物を研究していたワレリアン・インノケンチエヴィチ・グロモフ（一八九六〜一九七八）の名を冠して、「グロモフゾウ」としたのです。二つ目は、私の骨コレクション。同じ生き物を長いこと研究し、記述してきたことでしょうね。

―― 先生の授業のモットーは？

先生 一九七〇年から九〇年まで、ロストフ大学の動物学部で二〇年間脊椎動物の講義をし、哺乳類学と古生物学のセミナールを受け持ち、また学生とはよくフィールドワークに出かけました。私のモットーは、「理論だけでなく自然の中で学べ、つねに動物、鳥類の外見、習性、活動形態などから直接学ぶこと」よ。こんな自然の豊かなところにいるのですから、当然ですけれどね。

―― ロストフ州で、これからも何か発掘される可能性がありますか。

古生物の骨の宝庫、リヴェンツォフ砂採掘場

先生　もちろんですとも。それはあらゆる可能性がありますよ。ロストフ州には種々様々な生き物の骨があると思われる、そんな堆積物があるのです。

―　日本ではマンモスと言えば、シベリアですが。

先生　とんでもございませんね、そのお考えは。南ロシアにだってかなりの数のマンモスがいますよ。ここには旧石器時代の毛マンモスだって発見されている。しかし、シベリアは永久凍土地帯、保存状態は南ロシアより良いのです。凍土は体をそのままの状態で保存が出来ますからね。マンモスの子ども＝ジーマの死体が、永久凍土でミイラになっていたことは有名です。ロストフ州でも骨は化石化されていますが、脆い。一九二八年からこれまでに、数ヵ所でマンモスの骨が幾つも見つかっています。それらの骨や牙は、発掘した博物館が所蔵しています。でも、まだまだ出ますよ、ご期待下さい。

アゾフ海沿岸
ここは毎年夏、考古学者・専門家・学生たちの1ヵ月近いフィールドワークの場となる。筆者はここでトロゴンテリーゾウの下顎骨を発見　1999年

ステップの神秘――キヤシコ博士語る――

国立ロストフ大学のキヤシコ教授は、長年未来の考古学者を育て、このほど彼らのために、著書『考古学者として半世紀、そして更に……』を出版した。また、彼は、年鑑『アゾフとドン川下流域における歴史・考古学研究』（アゾフ博物館出版）の発行責任者としても活躍している。キヤシコ博士の南ロシアにおける考古学の発掘調査研究テーマが、広範囲にわたっていて、若い学者や考古学愛好者たちを惹きつけている。二〇一三年冬にアゾフを訪れた際、先生に南ロシアのステップにまつわる興味ある話を伺った。――

南ロシアのステップに魅せられて

――ウラジーミル・ヤーコヴレヴィチ、貴方は自然も、歴史も神秘的なこの南ロシアで、少年時代を過ごされましたが、考古学者になったきっかけは何だったのですか。

キヤシコ博士（以下、博士）二〇世紀の五〇年代末は、ロマン主義的時代と言っていいでしょう。ソヴィエト時代に多くの若者が、「流行」の職業だった宇宙飛行士または考古学者になって、未来を探求し、過去を調査することに憧れたものです。ロシアの若者は遠隔地、例えばシベリア、極東開拓に配属されるのを望んでいたのです。私は小学生のころから古代植物の化石、古代軟体動物の化石に興味を持っていた。ロストフ大学歴史学部に入学して、最初に受けた講義が考古学でした。大変背の高い、威風堂々とした美しい教授が講堂に入ってきた。教授の名は、ゲオルギイ・アレクサンドロヴィチ・イノゼムツェフ。彼の講義は若者に夢を与えるもので、それはそれは、心に沁みました

ロストフ大学教授V・キヤシコ博士

ね。学生全員が考古学を学びたい、と思ったほどでした。しかし、当時の大学のカリキュラムには、考古学はなかった。そこで私は、一四人の同級生と一緒に教授のもとに行き、「考古学調査に連れて行ってください」とお願いしました。弁当を持って私たちは、はじめて考古学調査に出かけた。それは一九五六年のことでした。それ以来、私は考古学研究の虜になったというわけです。主にロストフ州ですが、カフカースやクバン、ウクライナでも発掘します。

――先生のお仕事は、基本的にはステップで行なわれていますが、ステップの特徴は？

博士　ステップと言っても、種々さまざまな様相を持っています。それはモンゴルからドナウ川までの広大な地域のことで、その各地に独自の気候的特徴が見られます。ステップにはカルムイク・ステップ、アストラハン・ステップ、そしてノガイ・ステップのような干ばつ地帯、それに草木が乏しく、まったく樹木の生えない半砂漠地帯、森林ステップ地帯があります。森林ステップ地帯は大変湿気が多く、実にさまざまな草が生茂り、変化に富んでいます。窪地や低地には樹木が育ち、ステップではこれを窪地の森と言います。このステップには住居の跡があり、昔から人が住んでいた。干ばつ地帯には遊牧民、半遊牧民と彼らの考古学的遺物、クルガン（古墳）がありましたが、森林ステップ地帯には、クルガンを作らない定住民が住んでいたのです。ステップの真のシンボルは、銀色の穂がふさふさして長いハネガヤでしょうか。五月になると、それらは一面に咲き乱れ、ステップの平原が銀の海に姿を変える。風に揺れて大変美しいですよ。その他にも多種多様な草がたくさんある。芳香油の得られるヨモギやタイムは、ステップに独特な香りを漂わせます。

――〈石人〉はステップの主

博士　元々はステップにあった〈石人〉が、いまはモスクワでも南ロシアでも博物館の展示品になっていますね。〈石人〉とはどんな存在だったのですか。ステップ特有の生態系が、類似した遺物を生み出しています。それは似通った物質的現象ですが、さまざまな土地で互いに独立している。例えば、〈石人〉ですが、これは石で造られた独創的な彫像。ステップにはそれらが、すでに銅石併用時代（新石器時代から青銅器時代への移行期）から長く存在していた。ステラ―人間に似た彫像は、フランスのステップ、また北イタリア、ルーマニア、ロシアのドン川流域にもあります。それらのステラの起源は互いに無関係なのに、みな同じようなもの

I・クルイロフ『ハネガヤのステップ』 1899年 （ドン・コサック歴史博物館蔵）

男性石人（左）と女性石人（右）
12 ～ 13 世紀。男性はトルコ系遊牧民ポロヴェツの戦士像。胸には革帯・飾り板、帯には鞭・ナイフ・小袋。女性は帽子を被り、ネックレス、ブレスレットをはめている。

を造ってきた。それらは崇拝の対象として立てられたものなのです。〈石人〉を含めたすべてのステラは、古代人の世界についての神話的観念を伝承し、三界からなっています。彫像の下部は—地下の来世、上の頭部は—神、崇拝の対象の世界、中央の胴体部分は武器、ベルト、持ちものなどが描写される中の世界。要するに大地、動植物の世界です。全ステラに共通する三界からなる世界観は、これらの彫像を一つに結び付けていますが、しかし、相違点もあります。〈石人〉と呼ばれた中世の石像には男性像、女性像があり、それらには顔、衣装、装飾品、両足、碗をもって腹部においた両手が刻まれていますね。この碗は崇拝の象徴であって、このような偶像には生贄が捧げられたのです。ある学者の意見によると、〈石人〉は、遊牧民が下の世界の祖先と上の世界の霊魂（神々）と交わる際の媒介者であった。石（貝殻石灰岩）で造られた偶像は、作るのには時間もかかるし難しいが、良く保存されています。しかし、ロストフ州中南部のサリスク・ステップで発見された六体の〈木人〉（木像）は、作るのが易しくたくさん作られたが、それらは保存がよくなかったというわけです。

ロシア民話の主人公 〝バーバ・ヤガー〟

博士 〈石人〉とは正にステップ特有の現象であって、森林地帯の礼拝堂とは異なるもの。それは木の垣根で囲まれているか、または木造の建物。ロシア民話では〝バーバ・ヤガー〟（生贄の媒介者）の小屋なのですが、そこでは祭祀儀礼が行なわれていた。バーバ・ヤガーは火で魔法を使い、超自然的な力と交わり、子供を食べるという恐ろしい登場人物。それは、生贄を捧げる儀式の反映なのです。バーバ・ヤガーの小屋は、深い森の中にあって、人目につかないところに建っていますが、ステップの〈石人〉は、見晴らしの良い場所や道の交差点、高い場所、またクルガンのてっぺんに立てられていました。クルガンの〈石人〉は、そこに埋葬された人々とは、無関係なのかもしれない。すでに作られたクルガンの上に〈石人〉が立てられ、偶像の台座として古墳の盛土が使われた、と考えられます。ロシア民話のバーバ・ヤガーは、骨の脚足。私は、人間の大腿骨から作られ、顔の彫ってあるバーバ・ヤガーの偶像を本で見ました。バーバ・ヤガーは、ほうきに跨り自由に移動しています。考古学では、骨の偶像＝留め針は、しなやかな細枝を一つにまとめた聖なる束に刺した。ほうきに跨ったバーバ・ヤガーは他でもない、細枝で作られた聖なる束に刺した骨の偶像なのです。

――バーバ・ヤガーはなぜ老婆？ 他でもない女性なのでしょうか。

ロシア民話の“バーバ・ヤガー”
I・ビリービン作 1902年

博士 この形象の根底には、原始女神―母神についての観念があります。銅石併用時代の最初の神々は、女神でしたからね。男性像はずっと後の、遊牧民時代になって出現してきます。女性―女神は子供を生む能力を持ち、人類を繁栄させる才能に恵まれていたのです。学生と一緒に発掘調査をしながら、私はいつもステップの考古学的遺跡の学術的研究に、大きな関心を向けている。なぜって、私たちのクルガンには、エジプトのピラミットに勝るとも劣らないほど、興味があるからですよ。

コンスタンチノフスカヤ文化の解明に貢献

―― 先生は南ロシアのステップで、多くの遺跡の発掘をされてきましたが、これまでの発掘で最も注目されたものは？

博士 学術的観点から言うならば、銅石併用時代のコンスタンチノフスカヤ文化を発見できたこと。それに、コンスタンチノフスク市に近いドン川左岸にあるセミカラコールスク市近郊で、一九六七年から八〇年までの一四年間、その文化遺産の発掘を続けてきたことです。特に重要なのは、遺物に反映された古代の人々の精神世界ですよ。つまりそれは、単に物や道具ではなく、祭祀儀礼の装飾品であり、偶像であり、線描画なのです。私たちは最近、青銅器時代の岩面画を発見した。ロストフ州北方のドン川上流地区のステップ地帯に岩があって、その洞窟のなかで原始時代の岩面画を発見したのです。これは驚くべき発見なのですよ。また、そこで容器も発見され、年代を確定することができました。さらに、古代人が岩面画を描いた道具も。そこには人間の足、熊の足、斧などが描かれていました。絵は単純化されていますが、明確な象徴的意味を持っています。これはステップにおけるたいへん稀な、興味深い発見なのです。

スキタイ人とサルマタイ人

草原ルートで遊牧生活を営んだスキタイ人

スキタイ人は前七世紀から前三世紀までユーラシア草原の西部、南ロシア、黒海北岸、シベリアのサヤン山脈及びアルタイ山脈の山麓地帯に至る広大な草原地帯、半砂漠地帯に居住し、遊牧生活を送っていた。彼らがこの地方に残した文化的、経済的遺産は計り知れない。スキタイ人については、前五世紀にギリシアの歴史家ヘロドトスが『歴史』に記述して広く知られているが、ユーラシアの草原で、一九世紀から現在に至って行なわれている考古学的発掘は、彼らの残した遺産・痕跡をさらに深く研究し、明らかにしつつある。

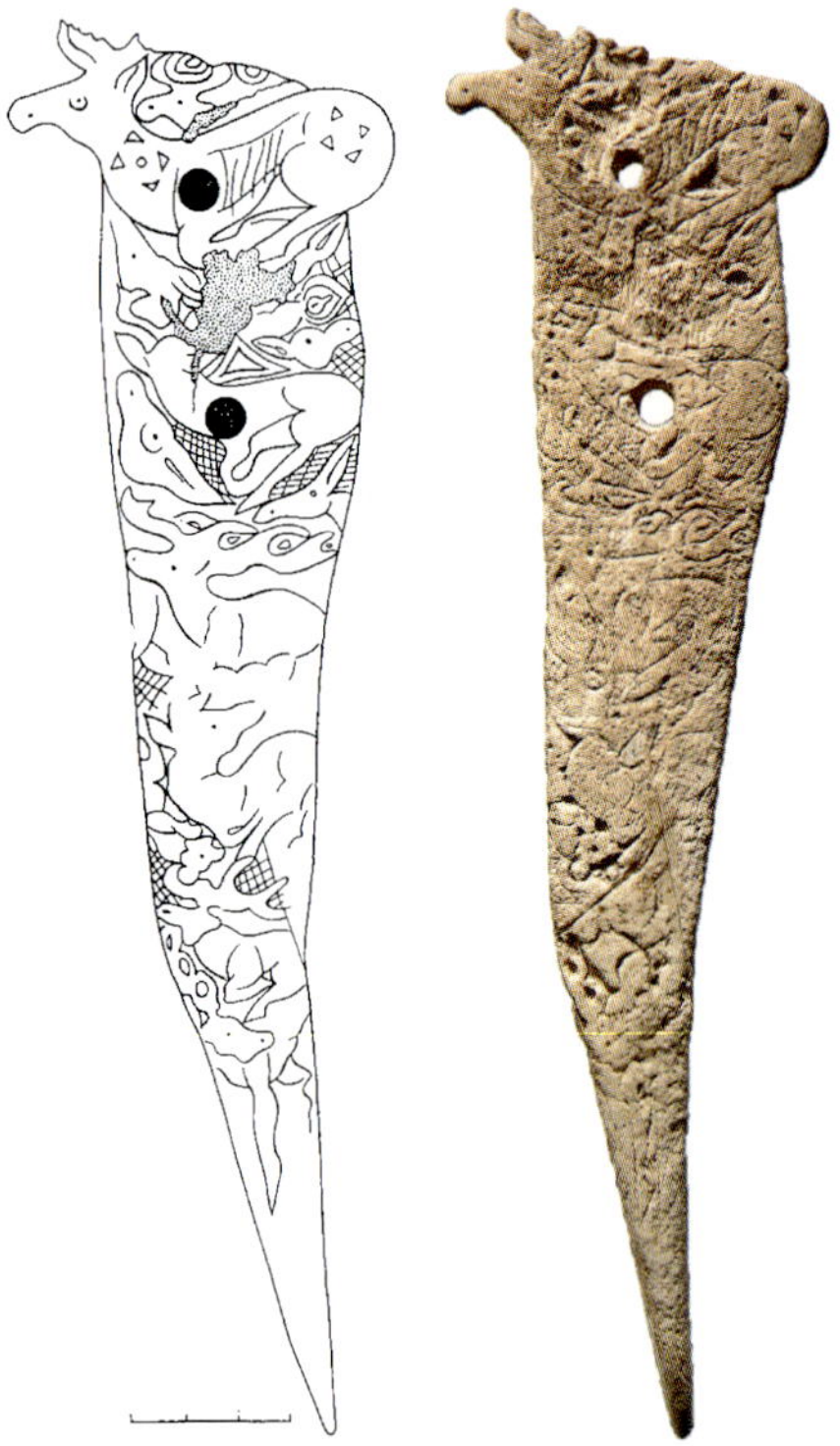

スキタイ墳墓から発掘された剣鞘飾り板
前 4世紀　(アゾフ博物館蔵)

遊牧民スキタイ人はギリシア、ボスポロス王国を通して交易を行ない、アテナイをはじめ地中海への市場を広める媒介者であった。また彼らは、ギリシア人の匠の芸術品を入手した。ソヴィエト時代には南ロシアをはじめ、ロシア各地で発掘されたスキタイ人の遺宝は、主にエルミタージュ美術館に収められた。それらは今も同美術館の特別宝物殿に展示され、世界各国からの来館者の注目を集めている。同美術館所蔵となっている貴金属工芸・黄金芸術は、スキタイ王の注文でギリシアの匠によって作られたものが多い。ソ連邦崩壊後は、発掘文化遺物が現地の博物館にも数多く収蔵できるようになった。

スキタイ人の残したものは、芸術作品だけではない。南ロシアで活躍したコサックなど遊牧民の騎馬戦術は、スキタイ人の影響を受けたと言えよう。ユーラシア草原の西に広がる南ロシアを旅していると、かつてシルクロードのキャラバンが通った場所に出合う。ユーラシアの各地域では、シルクロード以前から文明の交流が盛んであった。スキタイ騎馬民族が生活した南ロシアの草原地帯は、シルクロード（ローマから北京まで）の草原ルートにあたる。このルートはオアシス・ルートのような砂漠地帯や高山が少なく、距離が短い。そんなこともあって物流が早い時期から開発され、利用されてきた。

金製留金〈馬に乗るスキタイ人〉

とりわけ前七～後三世紀は、「スキタイ・サルマタイ時代」と呼ばれた。このルートを通って運ばれてきた物が、スキタイ人のクルガンから多数出土している。また、発掘によってスキタイの戦士がどのような服装をし、どのような武器や道具を使っていたかなど、細部まで解明されている。ユネスコの『クーリエ』（一九七七年発行）によれば、ウクライナの墳墓で前五世紀の戦士の遺体と一緒に埋葬された装具一式が、驚くほど良い保存状態で発見された。耳カバーのついた円錐状の完全な兜、うろこ状の金属片で覆った革の胴当て、青銅の飾板のついた剣帯、胸当ての全てが揃っていた。「戦士の図」はこのような発掘を基に復元されたものである。

モスクワ国立歴史博物館A・シクルコ館長に紹介されて、一九九四年に私ははじめてロストフ博物館を訪れ、そこで輝かしい展示品を目にした。それらはロストフ州内のスキタイ人、サルマタイ人の墳墓からの出土品であった。それを知ったときの大きな感動は忘れられない。それからというもの、私はロストフ州内のスキタイ人、サルマタイ人の遺跡の発掘や考古学のフィールドワークに大変興味を持つようになり、この地域の考古学的発掘の現状を見て回った。

スキタイ戦士の図

発掘調査費は博物館と契約して捻出

アゾフ市近郊には、ロストフ大学歴史学部のルキヤシコ博士とキヤシコ博士、マクシメンコ教授が指導しているスキタイ人、サルマタイ人のクルガンの発掘現場がいくつかある。この三考古学者の調査隊は、アゾフ博物館と契約を結んで一九九九年から発掘を開始している。

ここ数年前からロシア政府は、国内の経済危機を理由に、発掘にかかる費用を一《コペイカ》（一〇〇分の一《ルブル》）も出していないそうだ。そこで大学の担当教授、考古学者らは、各地の博物館、私企業などと掛け合って、発掘費用などを自分たちで作り出している。そんなときの博物館との契約は、発掘品が出土したら博物館に収め、発掘されたものの調査・研究の最初の発表する権利は調査隊にある、という双方に有利なようにできている。博物館にとっても、歴史的な遺物が出土すれば博物館の〝宝〟となる。また、教授たちにとっても、自分たちの研究には発掘が欠かせない。国が教育費、文化費を削減している以上、お互いの利に適うところでことを進めなければならないのが、現状のようだ。

一九九九年アゾフ博物館は、ロストフ大学の考古学者、教授らと発掘の共同調査隊（ルキヤシコ博士の発掘調査隊とマクシメンコ教授の発掘調査隊）と契約したが、調査隊とアゾフ博物館との話し合いの中に「博物館側は発掘期間中運転手つきバス、学生たちの食事、発掘のためのブルドーザー代金などを提供する」という項目がある。ブルドーザーを動かせる時期は、一般的には大学の後期授業が終わる六月から新学期が始まる九月までで、夏休みに集中する。

マクシメンコ教授の発掘現場である大きなクルガンは、アゾフ郊外のドン川に近い高台にある。そこからは、ロストフ・ナ・ドヌー市と左側遠方のアゾフ市が一望できる。クルガンから車で数分のところに一軒の民家があり、そこには水路がある。発掘に必要な食・住・休息の最高の条件が揃った場所である。スキタイ人のクルガンは土地が平坦で、水利がよく、牧草地がふんだんにある――そんな場所にあるのがふつうである。その条件がそのまま満たされているのだから、最高の現場である。

私がアゾフに滞在するときは、いつもロストフ大学、後にロシア連邦科学アカデミー南方科学センター考古学研究室室長となったルキヤシコ博士はじめ、キヤシコ博士の下でスキタイ人、サルマタイ人の遺跡発掘調査に参加し、師事している。両博士は紀元前に南ロシアの黒海北岸を基点に住んだ騎馬遊牧民族――キンメリア、スキタイ、サルマタイ、サウロマタイの研究を続け、その道の権威者である。これらの民族に関する考古学的著書も多く、若い専門家の育成に大きな役割を果たしている。

「スキタイ王族の墓」の発掘

アゾフ市内で一九九九年の夏からルキヤシコ博士の下で、ロストフ大学歴史学部の一二名の学生（うち女性は二名）による発掘が始まった。しかし、大きなクルガンは、盛り上がった土を崩すのにブルドーザーに頼る。このブルドーザー代は、年々上昇するガソリン代に合わせて値上りしている。予算に見合ったブルドーザーの持ち主を探し当てても、運転手を上手に使うのは至難の業だ。

ルキヤシコ博士のクルガン（スキタイ）の発掘現場は、アゾフ博物館から車で二〇分ほどのクレショフカ村をさらに奥に入った畑の一角にあった。調査隊は夏休みの三カ月間にわたって発掘するため、耕地と耕地間に植樹された防風林内にキャンプ用テントを張る。畑の周りには人家もなく、人影もない。調査隊の毎日の食事は、アゾフ博物館が面倒を見る。幸い発掘現場近くのプランテーションで、コレーエツ（高麗人）がスイカを栽培しているので、毎日スイカを調達することができる。クレショフカ村のルキヤシコ博士発掘調査隊のクルガンは、スキタイ時代のものが幾つか重なり合っていて比較的大きく、出土品も期待されている。彼は「スキタイ王族の墓」と見ている。クルガンのすぐ近くまで舗装された道路が敷かれていて、その脇にコルホーズ時代の農道がある。クルガンは、ひまわり畑と草に被われた玉ねぎ畑が延々と続く、そんな中にあった。この農地は雨がないため乾燥している。そこに、今勢いよく雑草が伸びている。この雑草は、ロシア国内いたるところに生えている厄介ものだ。

この年ブルドーザーは、クルガンの土を三分の一ほど削ったところで作業を終えた。この地方の秋は駆足でやってきて雨・風が強く、仕事にならないからだ。全てが中止され、翌年送りとされた。そして博士は「来年の発掘は六月から開始する」と約束した。

ロストフ州のクルガン

そんなことがあって、二〇〇〇年もクレショフカ村の発掘現場でルキヤシコ博士に会うため、アゾフにやって来た。しかし事情が一変していた。クレショフカ村での発掘は六月ではなく、九月三日から開始されると言う。そして九月のある日の昼下がり、クレショフカ村に鈍いブルドーザーの音が響いていた。これまで掘り起こした地層から見て、博士は「スキタイの王族か豊かな貴族の墓だ。少なくとも墓所は二つある」と考え、それは最初の土盛の上にもう一つの土盛をしてあって、巨大な面積のクルガンとなっていると説明した。これだけ大きなクルガンで王族のものとすれば、すでに盗掘されている可能性もある。

師匠であるルキヤシコ博士は、土を運び終わった場所に私を案内し、「この土がスキタイ時代のものだ」と言って見せた。たたみ一畳ほどの面積を学生たちがきれいにして、古代の土壌を浮かび上がらせてある。「これをそのまま切り取って、博物館に陳列しては如何なものか」と、私は勝手に想像してみ

「五人兄弟」古墳群の発掘現場付近

た。この辺の土壌を調べると、前三世紀のジョールン（芝生）の跡がある。墓の上に土を被せ、ジョールンを裏返しにして盛り上げてあるのだ。ルキヤシコ博士は「墓のある場所を見分けるとき、重要なのは土の色だ。黒い土は墓のあるところ」と説く。埋葬されている人骨は、ナイフと筆を使って丁寧に土を取り除いていく。

エリザヴェートフスコエ城塞集落址「五人兄弟」古墳群

エリザヴェートフスコエ城塞集落址は、黒海北岸草原地帯の最も重要な考古学遺跡の一つであると聞いていたので、ゴルベンコ館長に無理を言って、その中の一つ「五人兄弟」古墳群の発掘現場に案内してもらった。私がはじめてこの古墳群についての話を聞いたのは、ロストフ博物館を訪問した一九九四年のときである。ここで発掘された貴重な出土品が、同博物館の主要展示品となっている。この古墳群は、エリザヴェートフスコエ城塞集落址からそれほど遠くない、ドン河畔にそびえていた。

ここでの出土品は、考古学界に大きく注目された。それは、一九五四年ソ連邦科学アカデミー考古学研究所レニングラード支部とロストフ博物館による調査団（団長V・P・シーロフ）によって、発掘調査が開始された。しかし、シーロフ調査団は、周りの小古墳七基の発掘から手をつけ、「五人兄弟」古墳群に取り掛かったのは、それから五年後の一九五九年秋だっ

スキタイ女性の頭飾り
前 4 世紀後半　金　「五人兄弟」古墳群 8 号墳出土
（ロストフ博物館蔵）

た。その大きさは高さ七メートルから一二メートルもあり、直径六〇〜七〇メートルと、際立って大きかったそうだ。

この地方の秋の発掘は、きわめて条件が悪い。秋の篠突くような雨が降り、河口風が吹く。これはアゾフ海の水をドン川に追い込む西風だ。そのため三角洲の低地は氾濫し水浸しになる。このような条件の中でも発掘は成功した。この古墳群からは、大変貴重な首輪、スキタイ女性の頭飾り、鞘飾板、ゴリュトス（スキタイ式弓矢入れ）飾板などが発掘されている。

エリザヴェートフスコエ城塞集落址はどんなところであったのか。館長の説によると次のようであった。――

ここは、前四世紀前半からギリシア人とバルバロイ（異邦人）との最大の貿易中継地であり、交易所があったところ。前四世紀後半には、町としての形を整えてスキタイ貴族の定住地となり、政治・経済・宗教の中心地となった。国際的な交易が盛んになり、ブドウ産地と活発な交易が行なわれていた。なかでも黒海南岸ヘラクレイア（現トルコ＝エレーリ）のブドウ酒は質も良く、特別な陶製のアンフォラで大量に海路で運ばれてきた。それらは陸路のキャラバン・ルートに沿って、ドン川下流域、中流域の草原地帯、アゾフ

ゴリュトス〈スキタイ式弓矢入れ〉飾り板
前4世紀後半　金　型押し　「五人兄弟」古墳群8号墳出土　（ロストフ博物館蔵）

ゴリュトス　底部拡大（左上）と側面拡大（下）
底部にはグリュフォンが、側面の上段には獅子・猪・牛などの動物が、中二段にはギリシア神話の英雄アキレスの生涯が表現されている。

海沿岸北東地方、ヴォルガ川へと運ばれた。アテナイからは華麗な陶器が、小アジアからは黒漆陶器などが輸入された。これら輸入品のなかには、ボスポロスの貴金属細工師がスキタイ貴族の注文により制作した武器、貴金属工芸品もあった。これらの輸入品はドン川の魚（チョウザメ、鯉、すずき、なまず）、家畜（牛、馬、羊、山羊）などと交換をしていた。

興味深い話をしてくれた館長は、まだ発掘されていない近くの大きな古墳群にも私たちを案内した。「ここだ」、と案内されたその場所には驚かされた。確かに大きな墓だが、それは平坦でなく、盛り上がったところに墓石がいくつも立っていて、現代人の墓と変わらない。館長は「このクルガンは革命前から村の先祖の墓であった。ここはスキタイ人の眠っている墓の上に、村びとの墓がつくられた。当然、スキタイ人の墓には、〝黄金の宝〟が埋葬されていることも考えられる」と言う。

クルガンの上からは遠くにドン川が見渡せ、古代人にとっても絶景の場所であったに違いない。エリザヴェートフスカヤ村の中心地に行

考古学者と子供たち　アゾフ市内の発掘現場

サルマタイ女性の衣装　復元

馬上のサルマタイ戦士図

き、かつて聳えていたという聖堂の礎の跡をみた。聖堂は壊され、学校に替わっていた。現在は村の大きな広場の周りに、コサックの豪邸がいくつも建っていた。アゾフ市内には歴史的戦闘の場所が多く、時には重なり合った人骨、歴史的価値のある大量の陶器、またキプチャク汗国時代に大量殺戮があった人骨の発掘などに出合う。アゾフ市内での発掘は、博物館が一手にその依頼を引き受けている。市内で発掘するときは、近所の小学生・中学生なども参加している。小さいときから発掘現場で専門家、学者から古代史を直接学べることは、なんとも羨ましい限りだ。

サルマタイ

ロストフ州、クラスノダール地方、スターヴロポリ地方のどの博物館でも、サルマタイの遺跡の発掘に力を入れている。サルマタイ人はスキタイ人と似た生活を営み、訛りのあるスキタイ語を話した。前四世紀にウラル地方南部の草原に、強力な「サルマタイ」と呼ばれる遊牧民の連合が成立した。彼らはサウロマタイの居住地（ドン川下流左岸、ドン川とヴォルガ川の中間地帯、ヴォルガ川左岸地方）への移住を開始し、その一部はサウロマタイと同化し、ヴォルガ川下流に地歩を固めた。

ギリシアのヘロドトスの説によれば、サウロマタイは神話的で勇敢な女族アマゾンとスキタイの若者の子孫であった。アマゾンはトルコ中央部のカッパドキアに住んでいたが、スキタイの領土であったアゾフ海（マイオティス）にやって来て、スキタイと闘った。しかし女族アマゾンと知ったスキタイは、若者だけを残してドン川の東の草原に移住した。彼等の子孫サウロマタイの女は男装し馬に乗り、弓を使い男と共に狩りに出た、というのである。

前六〜五世紀、スキタイ人とサウロマタイ人の関係は平和的であった。前四世紀に成立した遊牧民の連合は、初期サルマタイ文化を形成した。サルマタイの大規模な移住が始まり、一部は南のアゾフ海東岸地方、ドン川やヴォルガ川流域に居を構えた。前四世紀末〜三世紀には、サルマタイによって、長期間続けられたスキタイ領への攻撃が開始された。それは前三世紀末〜二世紀初めに、黒海北岸草原地帯へのサルマタイの大移動によって終結した。この黒海北岸でサルマタイは、ギリシア植民都市、とりわけ、ボスポロス王国とタナイスの住民と密接な関係を持った。しかし後四世紀末、フンの侵入によってユーラシアの草原地帯のサルマタイは終焉を迎えた。

スキタイとサルマタイ芸術――ルキヤシコ博士に聞く――

ロシアのスキタイ学者三巨匠の一人であるルキヤシコ博士は、私たちの南ロシア滞在中いつもそばにいて、スキタイ、サルマタイなど騎馬遊牧民族のすべての質問に快く答えてくれた。今回（二〇一三年）は遊牧民の神話、埋葬儀礼、芸術などを中心に聞いた。ルキヤシコ博士は一九八六年からロストフ国立大学歴史学部副部長として、長年にわたり考古学的発掘に携わり、学生の指導に当たってきた。二〇〇四年からロシア連邦科学アカデミー南方科学センター考古学研究室室長。現在も精力的に考古学的発掘活動を行なっている。

ルキヤシコ博士（右）と筆者

ステップを開拓した遊牧民

――セルゲイ・イワーノヴィチ、古代アゾフ海沿岸のステップにおいて政治、経済発展の動機となったのは、何だったのでしょうか。

ルキヤシコ博士（以下、博士）　アゾフ海沿岸のステップが生活に適し、大昔から人間が住みついていたことは、あなた方が南ロシアの博物館で展示されている出土品をご覧になり、また多くの遺跡現場を見て来られて、お分かりの通りです。まずは、このアゾフ海沿岸のステップには、旧石器時代のマンモス狩人の住居跡、それにまた、中石器時代の遺跡や新石器時代の農耕民の住居跡があります。しかし、ステップにおける政治、経済生活の最盛期は、前二千年紀末から一千年紀初頭にかけて広まった遊牧とともに始まったのです。家畜の大量飼養とステップ住民の増加は、印欧語族の増加と関連しています。その印欧語族は、ほとんどが現在のヨーロッパ、アジア民族の祖先なのです。遊牧民生活は、ステップと深く関わっていた。発掘された遺物が、当時の印欧語族の技術面の成果を物語っています。それは車輪のついた車の考案、馬の家畜化、新型住居、道具の改良などに見られます。

遊牧民の神話と精神生活について、また彼らの神話観がどのように生み出されたのか、興味のあるところです。

博士——ステップの自然界には、火山の噴火や地震、津波の起きるところはないし、また恐怖を呼び起こすような深い森も、神秘的な沼地もない。しかし、異なる恐るべき現象がある。それは、暴風雨と竜巻、猛吹雪と凍結、干ばつと火事ですよ。遮るもののないステップの広がりは、隣国との有益な関係に貢献はしましたが、しかし、それは伝染病の蔓延、大切

車輪のついた車の復元図

な家畜の壊滅、侵略をもたらしたのです。母なる大地という考えに基づく、ステップの農耕民の祭礼・儀礼に代わったのは、主に、風と太陽に向けられていた遊牧民の観念だったのです。彼らの雷神と武器の崇拝は、農耕民の母神と繁殖の象徴崇拝を排除したり、または、それらと結びついたりしました。

遊牧民の精神生活は、何に反映されていますか。またクルガン（古墳）との関連は？

博士――ステップの民の精神生活は、クルガンと関連する新しい埋葬儀礼に反映されています。クルガンは、見てきてご存じのように、ステップの風景には付き物なのです。それを最初に創った者は、銅石併用時代の種族でした。前三千年紀には、ヤームナヤ（土壙墓）文化の種族でした。死後の復活観念と関連するのは、死者を特別に丸めた状態で屈葬し、その頭を東に向け、墓を赤く塗り、大切なお守りを死体に添える風習など、数多くの習俗に彩られた埋葬法がみられる

香炉　カタコンブナヤ文化　紀元前２千年紀前半
ロストフ州サーリスキイ地区出土　（アゾフ博物館蔵）

ことでした。

——前二千年紀には、どのようなクルガン文化の伝統が発展したのでしょう。カタコンブナヤ（地下横穴墓）文化とスルブナヤ（木槨墓）文化を持った種族はどこから？

博士 前二千年紀初頭にヤームナヤ文化の土壙墓に代わって、新しいよそ者、カタコンブナヤ文化の種族の墳墓が出現します。彼らは高度に発達した冶金術や墓室の二つある新型墳墓、豪華に装飾された儀式用の容器、頭蓋変形の風習をもたらし、また、彼らはクルガンの規模を大きくもしました。前二千年紀半ばには、東方から黒海沿岸のステップに、スルブナヤ文化の種族が侵入してきます。この好戦的な侵入者は、戦闘用二輪馬車を持っているだけでなく、素晴らしい組織とウラル青銅製の新兵器をも持っていた。彼らは瞬く間にステップを占領してしまい、前一千年紀末までステップを支配していたのです。その侵入者の一部は定住生活を始め、大型有角獣や馬を飼養するだけでなく、

飾り金具　前 4 世紀　金
帽子を被った顔が表現され、無数の金具が遊牧民の衣装に縫い付けられていた。

銀製豹型把手付容器
部分　1 世紀

農業や手工業にも従事します。それらの定住民の間でも、クルガン埋葬の伝統は守られ、初期鉄器時代まで続いたのです。

―　キンメリア、スキタイ、サウロマタイ、サルマタイは、いつ頃アゾフ海沿岸のステップを開拓したのですか。また彼らの優れていた点は？

博士　キンメリア、スキタイ、サウロマタイ、サルマタイは、前一千年紀にアゾフ海沿岸のステップを開拓した遊牧民、牧畜民、戦士でした。近縁関係にあったこれらすべての民族は、北イラン語群の方言を話していたのです。彼らの生活及び活動は、アゾフ海沿岸のギリシア植民都市、小アジアと近西アジア、北バルカン半島の諸国と緊密な相互関係にありました。

―　遊牧民の経済生活、社会＝政治の現実は、どのようなものだったのでしょう。

博士　遊牧民の経済は、天候に大きく左右されます。大雨は豊かな放牧地を、干ばつは飢饉を意味したのです。そこで、遊牧民の経済危機からの脱出は、平和な住民を襲撃し、略奪することでした。ですからスキタイ文化、サルマタイ文化はきわめて軍事化されていた。彼らにとって武器とは、物質文化特有の要素なのです。社会的実践では略奪、殺戮を奨励する異国的風習が定着します。スキタイ人は打ち勝った敵の血を飲み、敵の頭から毛髪のついた頭皮を剥ぎ取る、これが常でした。そしてその虐殺に対して、種族の首長から褒美のワインの盃を受けたのです。遊牧民社会の侵略的性格は、政治史上に顕著な痕跡を留めています。キンメリア人とスキタイ人は小アジア、近西アジアへ遠征し、ペルシアやマケドニアと戦い、ギリシアのポリス（古代都市国家）を略奪します。もちろん、仲間同士でも戦い合っています。スキタイはドン川とドニエプル川の間に広がるステップを、サウロマタイはドン川左岸及びドン川とヴォルガ川の中間地帯を占領しました。

動物意匠に見るスキタイ人の神話観

——セルゲイ・イワーノヴィチ、貴方の発掘品にあるスキタイとサルマタイ芸術の《動物意匠》について、大変興味があります。

博士　遊牧民の生活様式、独特な自然環境が、神話と特異な芸術様式の発展をもたらしたことは事実です。また、その様式には、スキタイ人の神話観が現れています。スキタイ芸術は、《スキタイ動物意匠》と呼ばれる手法で制作されている。未開の自然界は、スキタイの名工の題材源となり、動物の形象は独特な手法で表現されています。形象の諸々の細部は、さまざまな面から成り、区切られ、光と影の驚くべき煌めきを生じさせます。工芸家たちは、実物の姿が見分けられないほど、動物の姿を様式化しています。工芸家にとって重要な動物の体の部分は、大きくなったり、広い空間を占めたりしています。特に動物の典型的な特徴、例えば角、爪、目などですが、様式化し表現されています。《動物意匠》はスキタイの世界観を具現化し、呪術的な意味と神話的な意味を兼ね備えています。また、工芸品の形態は観念の表現手法を左右します。丸い留金またはファレラ（馬勒装飾）には、体を丸めた猛獣の描写が求められる。いろいろな細部の意味は、補足的表現またはいわゆる動物形の変化によって強調されている、と言えましょう。動物の角と爪の先は、自分の獲物を猛然と引き裂いているグリュフォンの嘴に変化し、そのグリュフォンの嘴は、猛獣の描写によって強調されている。このような変化や隠喩を用いて表現されたシーンは、驚くほどダイナミックで、内容豊富です。

——スキタイ人の世界構造の特徴とは？

博士　動物意匠の研究は、動物とその個々の部分が形象化された概念、つまり、《表現力豊かな象形文字》

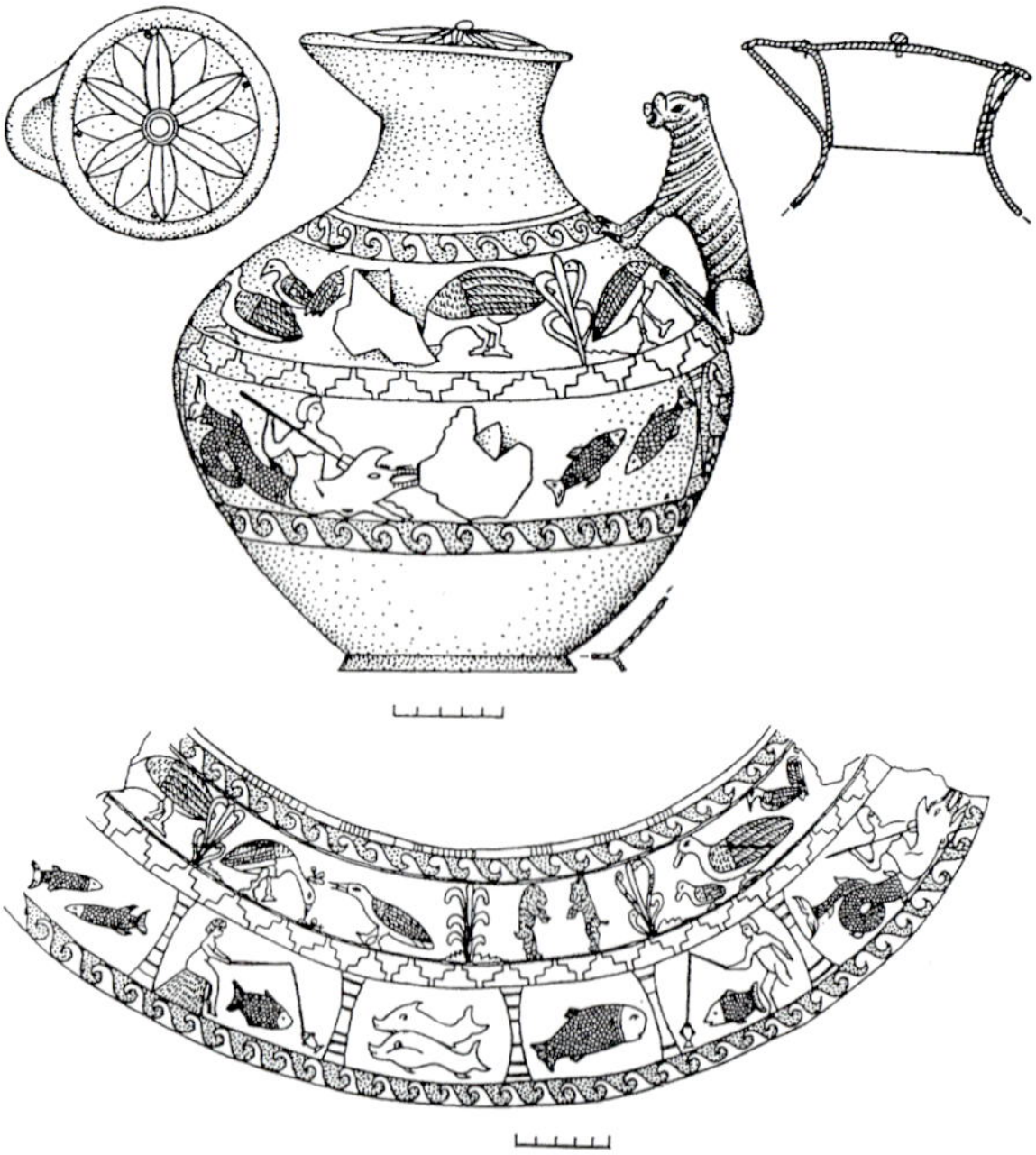

動物形把手付水差し
1世紀　銀　鍍金　彫金　ロストフ州ヴィソチノ古墳出土　（アゾフ博物館蔵）
胴部には動植物の文様、何らかの神話の場面が表現されている。

動物闘争文帯飾板〈馬を襲う獅子形グリュフォン〉スキタイ動物意匠
前 5世紀　金　（エルミタージュ美術館蔵）

金製短剣動物闘争文装飾板（部分）
1世紀後半　金　紅玉髄　トルコ石　鋳造　打出し　鑞付け　象嵌
ロストフ州「ダーチ」墓地 1号墳隠し穴出土　（アゾフ博物館蔵）
鷲が双峯《ふたこぶ》ラクダを襲う場面が高浮彫で表現されている。

であることを証明しています。世界は垂直に三界に分かれ、動物の各々の種類は、その三界のいずれかに属します。例えば、有蹄動物は中の世界、鳥は上の世界、蛇と猛獣は下の世界、というように分かれています。印欧語族の神話に特徴的な三界からなる世界は、南ロシアに住んだ古代イラン人の神話の中にも見られます。スキタイ人の下の世界は大地の女神―アピで、彼女の名は水を意味するイラン語源に由来する。その形象は、半身娘‐半身蛇で描かれていて、スキタイの女系始祖と考えられ、彼女の夫は上の世界の神―パパイオス。上と下の世界が結婚し、その結果、世界は三界に分けられました。単一の世界観は、「世界樹」の観念に伝承されています。その根は地下の世界へ延び、木の幹は中の世界に存在し、

樹木状立飾り冠（レプリカ）
1～2世紀　金　ホフラチ古墳出土　（エルミタージュ美術館蔵）
この金冠には女神像・鹿・鳥・樹木が表現され、サルマタイ人の世界神話概念が反映されている。

ヘアーバンド飾り
1～2世紀　コビャコヴォ古墳出土
鹿・鳥・樹木が表現されている。

その樹冠は上の世界へ上って行く。世界樹は生贄の柱と錫杖の形、鹿の角の形で表現された。錫杖は、それに特別な魔力を与える垂直に分かれた三つの世界、それに東西南北の方位を内包しています。

それではスキタイ人の崇拝する神々とは？

―博士

スキタイ人は火の女神タビティを崇拝し、火を神、創造主として敬まった。彼らにとって、火は力と権力の源なのです。火は三つの世界の媒介者。生贄としての火は、すべてを食いつくす口で、どう猛に歯をむき出しにした獣の口の形で描かれている。この古代の形象の遺物は、今も残っている言葉《炎の舌》です。太陽崇拝は、火の信仰と深い関係があります。また、太陽神ゴイトシュロスには、馬を生贄に捧げた。特に注目されたスキタイの軍神アレスは、神聖な刀剣という形で表現されている。もっとも人気のあったスキタイの神話伝説の英雄ヘラクレス＝タルギタウスは、スキタイの始祖でした。スキタイの東方の隣人には、伝説によると、スキタイの若者と女の戦士集団アマゾンとの結婚によって生まれたサウロマタイがいた。彼らの物質文化は、主に武器、馬具と実用品です。サウロマタイは、ヴォルガ川後方から移動してきた新しい《サルマタイ》と呼ばれる遊牧民の連合に合流した。サルマタイは、一連の襲撃でスキタイ王国を壊滅させていきます。この強大な遊牧民の連合は、やがて地域の最強の政治勢力へとの

動物形把手付容器（部分）
1世紀　銀

し上がっていきます。彼らは傭兵部隊として、最大の政治紛争に参加する。サルマタイの首長たちは、パルティアでも、古代ローマでも傭兵部隊として働いた。やがてサルマタイ部隊の遠征は、中央ヨーロッパにまで及んで行く。サルマタイ軍団は、ブリテン（島）のローマ軍にも仕え、遠征で手に入れた財宝、これは略奪したか貢物として受け取った食器類や金銀製品などですが、それらをドン地方やクバン地方に持ち帰ってきた。これらの財宝の中には、ボスポロス王国のアスプルゴス王の宝物殿の容器も発見されています。

—— ではサルマタイ時代に《動物意匠》は、どう変わったのでしょうか。

博士 サルマタイ時代の前四～三世紀のドン川流域に、新しい特徴を持った芸術文化が登場します。動物描写はさらに単純化し、その形象は装飾的表現法を取り入れていく。動物の体には、色彩豊かな石やガラスなどで鮮やかに象嵌が施されるようになり、新しい芸術様式、または多彩様式と呼ばれるものが生まれます。猛獣がおとなしい草食動物を苦しめる場面は、特に人気がありましたから、それらの苦悩の場面は、よく刀剣の鞘や柄に表現され、そのことが多くの神話を物語っていると言えます。サルマタイ人の神話観は、スキタイ人に類似していて、三界に分かれた世界と世界樹は、彼らの世界神話概念に受け継がれていきます。しかし、その後の芸術文化は、世界の認識における人間形態的形象の意義の高まりを示していきます。そして神や英雄の彫像が出現してくると、それらを表現してきた動物形態的形象は廃れだし、装飾的要素へと変わっていったのです。二世紀からゴート様式と言われる多彩装飾が、ステップから動物意匠の伝統を完全に排斥していくのです。

クラスノダール地方のクルガン発掘事情

カフカースカヤ村へ

二〇〇〇年八月　アゾフ到着後私たちは、「ルキヤシコ博士はいま、アゾフから五〇〇キロも離れたクラスノダール地方の片田舎のクルガンを発掘している」と言う報せを聞いた。なぜ、前年のクレショフカ村の大きなクルガンの発掘を中止して、そんな遠くの辺鄙な村で発掘しているのか、「訳を知りたい」と思った。「博士の発掘現場に行ってみたい！」そんな私の願いを聞き入れて、ゴルベンコ館長は自らの運転で、私たちを博士のところに連れて行ってくれた。その道中は長いが、南ロシアの違った一端が見られて、これはまた楽しいものであった。

今回の道程は、途中までが黒海方面へ出る幹線道路と同一である。途中、幾つも自動車市場が開かれていた。自動車部品、三輪車、自転車などの他、ゴムやビニール製のプール、タオルなど海で使用するあらゆる小道具、遊び道具が売られている。ガソリンスタンドも年々増えてきている。サマルスコエまではアゾフから直接通じる道があったが、所轄警察署の都合で閉鎖されて、三分の一以上も遠回りさせられている。私たちはサマルスコエからクラスノダール地方、黒海方面、マハチカラ（ダゲスタンの首都）方面へ向う幹線道路を行く。

クラスノダール地方に入ると、そこはクシェフスキイ地区だ。景色も一変し、果てしない耕地が続く。コサックの騎馬像があり、花が捧げられている。道路わきで特産物の玉ねぎ、果物などが売られている。エーヤ川の支流カヴァレルカ川があった。しばらく走ると、ソスィカ川が道路を横切りパーヴロフスカヤに入る。ここは鉄道に沿った自動車の幹線道路の分岐点になっている。チェホニカ川に小舟を浮かべて、住民がのんびり釣りをして

クラスノダール地方のエーヤ川（総延長311km）

いる。ここでも川の周りにはアシが生い茂っている。

アゾフを出て二時間以上が過ぎ、持参してきた弁当で昼食をとるため、どこかいい場所はないかと探していると、チホレックの交差点にぶつかった。交差点近くには、銃を持った兵士が数人立っている。ここは「カフカースに近い。要するにチェチェンにも近いから」ということだ。道路は広いし、車は少ない。いきなりピーと笛がなって、車が止められた。「制限時速四〇キロのところを六三キロも出した」からと、四二ルーブルの罰金であった。

ロストフ州内のどこでも、警官がスピード違反の取締りをする時は、取り上げた金は彼らのポケットマネーになる。そのことを承知のドライバーは心得ていて、言い渡された金額の半額にするために、「フィフティ・フィフティ」を提言すると言う。別の例—あまりにも高額を要求されたドライバーが断ると、「幾らなら払えるか」と聞いてくる警官もいる。警官との交渉は、警官の〝品格〟にもよってさまざまだ。車の少ない地方では、どんな車でも制限速度を越えて走っている。そこを狙って、警官は待ち構えている。クラスノダール州の警官は、ロストフ州の車のナンバーを見て、一歩も譲らなかった。渡された領収書には金額だけが書いてあって、何時、誰が発行したものか分からない、いいかげんなものだった。

街を過ぎた頃から坂が多くなってきた。はるか先の前方には、大カフカース山脈が横たわっているはずだ。エレミジノ＝ボリソフスキイ地区ホペルスカヤ村、そこは一八世紀にドン・コサックが移住させられた村だった。周りにはひまわり畑が広がっている。また幹線道路のクロポトキンの交差点に出た。ここで私たちの車は左に曲がり、スターヴロポリ方面に向かった。あと数キロでクラスノダール地方とスターヴロポリ地方の境界線になる。目的地のカフカーフスカヤ村も近い。幹線道路から外れて、幾つもの村道を曲がった。村にさしかかった所に「カフカースカヤ村」の大きな標識があり、村の創立は一七七四年とあった。その先に、ロストフ大学のルキヤシコ発掘隊の宿泊するチェルノモルスカヤ村があった。ソヴィエト時代のコルホーズ村のどこでも見られた村道に、コルホーズ員の家々が一列に並ぶ。そこは静かな集落であった。ルキヤシコ博士の率いる発掘隊は、この村の空き家を借りて共同生活をしていた。

石油パイプラインを敷くために、クルガンを発掘

ルキヤシコ発掘隊が、村近くのコルホーズのトウモロコシ畑で発掘をしていることを確かめて、村人の指し示す坂上の方向に、さらに車を走らせた。ブルドーザーの音が響いてきた。南の太陽がカンカンと照りつけている。午後四時過ぎだと言うのに、木陰でも三五℃はあろうかと思われた。そんな太陽の下で、やっと博士たちに会えた。畑の中のクルガンを発掘している博士も学生も上半身裸で、真っ黒に焼けていた。私たちは再会を喜んだ。朝一〇時に出て六時間近く車を走らせてきたが、疲れを忘れさせてくれる畑の中での歓迎であった。博士が「裸で失礼、外国人（雇主）は作業中も『裸はいかん』と言うのだが、慣れてないものだから、彼らがいないときはいつもこのとおりさ」と、大きなお腹を叩いて見せた。確かに、ロシアの夏の発掘現場で、若者の上着姿はアゾフ市内以外では見たことがない。村道近くの一つ目のクルガンは、土の盛り上がった部分がすでに掘りくずされ、平らにされていた。二つ目は、同じ並びの畑を挟んだ一〇〇メートル奥で作業が進められていた。スキタイ時代の墳墓の土をブルドーザーが削り取り、時代の違った墓所と墓所の境界線が、はっきり浮

石油パイプラインを敷くためにクルガン発掘

かび上がっているのが分かった。その墓からは二体の人骨が見つかり、土層から木棺の跡がはっきり読み取れた。学生たちは、その人骨、土層の年代（スキタイ）を細かく書き込んでいた。

このクルガンの周辺はすべて耕地になっていて、防風林も植樹されているが、紀元前のスキタイ時代は、ステップのクルガンから遠く流れるクバーニ川までも、見渡すことが出来たのかもしれない。近くにチェルバス川が流れ、生活にはもってこいの場所のようだ。

「ここに石油パイプラインを敷設するために、われわれは外国資本家に雇われて、金のために割り切ってクルガンを掘っているのさ」と、ルキヤシコ博士は胸のうちを明かした。発掘はまだ初期の段階で、博士は大学院生や学生にブルドーザーが土を削ったその後に、異なる土層、色合い、土質が現れてこないか観察させ、変化があった場合は、詳細にメモをとるように指示していた。

クルガンの発掘作業は、盛り上がった土を取り除いたものの、本格的な調査までは時間がかかる。そこで私たちは、発掘隊が毎日作業後に立ち寄るという、チェルバス川でひと泳ぎすることにした。この時期の気候は暑い。日中は三八℃から四〇℃以上。水があれば誰でも入りたくなる。川には野生のカモや白鳥も泳いでいる。魚もたくさん泳いでいる。帰り道、農道で丸くなって身を隠しているハリネズミに出合った。このハリネズミの肉はガンに効くと言う。今度は兎が飛び出し、大ワシ、大カラスも車の音に驚いて飛び立った。

北カフカースの北西部を流れるクバーニ川

博士は私たちを北カフカース地方の町や村に案内した。マクシム・ゴーリキイ記念村やテミジベクスカヤ村などを通り過ぎて、広大な南ロシアの畑道を走る。このあたりは、ロシア人やウクライナ人の好物、ボルシチに使うビート（砂糖大根）畑が多い。小さな聖堂のある村を通って、北カフカース最大の川、憧れのクバーニ川が下方に見える丘の上に出た。クバーニ川はカフカースの北西部を占めていて、南には大カフカース山脈のふもとまで延びている。その大山脈からの水の恵みを受けて、大小さまざまな川や谷がクバーニ川へと流れ込む。特にエリブルース山（大カフカース山脈の最高峰＝五六四二メートル）の雄大な氷河に端を発している、ウルカン川とウチクラン川の役割は大きい。クバーニ川はやがてアゾフ海へ、そして黒海へとつながって行く。クバーニ川は全長八七〇キロとドン川の半分以下の長さだが、ドン川よりも三・五倍もの水を供給できるのは、大カフカース山脈の豊富な水量の恩恵によるものだ。この地方は降水量も多く、またカフカースの氷河は、この川を潤している。悠々と流れるクバーニ川は、多くの文化をも生み出してきた。しかしここを訪ねてから三年後の八月、このクバーニ川は氾濫を起こし、大洪水となったことを報道で知った。クバーニ川には幾つもの支流がある。川の氾濫は、まるで鎖につながれた暴れ馬が、襲い掛かるように荒れ狂うのだそうだ。

私たちを乗せた車は、その坂道を勢いよく走った。クバーニ川の河川敷には赤い実をつけたボヤールィシニ

カフカースの北西部を流れるクバーニ川

ク（セイヨウサンザシ）の木が何本もあった。「この実はウオッカに漬けると美味しい！」というので、みんなで夢中になって採集した。スキタイ人は木の実をどう食べたのだろうか。こんな自然の中でわれを忘れ、思う存分自然食を摘む喜びを味わうことができた。少年時代に「クバーニ川でよく泳いだものだ」と言うルキヤシコ博士に導かれて、みんなで川に入った。クバーニ川は流れが速く感じられたが、この川を熟知している博士が浅瀬から入るよう導いてくれた。お蔭で、私たちは本流近くまで水につかることが出来た。三年前スターヴロポリ地方で見たクバーニ川は、水を満々と湛えていて近寄りがたかったので、今回は憧れのクバーニ川に入ることができて感慨無量であった。黒海沿岸部のクバン地方は古来、カフカースやトルコ系の山岳民族の居住地であり、コサックはあとから入植した。ここでも民族間の古い差別意識が、ときどき火を噴いている。

このクバーニ川は、この地方で繰り返されてきた歴史上の複雑な民族間の戦いを、何度も見てきた。その一つに、ロシア軍と現地の民族との戦いがある。エカテリーナ二世の寵臣ポチョムキン総督が一八世紀に黒海東岸のノヴォロシースク地方からアゾフ海沿岸、さらにカスピ海北部のアストラハンまでのロシアの南の国境（ノヴォローシアと呼ばれた）を統治していた。ポチョムキン総督の下で、A・V・スヴォーロフ将軍がクバン軍司令官に任命され、国境線を防衛する要塞都市を各地に築いた。そのスヴォーロフ将軍が、クバン地方に住む遊牧民ノガイ人を、ヴォルガ沿岸のステップとウラル地方のステップに移動させようとして、反乱が起きた。ロシア帝国は、ドン・コサック連隊を中心に鎮圧部隊を現地に派遣した。多くの遊牧民やタタール人が殺され、彼らはクバーニ川を超えて、南のカフカース山脈に逃げざるをえなかった。この作戦によって、クバーニ川流域に住む少数民族がロシアに帰順したので、ロシアの国境線はクバーニ川に沿ってさらに南下した。

私たちはクバーニ川からクロポトキン市の中央市場に出た。プラムがバケツ一杯―四〇ルーブル、リンゴがバケツ一杯―一〇ルーブル、トマト一キロ―六ルーブル。この地方の肥沃な土地が生み出す野菜・果物の値段は、この時期に限って比較してみると、モスクワの一〇分の一、日本の一〇〇分の一だ。ちなみにアゾフの市場の値段は、朝搾りの牛乳二リットル―一〇ルーブル、コッテージ・チーズ五〇〇グラム―六ルーブル、豚肉一キロ―五〇ルーブル、トマト一・五キロ―九ルーブル（二〇〇〇年八月の価格）。

市場で自家栽培のものを売っている人たちの話し言葉や顔立ちも興味深い。北カフカースにはロシア人、ウクライナ人の他、カフカースの山岳住民が多く目立つ。アゼルバイジャン人、グルジア人、アブハジア人、ダゲスタン人、アドゥイゲ人、チェルケス人、カバルダ人、チェチェン人、イングーシ人、ノガイ人、オセチア人など、北カフカースの民族の数は七〇を超える。それ故に長い歴史の中には、一言で語り切れない各民族が歴史の中で培ってきた、民族意識のようなものがあるように思えた。

市場には現地の特産物だけでなく、中央アジアや中近東などのトロピカルな果物も並ぶ。市場で飛び交う言葉はロシア語だが、それぞれの民族の特徴ある発音やイントネーションで話すロシア語は、大変に親しみ易く、ロシア語を話す私たちにはわかり易い。

宿のある村に戻ったときは、すでに夕食の時間が過ぎていた。戸外に用意された粗末なテーブルでは、すでに学生たちの夕餉が始まっていた。裸電球が一つテーブルの上に灯されていた。電球の周りには小さな虫がいっぱい飛んでいる。学生たちはそんな虫などお構いなしだ。雲ひとつない。空には満天の星。学生たちは牛乳樽に量り売りビールを買ってきて飲んでいた。彼らにも高額な外国資本の〝アルバイト〟料が入った。景気が良い。極東からロストフ大学にやって来たマルガリータは、発掘隊の食事係であった。今日の夕食は、ヌートリア（ヌマダヌキ）の肉と野菜の煮もの、野菜サラダと果物である。ビールとアゾフから持参したサマゴンで乾杯をする。学生たちは食事を済ませると、村の娘たちといつの間にか暗い夜道に消えて行った。

鍵の要らない農村

私たちは、学生の宿舎から三軒先の農家に泊めてもらうことになった。ルキヤシコ博士が、前もって話をつけておいてくれた家だ。きれいに片付いたコルホーズ員の家で、庭も広い。菜園には境がない。自分の菜園がどれほどの広さなのか分からないと言う。六二歳の女主人は、数年前に夫を亡くして独り暮らし。夜もかなり更けているのであいさつだけと思ったのだが、女主人が気さくな人で話が弾んだ。彼女は小柄で元気の良い、明るく楽しい人であった。決して年金生活者には見えない。こんな遠くの見知らぬ村で、このように善良な人に出会えるとは、思ってもいなかった。相手も同じ思いでいて、互いに手を取り合って出会いを喜んだ。この辺はドロボーの心配がないらしい。家のドアに大きな錠前はあるが、付けて置いてあるだけで、きちんとかけていない。無いに等しい。

ロシアの片田舎の一日が始まる。朝六時に目を覚ました。トイレは庭の外れにある。台所と鶏小屋の建物は別棟。この村に水道はなく、一日決まった量の水が配給される。雄鶏が広い庭に出て、力いっぱい首をのばして鳴いている。そこにヒヨコがピーピー鳴きながら母親鶏の後について行く。幾つかの親子の群れがいる。ヒヨコが他の親に近づくと、直ぐに追い返されてしまう。子を守る親鶏の凄さを見せつけられた。アヒルも豚もいる。女主人は裏の畑で鶏の餌用の草を刈ってきた。この村では農繁期になると、コルホーズ員が近くのビートの収穫に駆り出される。彼女は年金生活者（年金は月六五〇ルーブル）だが、七時三〇分から夕方まで働き、その代償として年間一袋五〇キロ入りの砂糖三袋、小麦一五〇キロを受け取る。現物が支給されると、村のほとんどが小麦はパン製造所に渡し、食券と引き換えてもらう。バターも配給されるのだそうだ。彼女は朝七時半にコルホーズに働きに行く。七時過ぎるとコルホーズから車が迎えにきた。みんなお互いの名前を呼び合い、誘い合って行く。大きな呼びかけの声、返事が村に響きわたった。

「鍵のかけ方は分かったわね。ただ挟んでおいてくれればいいのよ。お会いできてうれしかった」と言って、私たちの手を握り、この家の女主人はトラックに乗り込んだ。私たちも垣根まで見送った。まるで昔からの友人と出会ったような気がした。彼女はみやげに生みたての卵、パンを私たちに持たせてくれた。宿を提供してくれただけでなく、はじめて会った私たちに鍵を預け、みやげまで持たせてくれる。ロシアの田舎の生活が生み出した優しさ、大らかさが身にしみた。

しかし、ルキヤシコ博士の話によると、「ここの村では鶏肉や野菜を分けてもらおうとしても、誰も売ってくれない。家畜を飼育しているのも、野菜を作っているのも、自給自足のためだから」と言う。

朝から暑い。朝食後、また昨日の川でひと泳ぎし、クルガンに向かった。帰り道で前日は気がつかなかったビートを積んだトラックが、何台も通り過ぎて行くのに出合った。この地方の特産物であるトマト畑は草で覆われていて、そこにトマトを摘んだ箱が無かったなら、誰もそこがトマト畑とは気がつかないほどだ。この地方はリンゴも梨も美味しい。ニンニクも有名だ。この辺は、ロシアの多くの地方で消え去ったコルホーズの組織が、今なおその活動をしているようだ。レーニン記念ミチューリン・コルホーズ、クバンの花コルホーズなどコルホーズの看板が幾つも目に入った。

石油パイプラインが通る道

各地の考古学者が招聘され、発掘活動を行なう

いま、ロシアでは外国の資本家によって石油開発が活発に、それも性急に繰広げられている。特に石油パイプラインが敷かれるクラスノダール地方では、建設工事の許可を得るため、考古学の発掘作業が広範囲に展開されている。現地の考古学者だけでは期限内の注文に追い付かず、クラスノダール地方当局は、国内の考古学者に依存せざるを得なかった。南ロシアで積極的にクルガンの発掘活動を行なっているルキヤシコ博士にも、依頼状が届いた。私はクルガンの発掘調査を終えてアゾフに戻ってきた博士に、そのいきさつを聞いてみた。

――ユーラシアの中央部に位置するクラスノダール地方で、クルガンの発掘を始めた理由は？　またパイプラインはどう敷かれ、どの地方を経由するのですか。

ルキヤシコ博士（以下、博士）　最近、クラスノダール地方内に、イタリアやイギリス、フランスなど多国籍による石油パイプライン（本管）が敷かれ始めましたね。そこでクラスノダール当局は、考古学者集めに必死になったわけですよ。当然ながら、さっそくロストフ大学歴史学部宛てにも、正式に同地方内の「クルガン発掘に参加してほしい」旨の依頼状が届き、私がその指導教授に選ばれたというわけです。われわれは二〇〇〇年四月に、クラスノダール地方でのクルガンの発掘を開始した。われわれが関係したのは、複数のパイプラインの内のカスピアン・パイプライン・コンソーシアム（CPC）です。そのパイプラインの建設には、アメリカ人、イタリア人、フランス人そして

イギリス人らが参加しています。この石油本管は、沿ヴォルガ川地方、中央アジア、アゼルバイジャンから石油を汲み上げ、カルムイク共和国（ロシア連邦南西部のカスピ海北西岸にある　首都エリスタ）、そしてスターヴロポリ地方を経由し、クラスノダール地方の黒海に面した海港二都市（ノヴォロシースクとトゥアプセ）まで敷設されます。そこから石油は、タンカー（油槽船）で需要国に輸送されるのです。この石油パイプライン建設予定地には、考古学上貴重な遺跡が多数残されています。と言うのは、ステップはどこでも古代人の住居跡やクルガンで覆われていますから、パイプラインがクルガンと接触することもよくあるのです。パイプラインの周りには、三〇〇㍍の保護地帯があります。その地帯にある歴史、文化遺産のすべてを、われわれ考古学者が発掘調査しなければならないと言うわけですよ。パイプラインの決壊、またはなんらかの非常事態が起きた場合には、崩壊からすべての遺物を守らなければなりません。

―なぜ保護地帯の距離が三〇〇㍍なのですか。

博士　もしもパイプラインが破裂した場合、事故対策工事が行なわれることになります。その工事に必要な保護地帯の最小限の距離が三〇〇㍍なので、われわれはその地帯に存在するもの全てを調査、研究します。クラスノダール地方は、考古学的遺跡が非常に多いのは、あなた方もご存知でしょう。これだけ多い発掘調査は、現地の学者だけではとうてい間に合いませんよ。そこで、クラスノダール地方当局は各都市から、例えば、モスクワからも、サンクト・ペテルブルグからも、ロストフからも考古学者を招聘したというわけです。われわれは四月から五月にクラスノダール地方のセーヴェルスカヤ村で二つのクルガン、六月から七月にロストフ州のヴィソチノのクルガンの発掘を済ませました。その後、またクラスノダール地方当局から緊急の連絡が入り、さらに二ヵ所のクルガン発掘の依頼がありました。一ヵ所はテミジベクスカヤ村近郊の二つのクルガン、もう一ヵ所は西カフカースのクルィムスカヤ村近郊の七つのクルガンです。その後、あなた方がやってきた、あのチェルノモルスカヤ村に住居を借り、新しい仕事を完了したのです。パイプラインの建設に関係する仕事が終わり、われわれはやっとアゾフに帰ってきたというわけ。昨年から続けているアゾフの発掘を、雨季になる前に終わらせることが課題ですからね。

――今年の夏の暑さは格別でしたが、この猛暑の中発掘は続けられたのですか。石油パイプラインが敷かれるのは、クラスノダール地方だけですか。

博士　考古学者にとっては、どんなに暑くても雨よりは良いのですよ。期限はわれわれが決めるのでなく、建設作業次第だから。クラスノダール地方の他に、スターヴロポリ地方、ヴォルゴグラード州、バシキール共和国の一部、そしてダゲスタン共和国の一部でもこの仕事はあります。と言うことは、パイプラインは、沿ヴォルガ地方とカスピ海の石油を輸送するわけです。彼らが石油パイプラインを建設しているということは、これらの地方の地下には、まだ石油が埋蔵されているということです。

パイプライン敷設反対に立つ若者たち

二〇〇二年八月、二度目のタマーニに行った帰りに、黒海海底にパイプラインを敷設することに反対する人々に出会った。「タマーニは保養地であって、ガス室ではない」というスローガンを掲げて、道行く人々に訴えていた若者がいた。ソヴィエト時代に、自らの意見を持ってデモや反対運動に立ち上がっている人々に出会ったことのない私には、嬉しい驚きであった。ロシア国内において、環境問題で自分たちの意見を掲げて、若者が立ち上がっていることに拍手を送りたい気持ちで、写真を撮った。

南方科学センターは惜しみない協力を約束
右から新田さん、マチショフ議長、筆者、ルキヤシコ博士、ゴルベンコ館長
科学実験基地〈カガーリニク〉にて　2013年

頭脳の粋を集めた南方科学センターの存在

ロシア連邦の南部と北カフカースに存在する行政区にあるロシア連邦科学アカデミー研究所（RAN）傘下の研究機関を包括しているのが、RAN南方科学センター（本部＝ロストフ・ナ・ドヌー）である。広大な大自然に恵まれた南ロシアで、この巨大な研究機関は頭脳の粋を集めている。同センターの議長は、アカデミー会員ゲンナージイ・グリゴリエヴィチ・マチショフである。彼の指導の下、RAN・カルムイク人文・社会科学研究所、RAN・総合科学調査研究所、RAN・ソチ科学調査センター、RAN・南方科学センター乾燥地帯研究所、南ロシアの歴史・考古学総合研究局など十余の研究機関が活躍している。G・マチショフ氏はロシアの海洋学者・海洋地質学者としても著名である。

二〇一三年の夏と冬の二回、私たちはこの研究所の招きを受け、南ロシアの研究に携わることができ

空から見る科学実験基地とカガーリニク川

南方科学センターの海洋研究のための船舶

チョウザメの研究、養殖にも力を入れている

た。夏のアゾフ滞在中、同センター所属の研究機関の一つ、カガーリニク沿岸の科学実験基地〈カガーリニク〉を訪ねた。この基地内で研究されている各種チョウザメの生育方法を見学した後、中型船でカガーリニク川を議長自ら同乗し、案内してくれた。船は、カガーリニク川岸にある同実験基地の船の係留所の一つに寄った。そこの掲示板には毎日の気温、水温などが書かれてあった。カガーリニク川がドン川デルタに合流するギリギリのところまで走り、川岸の住民の生活を見た。

またこの科学実験基地には博物館があり、川でとれる魚の研究や、ステップで採集した薬草などが詳しく説明されていた。博物館で思いもよらなかったことは、スターリンの遺品を展示してあったことだ。この基地の学者の中には、ネクラーソフ派の研究家がいて、多くの著書を出している。南ロシアにおける幅広い学術研究の一端を見せていただいた。

ＲＡＮ南方科学センターと私たちはそれぞれの調査・研究に対し、今後も惜しみない協力を約束した。

◉第三章◉
ドン・コサック

「ドン・コサック軍団の祭り」スタロチェルカースカヤ村　2008 年

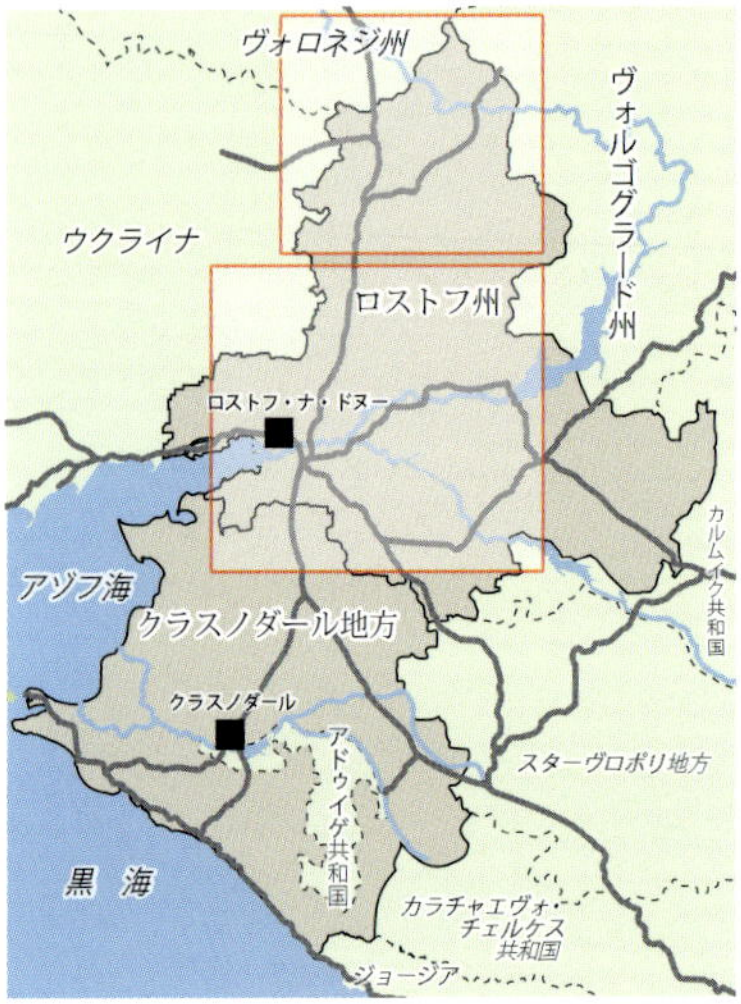

ヴォロネジ州
ヴォルゴグラード州
ウクライナ
ロストフ州
ロストフ・ナ・ドヌー
アゾフ海
クラスノダール地方
クラスノダール
アドゥイゲ共和国
スターヴロポリ地方
黒 海
カラチャエヴォ・チェルケス共和国
ジョージア

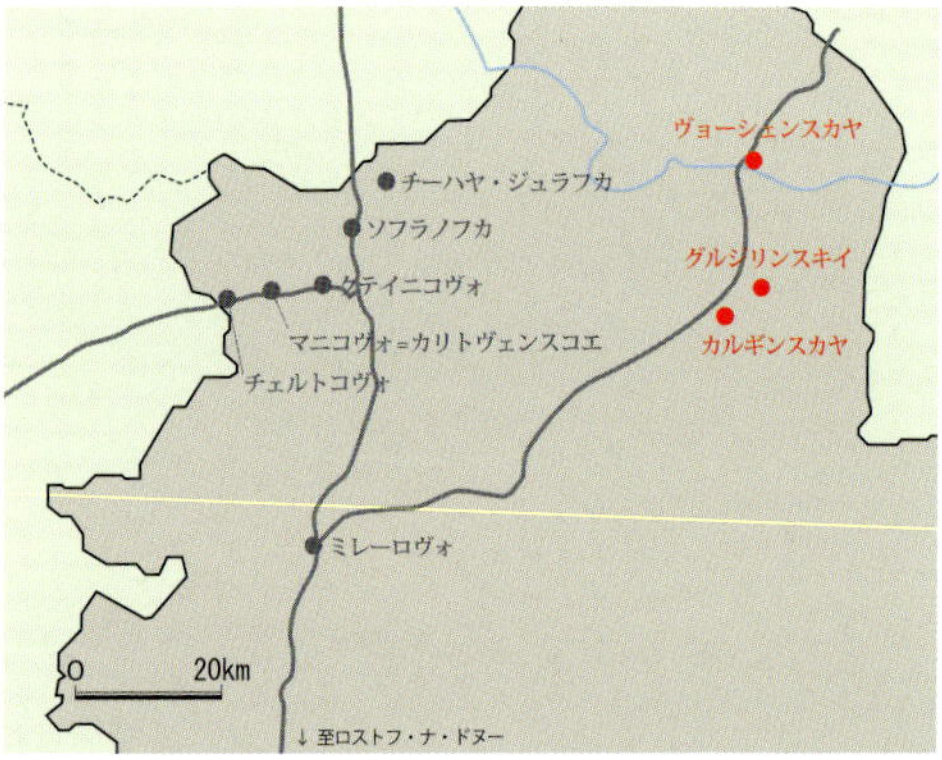

ヴョーシェンスカヤ
チーハヤ・ジュラフカ
ソフラノフカ
グルシリンスキイ
クテイニコヴォ
カルギンスカヤ
マニコヴォ＝カリトヴェンスコエ
チェルトコヴォ
ミレーロヴォ
0 20km
↓ 至ロストフ・ナ・ドヌー

↑ 至ヴォロネジ州
セミカラコールスク
コチェトフスカヤ
ラズドールスカヤ
ツィムリャンスカヤ
アクサイ
ノヴォチェルカースク
コンスタンチノフスカヤ
タガンログ
プリモールカ
オブホフカ
スタロチェルカースカヤ
ロストフ・ナ・ドヌー
アゾフ海
クレショフカ
カガーリニク
アゾフ
ユーシキン
アレクサンドロフカ
スタロミンスカヤ
ツェリナー
0 20km
至クラスノダール ↓

コサックの起源と歴史

南ロシアに滞在していると、コサックと言う言葉を聞かない日はない。どこへ行ってもコサックに出会う。ロシアのいたる所でコサックの意味を尋ねてみるが、深く知っている人はそう多くはない。コサックとは、民族名なのか地名なのか。日本でもコサックについては映画、小説、ロシア民謡などを通して紹介されている。ドン・コサックと言えば、響きの良い合唱団が頭に浮かぶ。彼らのお得意のレパートリーであるロシア民謡の「黒い瞳」、「ステンカ・ラージン」は、日本でも良く知られ歌われている。しかし、ステンカ（ステパン）・ラージンが、ドン・コサックの実在のアタマン（首領）であったことを知る日本人は少ない。また、コサックを描いた帝政ロシア時代の文豪レフ・トルストイの中編小説『コサック』、ソヴィエト時代のミハイル・ショーロホフの長編小説『静かなドン』はよく読まれている。そして映画『静かなドン』は日本でも上映され、多くの映画愛好家を感動させた。本書にもコサックはあらゆるところに出てくるし、行き先々でこの言葉にぶつかる。南ロシアはコサックの地、彼らの〝ふるさと〟といっても過言ではない。本書を分かり易くするために、コサックの謂われ、その起源について簡単に触れておきたい。

コサックと言う集団の名が、スラブの歴史に登場するのは一四世紀。起源については諸説あるが、ロシア民族、スラブ民族や国家形成の過程と不可分に結びついていることは、確かなようだ。コサック―ロシア人はカザークと呼ぶ。カザークと言う語に似た響きは、アジア、中央アジアなどにもある。最も一般的な説は、チュルク（トルコ）語の KOSAK（勇み肌、自由人、叛く者）、モンゴル語の KAZYKH（離れた天幕で暮らす見張りの騎士）など

V・スリコフ『ドン・コサック　ルジディン』

を起源とする。前八～三世紀にこの黒海沿岸を駆け巡っていた遊牧民の話すスキタイ語の語幹のKAZ＝KAS（白い）から生まれたとの説もある。

一三世紀にチンギス汗率いるモンゴル軍が、ルーシ（ロシアの古名）諸公国に襲来侵略した。チンギス汗の死後、その子孫によってルーシは分割統治される。黒海沿岸を支配したのがキプチャク汗国だった。キプチャク汗には、チンギス汗の孫バツがついた。彼はロシア南部のヤイク（ウラル）川とドン川の間の中央部を直接支配し、その中のサライを本拠地とした。キプチャク汗国は、ロシア南方のステップ地帯に住むトルコ系遊牧民＝タタール人も統合した。ここからロシア人にとって「タタールのくびき」といわれた、暗黒の時代が始まる。この「タタールのくびき」は、一二三七～一五〇二年まで約二五〇年の長きに及んだ。モンゴル・タタール軍の襲来に先立つ一三世紀ごろ、黒海沿岸の草原地帯は、トルコ系遊牧民のポロヴェツ人が支配していた。彼らにまじって、スキタイ系のブロドニク（浅瀬を渉る人）は、漁労や狩猟、川の渡しなどをして暮らしていた。旧ルーシの諸公国と黒海の出入口クリミア半島までは、遊牧民やブロドニクたちの自由勝手に暮らせる楽天地であった。大河の流域に住むブロドニクと呼ばれる最も古い土着民の自由こそ、コサックの起源だとみなす説がある。

八世紀、アゾフ海沿岸地方は「カサクの大地」と呼ばれていた。この地方は気候温暖で広大な草原地帯に恵まれ、チェルカス・カザル人、チェルカス・チョールヌイ・クロブク人ら、またカザル、トルク、ベレンディなどの種族も暮らしていた。ルーシでは彼らを指して、ドンのチェルカス人という呼称が長く使われてきた。一四世紀末チムール（タメルラン）軍がキプチャク汗国を襲撃してきたとき、ドン川流域のこれらの住民も、北のロシア諸公国に逃げ込む者が続出した。彼らはロシアのチェルカスィの町に移り住み、自らを「チェルカス人」と名乗った。彼らはやがてドン川流域に戻り、アゾフ海から五〇キロのドン川の島に自分たちの拠点「チェルカースク」と言う町を作った。

一四世紀後半、キプチャク汗国が衰退し始めると、ロシア諸公国、モスクワ大公国の力が強まり、他の諸公国に対する主導権を握るようになった。キプチャク汗国の統制が弱まるにつれ、汗国内に強制連行されていた何十万人ものロシア人の動向が重要になってきた。彼らは異民族の支配や命令を無視して部隊や村を抜け出し、各地に散らばっていった。ロシア諸公は徐々に力をつけ、モスクワ大公国のドミートリイ大公を中心におよそ一〇万～一五万の連合軍が集まった。ドン川流域に住むコサックたちが、ロシア人側に立って戦うために集まった。

クリコヴォの会戦勝利で歴史の表舞台に

タタール軍の指揮官＝ママイ汗が、反タタール的態度を鮮明にしたモスクワを撃つべく大軍を動員した。ドミートリイ大公（一三五〇～八九）率いるロシア軍とタタール軍は一三八〇年九月八日、モスクワの南方ドン川を越えたクリコヴォ原野で激突した。世に言うクリコヴォの会戦だ。ママイ軍優勢の最中に、突如現れたセルプホフ公ウラジーミル（ドミートリイ大公の従兄弟）の統率する伏兵が流れを変えた。ママイ軍は多くの死者を出し、なすすべも無く敗退した。ドミートリイ大公はドンスコイ（ドン川の〈公〉）と呼ばれた。

伝説によれば、この会戦前、ドミートリイ大公にイコン『ドンの聖母』が献上された。それはクリコヴォの

ドンスコイ修道院の「ドンの聖母祭」　モスクワ

会戦で、ロシア軍の守護神としてロシアに勝利をもたらした奇跡のイコンとなった。大公はこの『ドンの聖母』をモスクワ近郊の町コロムナのウスペンスキイ聖堂（一三七九～八〇年建立）に奉納した。その聖堂は大公が建てたものであった。一五五二年にはイワン四世（雷帝　在位一五三三～八四）がカザン汗国征服にこの『ドンの聖母』を伴って戦い、カザン併合を成し遂げた。そこで彼は、この奇跡のイコンをモスクワのクレムリンのブラゴヴェシチェンスキイ聖堂に移した。一五九一年にはフョードル一世（在位一五八四～九八）がこの『ドンの聖母』に祈りを捧げ、クリミア汗国のモスクワ襲来を撃破した。その勝利を記念して、彼はモスクワのドンスコイ修道院を建立した。その際『ドンの聖母』を正確に模写したイコンが制作され、修道院に納められた。

十月革命後、『ドンの聖母』はクレムリンのブラゴヴェシチェンスキイ聖堂からモスクワの国立歴史博物館に移され、一九三〇年にはトレチャコフ美術館に移管された。これが、現在同美術館の伝フェオファン・グレク作『ドンの聖母』（一四世紀）にまつわる物語である。

モスクワのドンスコイ修道院では、毎年九月一日（旧暦八月一九日）に盛大な「ドンの聖母祭」が執り行なわれている。この祭典に参加する機会があった。一九九一年にソヴィエト政権が崩壊すると、正教会の力も発言力も増してきていた。かつてこのような祭典には、外国人の研究者に参加の余地はなかった。それが崩壊後、ドンスコイ修道院はトレチャコフ美術館からこの祭典に欠かせないイコン『ドンの聖母』を借りて、信者、関係者らを招いて、祭典を開催している。正教会は、この『ドンの聖母』は修道院に必要なものとし、美術館に返却を強く望んでいる。

クリコヴォの会戦の勝利は、それまで辺境の無頼の徒党に過ぎなかったコサックの名を高め、また、ロシア軍にとってもこの勝利は、モンゴル・タタールからの自立をも勝ち取り、モスクワ大公国が主導権を確立して行った。それ以後、ロシア民族の統合が進められ、ドン川やドニエプル川流域のコサックの戦闘集団が、ロシアの歴史の表舞台に頻繁に登場してくる。

モスクワ大公国はタタールのくびきが緩むと、それまで禁止されていた独自の常備軍の創設に取り組んだ。軍隊の創設はモスクワ大公ワシーリイ二世の時代（一四二五～六二）に始まり、イワン三世の時代（一四六二～一五〇五）に本格化した。ロシア政府軍の中核になったのが、コサックであった。彼らのほかに、タタール人などの異民族も大勢兵士に採用された。コサック部隊は火縄銃隊、銃兵隊の中核として再編成された。銃兵隊は常備軍の中核戦力となっただけでなく、大公の親衛隊として政治権力の後ろ盾となった。銃兵隊は、同時にそれ自体で独立した有力な政治勢力となり、後の大公位や皇位争いの鍵を握るまでになっていく。

ロシアの国家体制は、九世紀末のキエフ・ルーシ公国からウラジーミル大公国へと天下を変えていったが、大地を耕す農民にはいつの時代も変わらず税や賦役が、その背に重くのしかかっていた。一六世紀にはホロープ（農民の最下層＝農奴）だけでなく、多くの農民階層にまで移動を禁じて土地に縛り付ける、領主に隷属を強いる農奴制が確立していく。ロシアの農奴制は、アレクサンドル二世（在位一八五五〜八一）の農奴解放（一八六一年）まで続く。逃亡してきた多くの農民が、コサックの群れに身を投じた。

一五世紀から一六世紀初頭にかけて、ロシア南方のドン川、ヴォルガ川、ドニエプル川、ヤイク川（のちにウラル川と改称）の流域に戦闘的な集団が、自然発生的に形成された。彼らはいずれも川の流域に定着したので川の名にちなみ、ドン・コサック、ヴォルガ・コサック、ドニエプル・コサック、ヤイク・コサックの名で呼ばれるようになった。さらに一六世紀にはザポロージエ・コサック、後半にはテレク・コサック、シベリア・コサックが形成されていった。コサック集団の中で最も古く軍事力も強大で、ロシア戦闘史上重要な役割を果たしたのは、ドン・コサックであった。一五世紀半ばドン・コサックは、ドン川の上流や中流域からさらに南の黒海に近い下流域にも集落を作るようになった。その中心地は、最初はドン川とドネツ川支流の間にあるラズドール島の小さな町であった。やがてドン川上流やハピョル川流域にも定住地が開かれる。このころになると、ドン川上流と下流域のコサックがひとつの組織（集団）をつくり、やがて「ドン・コサック軍団」と言う呼称が定着していった。一六世紀になると、ドン・コサックの数は増え続けた。

遊牧民は紀元前から騎馬民族として騎馬の戦法にもたけていたが、コサックは彼らの奇襲戦法を習得した。コサックは大草原で騎馬遊牧民族の奇襲戦法を駆使したことにより、ロシア軍に重要視されていく。そして、ロシア政府の正規軍部隊に組み込まれていくのである。一五九三年、ボリス・ゴドノフ（在位一五九八〜一六〇五）はコサックに対する支配を強化するため、フョードル帝の名で出した勅令で「……コサックは大貴族の息子フルシチョフに従い、国家に忠誠を尽くせよ」と命じた。勅令は、コサック気質とは相容れない高飛車な調子で書かれていた。

一七世紀初頭、ポーランド軍がモスクワから撤退した後、空位となっていた皇帝の座を選出する際、「ミハイル・ロマノフ以外の人物を皇帝にするわけにはいかない」と言うコサック代表の発言で、国民会議の大勢が決まり、ミハイル帝が誕生したと言われている。

ドン・コサック軍団とステパン・ラージンの反乱

ドン・コサックを中心とするコサック軍はもっとも強大な軍事力となり、コサックの軍事力なしには、ロシアは周辺諸国の侵入と支配を跳ね返すことが困難であった。しかし、やがてトルコ軍との戦いでドン・コサック軍団は、多数の人命を失ったため戦力が極端に低下していく。それを補うためにロシア政府は、農奴や債務奴隷で編成した歩兵部隊をドンに送り込んできた。その部隊の指揮官にはコサックが任命されたが、一六四三年、ドン・コサックの本拠地チェルカースクに政府軍の銃兵隊が派遣された。政府軍部隊と司令官がドンに送られてくると、軍の統率権限をめぐって、コサックのアタマンと政府軍司令官の間で揉め事が絶えなくなった。

また、自由と平等の天地を求めて、ロシア全土から農民や農奴がドン川流域に大勢やってきたが、かつてのコサックの土地は、自由と平等の天地ではなくなっていた。やがてコサックの内部で貧富の差が拡大し、豊かなコサックは地主を生み出していく。本土の農民はこの新天地で、新しい地主の下で、農奴として働かざるを得なくなった。飢餓や地主の横暴に耐え切れなくなった貧しい農民は、暴動を起こす。実権を握っていたドン・コサック軍団本営の富裕で保守的な長老たちは、下層コサックや貧民の動きを抑え込もうとしていた。貧民や下層コサックの味方をし、彼らのアタマンになったステパン・ラージンが、反乱（一六七〇～七一年）を指揮した。ラージンの反乱軍が占領した地域では、皇帝の役人や貴族の権威が一掃され、住民が選んだ人民集会が街の支配権を握った。農奴は解放された。ステパン・ラージンの反乱後、アレクセイ帝（在位一六四五～七六）はコサックが十字架に接吻し、皇帝への忠誠を宣誓するよう要求した（一六七一年）。

コサックの古民家＝クレーニ　ラズドールスカヤ村

ロシアとトルコとの講和が実現した一八世紀半ば過ぎ、再びコサックが農民戦争を巻き起こす。ヤイク・コサックは、カスピ海やヴォルガ川流域で魚を捕って生活をしていた。それらには税が課せられない、という伝統があった。しかし軍団は、そのコサックの特典である漁労や魚の販売に課税をする規則を定めてきた。これがきっかけとなって、コサックの不満が爆発した。このときの反乱（一七七三～七五年）を指揮したのが、ドン・コサックのエメリヤン・プガチョフだった。プガチョフは国家権力と貴族階級に虐げられている民衆の不満を汲み上げ、宮廷クーデターで暗殺されたピョートル三世の名を利用し、「皇帝宣言」を発表した。彼が目指した社会は自由農民、農民はみな平等、税の撤廃、農奴解放を宣言した「農民とコサックの共和国」であった。しかし、プガチョフは政府軍に追われ、ヴォルガ川を越えて東進し、カスピ海北岸を制圧して海に出ようとしたが捕らえられ、一七七五年一月ペテルブルグに送られ、仲間と共に四つ裂きの刑に処せられた。帝政ロシア政府は農民反乱の再発を恐れ、反乱の関係資料を公開禁止の極秘扱いにした。ヤイク・コサックは徹底的に討伐されたが、完全には解体されなかった。国民の意識の中から反乱の記憶を払拭するためにヤイク川は、ウラル川と改名された。

エカテリーナ二世時代（一七六二～九六）になって国の基礎が固まるにつれて、政府のコサックに対する締め付けはますます厳しくなっていく。女帝によってコサックに関する勅令が出されたが、それはグリゴーリイ・アレクサンドロヴィチ・ポチョムキン（女帝の寵臣で宮廷クーデターの立役者　一七三九〜九一）の進言によるものであった。ドン・コサックの総司令官は、ポチョムキン総督が兼務することとなる。勅令は、軍団アタマンが国家指導部の指令に基づいて行動するなど、コサックに対する国家支配の強化と共に、コサック社会においてアタマンの権限強化と末端のコサックの従属化を明確化した。絶対専制の皇帝の手に権力が集中すると、兵器製造に力を注ぎ始める。政府軍の装備は充実し強力になり、コサック部隊とは比較にならなくなった。もはやコサックが反乱を起こし、国家の土台を揺さぶることのできない時代となっていく。エカテリーナ二世時代にクリミア半島と黒海沿岸の支配権を握り、南方への領土を拡大したが、この戦いはコサックの戦闘力無しにはあり得ないものであった。

現在コサックと言うとロシア人が主力だが、初期の成り立ちからみると、トルコ系遊牧民族が中心となり、さまざまな民族が融合して成立したと言える。

カフカース地方の山岳民族、草原や黒海沿岸の遊牧民族は、ロシア帝国、オスマン帝国の領土拡張政策によって移住させられ、戦いを強いられてきた。ロシアの国境線ができると、軍事境界線を強化するため移住は積極化して行った。例えば、ヴォルガ川沿岸に住んでいたコサックがテレク川へ移住させられ、黒海北岸のブク川とドニエプル川の間に住んでいたコサックがクバン地方に移住させられたりした。

現地の専門家の協力を得て走り続けた南ロシアで、私はロシア史の発展にドン・コサックをはじめ、原住民が果たした役割を知った。さらにまた、もう一方で権力に立ち向かって故郷を追われていった、コサックの翻弄された運命が、この土地に深く刻まれていることも知った。

ドン・コサックの古都を訪ねて

ロストフ州の風光明媚な場所としてゴルベンコ館長が選んで案内してくれたのは、ドン川沿岸のラズドールスカヤ村（ウスチ・ドネツキイ地区の中心地）であった。ロストフ大学のキヤシコ博士が、新石器時代の遺跡発掘で大きな成果を収めていて、興味のある土地だった。

九月一日　ロシアでは新学年、新学期の始まる日。朝七時、まだ車の混雑の少ないうちにアゾフ市を発った。州都ロストフ・ナ・ドヌー市を抜け、アクサイ市を経由して、九時近くドン・コサック地区の行政中心地、ノヴォチェルカースク市に出た。目的地まではまだ小一時間はかかると言うので、ここでガソリンを補給することにした。町の通りには、花束を持って親に手を引かれている新入生の姿があった。近くの学校の校庭には、かつての日本海軍の制服を思い出させるような、襟の詰まった灰色の上着と縦線の入ったズボン＝コサックの制服を着た男子生徒たちが、新入生を迎える準備をしていた。そこで垣間みた規律と制服は、他の都市では見られないものがあった。

ソ連邦が崩壊してから学校の制服は無くなり、服装が自由になった。ここノヴォチェルカースク市はドン・コサックの都市。モスクワなどでは「学校の制服が無くなって、毎日子どもに着せる洋服の心配をしなければならない」と、親の悩みをよく聞くが、それがここには無い。そればかりか、ドン地方の多くの親たちは、「コサック集団意識を学校教育で養っているので安心だ」と言うのである。

ノヴォチェルカースクの町外れには、対ナポレオン戦でドン・コサックがめざましい活躍をし、勝利を収めた記念の凱旋門が立っている。その門をくぐり町に別れを告げ、目的地に向かう。途中、典型的なコサックの

典型的なコサックのコヌィギン村の聖母誕生聖堂　1867 年建立

コヌィギン村の聖母誕生聖堂（一八六七年建立）に寄った。数年前までは閉まったままの聖堂であったが、最近鐘の修復などが行なわれ、復活もそう遠くはないようだ。

ウスチ・ドネツキイ地区に入ると、粟畑、トウモロコシ畑、ひまわり畑が一面を占めている。農家の垣根には日本と同じ朝顔が咲いていた。地区の道路はよく舗装されているのに、車が少ない。やはり農業地帯のせいであろうか。広い道路が三角路に突き当たる手前に、簡単な食事のとれる「七本の白樺のある〝喫茶店〟」があった。この〝喫茶店〟名は、ドン・コサック地域で使われている言い方であるようだ。しかし、「本日休業」の看板があって朝食はとれない。その近くの出店ではトマト、スイカ、マスクメロンなどが売られていた。

アスファルトで舗装された大通りからそれて細い道に入ると、銀色に光ったドン川が下方に見えていた。この細い道の坂を下って行くと、目的地のラズドールスカヤ村に通じる。坂の中腹で車を止め、盛り上がっ

ドン川に夕陽が沈むころ家畜が群れをなして帰って行く　ラズドールスカヤ村の近く

た土の上に立つと、なんとそこにはヨーロッパノイバラ＝シポーヴニクの群落があり、たわわに実をつけていた。ビタミンの王様と言われているこの実を乾燥させたものが、秋にモスクワのバザール（市場）にもお目見えする。ロシアではお茶代わりに、熱湯を注いで飲む。また、色も大きさも日本のものと同じ赤紫のアザミの花が咲いていた。

高台からドン川の岸までは、かなりの段差がある。川の向岸は森のように木々が深く、川面にその姿を映している。森の先は、果てしなく広がる大地。手前の岸辺に立つ家々は、大小さまざまな木々で囲まれ、家の屋根の数が村の大きさを示している。高台の道路と村の中間はなだらかな丘になっていて、家畜が放牧されている。ドン川に夕陽が沈むころは、家畜が群れをなして帰って行く。この村全体が、ドン川のように、静かに悠悠閑閑としている。昼過ぎにラズドールスカヤ村に着いた。村の中央児童公園の周辺に、大勢の人の動きが見えてきた。

ラズドールスカヤ村

「ドンの聖母祭」

「今日はなんと祭りだ！」　この日の案内と運転を引き受けてくれたイワンが叫んだ。「われわれはなんとチャンスに恵まれていることか！」とゴルベンコ館長も喜んだ。私たちは一九九九年、「犬も歩けば棒に当たる」と言う諺通り、この村の祭りに出くわした。

祭りの広場となる公園に、威勢の良いおばあさんが大声を上げているのが聞こえてきた。九月一日は、ラズドールスカヤ村の記念すべき「ドンの聖母祭」の日でもあった。朝から準備を進めてはいるが、組織力のある人がいないためか、なかなか事が進まない。気勢を上げていたおばあさんは、「このような大事な祭りなのに、役所からは誰も人が来ていない」と村の長老にカツを入れていたらしい。私たちは会場近くのラズドールスキイ民族学・郷土博物館の前に車を止めた。

一九九一年に、村でこの「ドンの聖母祭」を祝う事が決まり、毎年九月一日にロシア正教会が『ドンの聖母』のイコンを中心に、ドン・コサック軍団の力を借りて、盛大に行なっているのだそうだ。公園に向かっていくと、人が何となく集まってきているようであった。祭りの会場となっている公園の隅には、印刷されたイコン「ドンの聖母」が花で飾られてあった。祭りの公園内のスポーツ施設の脇に、青・黄・赤の三色からなるドン・コサック軍団旗が、何かを象徴するように置かれている。ソヴィエト時代はこのような軍団旗を人前に曝すことは、禁止されていた。その旗の前に村の信者たちがいつの間にか増えて、眼鏡をかけた若い司祭を取り囲んでいる。彼は長髪で髪を後ろでまとめ、白い法衣をまとい、その上に大きな十字架を下げている。司祭の回りに集まっている信者は、主に年輩の女性が多く、ほとんどが頭にスカーフを被っている。やがてその輪は大きくなり、司祭が香炉を振りながら、祈りの言葉を唱え始めた。信者は彼の言葉をオウム返しに唱えては、十字を切る。この儀式が行なわれている間、村人は司祭の前に用意されたテーブルの下の籠にパンや飲み物、農作物、お金などを献納し、十字を切っては、信者の輪の中に加わっていく。

「ドンの聖母祭」で司祭の周りに集まった村の古参たち
ラズドールスカヤ村　2008年

歌と踊りで活気づく

ドン・コサック軍の制服を着たアタマンや幹部、迷彩服を着たコサックも数人到着し、彼らは別の輪を作って立ち話をしている。公園の木陰に大きく囲むようにして長テーブルが設置され、その上にパン、マスクメロン、トマト、ソーセージ、ゆで卵、キャンデー、ビスケット、スイカなどのご馳走、また自家製の酒（サマゴン）などが並べられている。公園の入口近くには自家製のワイン樽も用意され、その周りにはすでに人々が気勢をあげて集まっていた。入学式の晴れ着姿の新入生はじめ、小・中・高生らも祭りに参加している。「ドンの聖母」の前の奉神礼は、まだ続いている。司祭が十字架に聖水をつけ、それを信者に振りかけている。こうして司祭の行事はすでに二時間以上も続いているが、この奉神礼が終わらないと祭りの第二部は始まらない。

突然、スピーカーが鳴り、第二部の始まりを告げた。公園の真向かいの博物館（別館）前に祭りの舞台が用意され、コサックの歌のアンサンブルが前座を飾った。やがて祭りの来賓客が紹介され、彼らが舞台に上がる。そのほとんどがドン・コサック軍団のアタマンと幹部であったが、ゴルベンコ館長が文化人を代表して紹介され舞台に上がった。ラズドールスキイ民族学・郷土博物館の職員から、今日の祭りのいわれが話された。アタマンからこの祭りの組織者に、感謝の言葉と記念品が贈られた。「ソヴィエト時代の共産党の式典と全く同じやり方だ」と、参加者が苦笑して言った。

「ドンの聖母祭」であいさつするドン・コサック軍の指揮官

ありきたりのセレモニーが終わると、各テーブルから〝待ってました！〟とばかりに歌声が響いた。先ほどまでスカーフを被って十字を切り、奉神礼に参加してか弱く見えていた老女たちが、コサックの歌を高らかに歌いだした。回りの木々までが勢いづいているようであった。歌にあわせてコサック・ダンスも飛び出した。新田さんも私もダンスの輪に引き出され、見様見まねでダンスに興じた。ここの住民はサマゴンをたっぷり飲んだ後でも、歌声の音程は乱れず、また踊りの足取りもびくともしない。強靭である。まさにコサック女性の底力を見せられた思いだった。この時、一人の女性が「父が日本兵と戦った時の写真が家にある」と、私に近づいてきた。祭りに居合わせた画家アレクサンドル・ワシリエヴィチ・チモフェエフ（ロシア連邦功労芸術家）も「ぜひ絵に描かせて欲しい」と言って、私の似顔絵を描き始めた。私たちは遠いコサックの片田舎で、心温まる歓迎を受けた。これまでもどんな辺鄙な山奥であれ、片田舎であれ、ロシアに住むどの民族も日本に大変興味を持ち、日本人に友好

高らかに鳴り響くコサックの歌声

的であったが、今回も同じように心爽やかな雰囲気に包まれた出会いであった。

祭りのクライマックスは、ドン川の長い白砂浜を馬に乗って、一直線に駆け巡る競馬であった。馬とコサックは、切っても切り離せないもの。幼い頃から馬を駆使して戦うことを教え込まれている、コサックならではの競技である。また、ドン・コサック軍団の復活を色濃く覗かせた祭りでもあった。

このラズドールカヤ村は、モナスティルスキイ、アゾフ、チェルカースクや現在のドン・コサックの中心都市であるノヴォチェルカースク以前の、ドン・コサック軍団の最初の中心都市であった。私は、郷土博物館の前の掲示板に書かれていた、この村の主な出来事・歴史のいくつかに興味を持った。

一五七一年にイワン雷帝の公式文書に〝ドンのラズドールィ〟の名がはじめて記述された。

一六世紀にエルマーク・チモフェエヴィチが住んだ。

ロシア美術館内のV・スリコフの名画の前で授業　サンクト・ペテルブルグ　2000年

一八二四年にドンの生神女マリア聖堂が建立。
一八九三年V・スリコフ（ロシアの画家）、
一九〇〇年I・クルィロフ（ドン地方の画家）が滞在した……。

ここに書かれている「エルマーク」と「スリコフ」の名は、一枚の絵を通して、深い繋がりがある。

「英雄」エルマークと「巨匠」スリコフ

サンクト・ペテルブルグのロシア美術館に、ワシーリイ・イワノヴィチ・スリコフ画伯の『エルマークのシベリア遠征』がある。これは二八五×五九九センチという大作で、ロシアの名画とされている。この絵画は歴史に基づいて、民族同士の熾烈な戦いの場面を描いている。この作品は、ロシアの小・中学生、若者たちに、強いロシア人としての模範教材となっている。私は一九九九年と二〇〇〇年に、またその後も機会ある度にロシア美術館を訪れ、〝スリコフの間〟に展示されている『エルマークのシベリア遠征』を何度も見て

逸名画家『エルマークの肖像』
（ドン・コサック歴史博物館蔵）

きた。ロシアでは美術館、博物館で授業を行なうのは、ごく普通のこと。特に歴史的な出来事や人物などの説明は、関係ある名画の前で教育されている。この『エルマークのシベリア遠征』の大作の前でも、その授業は毎日のように行なわれている。私が立っている間にも、数組の小・中学校のグループの授業が行なわれていった。美術担当の教師たちは、「エルマークは、ドン・コサックが誇る英雄である。いや、ドン・コサックだけでなく、ロシアが誇る英雄なのだ」と、どの教師も異口同音に説明する。それはロシアの家庭においても同じように説明されているようだ。

　ではエルマーク（一五三二／三四／四二～一五八五）とはどんな人物であったのか。

　一五七〇年代エルマークは、ドン・コサックのアタマンであった。しかし、エルマークの生涯については諸説ある。彼はイワン四世（雷帝一五三〇～八四　全ロシアの大公、ツァーリ〔皇帝〕の称号をはじめて公式に用いた）の外交政策「トルコの属領に手を出すな」と言う勅令までも無視した上に、外交使節（ペルシアとブハラ汗国）を襲い、このことで皇帝を激怒させてしまう。やがてイワン雷帝はエルマークに死罪を宣告し、彼を逮捕すべく懲罰隊をモスクワから派遣する。しかし、ドンの軍事総会は、エルマークを捕らえることを皇帝に誓うが、彼は仲間と共に遠いシベリアへと逃げてしまう。

V・スリコフ『エルマークのシベリア遠征』 1895年

コサックのヴォイスコ（軍団）は、生死をともに外敵と戦い、日常生活の利害も共有しているので、固い連帯意識で結束している。仲間の一人が外部から侮辱を受けると、集団全体が侮辱を受けたこととみなされ、集団でこれに復讐する。これをためらうものは不名誉とされた。仲間内の盗みや乱暴は、掟に従って厳しい処罰を受ける。しかし、モスクワ大公国やロシア帝国が権力によって犯罪者の引渡しを要求した場合、断固としてこれを拒否している。「仲間を引き渡さない」という掟、これこそが、コサック集団の守るべき大切な規範であった。

イワン雷帝はドン・コサック軍の闘争心を巧みに操り、ある時は厳しい軍務規則を命じ、ロシア領土を拡大していく。まず、クリミア汗国とその宗主国オスマン・トルコを攻めて黒海、アゾフ海の遊牧民とコサックを戦わせる。ヴォルガ水系を使ったカスピ海への交易を確保するために、カザン汗国（一五五二年）とアストラハン汗国（一五五六年）を征服する。バルト海への出口を獲得するために、リヴォニア（バルト海東岸、ドイツ騎士団の支配した現ラトヴィア、エストニア）と戦争する。南と北の領土拡大に成功し、残るはシ

エルマークのシベリア遠征経路図

ベリア進出である。

一五六三年、シベリア汗国のエディゲイ汗は政敵クチュムに倒された。その年からクチュムが汗となり、イルトィシ川とトボリ川全流域を支配した。彼はペルミまでも支配を拡大していた。イワン雷帝は、シベリア汗国がクチュム汗になると、シベリア進出のため実業家のマクシム・ストロガノフに特許状を与え、シベリアのオビ川とその支流トボル川、イルトィシ川の沿岸に町の建設を許可した。ストロガノフはオビ川の開発権も受けていた。これらの川の低地には、原住民ヴォグール人（マンシイ族の旧名）、オスチャーク人（ハンティ、セリクープィ族の旧名）が狩猟で生計を立てていた。またその土地には、タタール人も多く住んでいた。そこはまだシベリア汗国の支配下にあった。

シベリアは毛皮獣の宝庫でもある。帝政ロシアの公認のお墨付きを手にしたストロガノフは、シベリアの更なる進出を計り、開墾地を開拓し、防衛のための要塞を築いていた。政府軍もペルミ（ウラル山脈西方カマ川の河港都市）に常駐していた。クチュム汗がイルトィシ川とトボリ川全流域を支配し、ペルミまでも支配を拡大していたことは、ストロガノフにとっては脅威であった。そんなところに、エルマークがコサックの仲間九〇〇人近く（ドン地方を追われ去ったときは約六〇〇人）とシベリアにやってきたのである。ストロガノフはエルマークとコサック軍を大いに歓迎し、食料や武器を与える。クチュム汗の率いる原住民ヴォグール人、オスチャーク人、タタール人は、トボル川から本流イルトィシ川の合流点近くの川岸に陣取っていた。そこへストロガノフの支援を受けたエルマークとコサック軍が参戦してきた。この戦いは、ストロガノフの支援を受けたエルマークとコサック軍に軍配が上がった。

この戦いの絵こそ、一九世紀後半のロシア・リアリズム芸術を確立した歴史画の巨匠ワシーリイ・イワノヴィチ・スリコフの力作『エルマークのシベリア遠征』である。

スリコフの先祖はドン・コサック

歴史画家スリコフは、一八四八年に現在のクラスノヤールスク市（シベリアのエニセイ川の河港都市）で、先祖がコサック出身の家庭に生まれた。スリコフの先祖は、一六世紀にエルマークを長とするドン・コサック軍団と共に、シベリア遠征のためにやってきている。そんな祖先を持つスリコフは、一八六八年からペテルブルグ美術大学で学び画家となる。スリコフは兄弟に宛てた手紙の中で「いま『エルマーク』を描いています。ドン・コサックについての歴史を読みました。われわれシベリア・コサックは、彼らの血を引く者です」と、書いている。

やがて彼は、ドン地方のコサックたちを訪ねることになる。彼は兄弟への手紙の中で、絵画に描かれている数人の人物像を、ラズドールスカヤ村で発見したことも語っている。スリコフは、ステパン・ラージンと繋がりがあるコンスタンチノフスカヤ村やスタロチェルカー

I・レーピン『V・I・スリコフの肖像』1885年

スカヤ村でも取材している。エルマークの〝ドン・コサック行軍隊〟が結成されたウラルの村々も、二度ほど訪れている。スリコフは、こうして歩いて収集した資料をもとに『エルマークのシベリア遠征』の他、『ステパン・ラージン』、『プガチョフ』、『コサック』など、コサックに関する作品を多く描いている。

しかし、史実に基づいているとしても、私には、どうしても『エルマークのシベリア遠征』の作品には、権力を持つ側の大きな民族が優位に立って、小さな民族と戦っている点が強調されているように思えてならない。この大作を民族問題の観点から見るロシア人はいないものかと、以前から思っていた。あらゆるところで様々な職業のロシア人、ロシアに住む他の民族の人に疑問をぶつけてみるが、疑問を持つことすらないのがほとんどであった。

二〇〇〇年六月　シベリアのチュメニ州立美術館を訪ねたとき、リュドミラ・ウラジーミロヴナ・オフシャンキナ館長が「私たちの美術館のエルマークは、平和外交官として描かれている」と言って、その作品を紹介した。それはまさにスリコフの作品とは違った『原住民の少数民族と平和的に話し合うエルマーク』であった。ここチュメニは少数民族の住むシベリアの町、しかし、この作品をドン・コサックたちが見たらどう反応するだろうか。

ラズドールスカヤ村再訪

二〇〇八年秋　三度目にラズドールスカヤ村を訪れた時はブドウも実り、途中のプフリャコフスキイ地区で「ぶどう祭り」が開かれていた。アゾフ博物館の若い職員たちが、マイクロバスで「ぶどう祭り」を見た後、ラズドールスカヤ村に行くというので、イワンから私たちにも誘いがかかった。仕事を離れて若い職員たちと遠出をするのははじめてで、前日から嬉しさで胸がわくわくしていた。職員は管理職から学芸員などさまざま

「ぶどう祭り」に参加したアゾフ博物館の学芸員たち

で、総勢一二人。そのうち男性は二人。車に乗って三〇分もしない内に、職員がそれぞれ用意してきたつまみ、飲み物が回ってきた。音楽が鳴りだすと自然とみんなの体が、足がリズムに乗ってきた。会話が弾む。早くも車中は〝宴会〟気分だ。ふだん話し合う機会のない職員もいて、彼等と身近に接することができる絶好の機会であった。みんな親切で開放的。大陸的おおらかさ、若いパワーに私たちは圧倒され続けた。この地方は多民族地方で混血も多く、驚くほどの美男、美女がいる。プフリャコフスキイ地区に入ると、下方に銀色に光るドン川の見える絶景地に車を止めた。思わずその雄大さに絶句する。それぞれがドン川をバックに記念撮影に夢中になった。

プフリャコフスキイ村は、ブドウの「プフリャコフスキイ品種」で有名な産地。村にはブドウ農園やブドウ酒醸造研究所がある。この「ぶどう祭り」では、近隣の村民の歌や踊りのアトラクションが披露され、大勢の参加者で賑わっていた。また、ソヴィエト作家A・V・カリーニンが生前ここに住み、作家活動をしたと

野生のヨーロッパノイバラ＝シポーヴニクの生える秋のステップ

村民は誇る。私たちは一時間ほど「祭り」に参加したが、先を急ぎラズドールスカヤ村に車を走らせた。

この村にはアゾフ博物館館長が廃屋を買い、何年もかけて修繕している家がある。この屋敷内のブドウ棚は見事に手入れされ、秋のブドウの収穫を約束していた。この家屋を休憩地にして、目的地の草原にさらに車を走らせる。そこは、村の高台の見晴らしが良い草原のキャンプ場であった。そこには樹木が生い茂り中に入って行くと、秋をたっぷり感じさせる真っ赤なボヤールィシニクやシポーヴニクなどが見事に実っていた。私は歓声を上げて、それらを夢中で摘んだ。日本では味わうことの出来ない草原の輝きであった。

高台に食卓を用意し始めると、草原の気ままな風が吹き始め、シャシルイク用の火が熾せない。落ち着いて食卓を囲むことすらできない。足まで掬われかねないほど凄まじいステップの強風に出合った。その時、私はふと「この風力、何とか生活に生かせられないものか！」と思った。仕方なく、食事の場所をドン川沿岸に移した。今日の参加者の中には、コサックが多い。彼らはダンスが好きで、持参の食事を済ませた後はこの草原の風に乗って、思う存分ダンスに興じていた。

セミカラコールスク——ドン陶芸の産地——

いつものように夕方、私たちがラズドールスカヤ村の入口の高台にさしかかると、ドン川の遠方に居住地のいくつもの灯が見えていた。それらは草原の中の夜景のようでもあった。その時、ゴルベンコ館長は「ほら、あの灯のともっているところがセミカラコールスクだよ」と言う。そこには、これまで一度彼に案内してもらっている。

セミカラコールスクは一七世紀に創設されたコサックの都市で、そこにはロストフ州唯一の陶芸工場があって、陶芸には土地名が冠してある。セミカラコールスク市内を流れているドン川には、左岸のサル川、そして右岸のスポールヌィ・ドネツ川が合流している。この地区で行なわれた考古学的発掘によると、大昔から当地の粘土・砂の豊富な埋蔵を利用した原始的陶器製作が、自然発生的に起きていた。ここではドン陶芸をさらに発展させていった。ソヴィエト時代には陶芸工場が創設された。

セミカラコールスク陶芸の特徴は、その生産方法がユニークな手作業によるもので、独創的で多様性に富んだ形をし、ドン地方の美を伝えるものだ。セミカラコールスク陶芸工場を訪れた際、最初に工場内の陶器ができるまでの技術的過程、そのあと工芸家、美術家がドン地方の豊かな色調を陶器に絵付けしていく様を見せてもらった。コサック地方の陶器の産地と言うこともあって、私たちはコサックのモチーフ・伝統を取り入れた作品をいくつか入手し、またみやげにも頂いている。

工場内にある民族陶芸博物館《アクシーニヤ》にも案内された。博物館ではセミカラコールスク陶芸の歴史が、誰にでもわかりやすく丁寧に示されていた。

セミカラコールスクの陶芸

コサックの世界をモチーフにしたセミカラコールスクの飾り皿

ノヴォチェルカースク市――ドン・コサック歴史博物館――

ノヴォチェルカースク市（人口一九万人）内にあるドン・コサック歴史博物館（一八九九年創立）に寄った。スヴェトラーナ・アレクセーエヴナ・セジンコ館長は、ゴルベンコ館長の大学時代の同級生。セジンコ館長は私たちがこの地を訪れる度に、館長室に「遠方からの客」と言っていつも快く迎えてくれる。新潟ロシア村マールイ美術館で『地球四六億年の歴史・マンモス展』を開催した際にも、彼女は貴重な所蔵品の出品を快く承諾してくれた。私たちのような外国の研究者にとって、ロシアの一地方の美術館、博物館がどのように形成され、発展して行ったかを見聞できることは、大変貴重である。所蔵品、展示品の収集過程、作品そのものが持つ史実などを知る、絶好のチャンスがここにもあった。

ドン・コサック歴史博物館の収蔵品は、収集過程、方法が他の美術館、博物館と違っていて興味がある。同

S・セジンコ館長

偶像
紀元前３千年紀　珪岩　ロストフ州タツィンスキイ地区出土

博物館はコサックについての資料も多く、コサックの歴史、戦闘史、衣食住を知る上でも欠かせない。ロシアの領土拡大戦争で、コサックは重要な役割を果たした。特に「祖国戦争」（一八一二年）と呼ばれるナポレオン軍との戦争でも、コサックは大きな役割を果たした。そのときドン・コサック軍団の本営が、ノヴォチェルカースクに駐屯していた。それは十月革命（一九一七年）まで存在した。

この地方はスキタイなど騎馬遊牧民が、駆け巡った土地柄でもある。その意味からもこの地方は、考古学的出土品が多い。また絵画やコサック関係の貴重な作品なども所蔵している。博物館に足を踏み入れると、古代遊牧民スキタイをはじめ他の遊牧民族などのカーメンナヤ・バーバ〈石人〉が目に入る。右と左にそれぞれ広い展示室がある。ロシア国内とコサックの関係などが、文献、写真などで丁寧に紹介されている。また、コサックの歴史上の人物―『ステパン・ラージン』（ソ連邦人民芸術家E・ヴチェティチ作）、木の根を彫刻した『エメリヤン・プガチョフ』（G・タラーソフ作）などがある。博物館の展示品の中で特別なケースに飾ってあるのが、アタマン・プラトフがロンドン市から「祖国戦争」の戦勝記念に贈られた軍刀である。「博物館形成はこうして始まった」、とセジンコ館長は説明する。

E・ヴチェティチ『ステパン・ラージン』
（ドン・コサック歴史博物館蔵）

ドン・コサック歴史博物館のKH・I・ポポフ初代館長が、創立と同時にドン・コサックの名門家族宛てに、「コサックの著名人の肖像画に略歴を添えて博物館まで送ってほしい」と、協力要請の手紙を送った。一九〇一年にV・V・オルロフ＝デニソフの肖像画と遺品がその孫から、またA・V・スヴォーロフ、M・V・スヴォーロワ、V・S・ゾロタリョフらの肖像画が家族から送られてきた。次々にさまざまな形で作品が収集され、『一八一二年の英雄の妻たち肖像画』コレクションも完成した。しかし、一九一九年にはこれらの肖像画の一部が、他の所蔵品と共に紛失し、外国に流れた。その中には、あるアタマンの宮殿から、一九一八年に博物館が入手したドン・コサック軍人の肖像画コレクションもあった。

N・ドゥボフスコイ『虹』 1892年（ドン・コサック歴史博物館蔵）

また、『コサックの名門エフレーモフ一族展』では、エフレーモフ家がドン地方においてどの様な富豪であったか、コサック戦闘史上どのような役割を果したか、を紹介していた。

ドン・コサック歴史博物館の古文書によれば、革命で逃亡した裕福なコサックの家やホテル、質屋などか

N・ドゥボフスコイ『夏の雲』 1906年 （ドン・コサック歴史博物館蔵）

ら、さまざまな作品が収集されている。例えば、元アタマンのM・I・グラッベの貴重な作品が入ったコレクションは、博物館の美術品の中核となった。M・グラッベの息子は、エルミタージュ美術館館長I・A・フセヴォロジスキイの娘と結婚していた。ドン・コサック歴史博物館にロシアや西欧の名画が入ってきたのには、この二人の結びつきが大きな役割を果たしている。一八～一九世紀の著名な画家V・ボロヴィコフスキイ、N・クルテイリ、P・ソコロフ、A・モリナリなどの肖像画などが入っているフセヴォロジスキイ家のコレクションの一部も入手した。これらの作品は革命前の一九〇二年、一九〇五年に開かれた『肖像画展』でロシア国内に知れわたっていた。イタリアとオランダの画家の作品は、フセヴォロジスキイが外国のオークションで買い求めてきたものと思われる。一八世紀ロシアの肖像画は、スタロチェルカースクのエフレーモフスキイ女子修道院から移管した作品で補充されている。その中には、A・アントロポフの一七六一年制作『エリザヴェータ・ペトロヴナ女帝の肖像』が入っている。しかし、博物館絵画部には他の博物館、美術館との作品交換や絵画の購入によって、所蔵品は増え続けた。しかし、博物館には新しい潮流の近代作家、移動展派の画家の作品が欠けていたことから、完璧ではなかった。

絵画コレクションの収集が本格的に始まったのは、一九世紀末から二〇世紀にかけてであった。このコレクションが出来るきっかけになったのは、同市出身の移動展派の画家N・ドゥボフスコイの存在が大きい。博物館の芸術部は終戦後、ドゥボフスコイの美術コレクションを取得し、所蔵品の価値を高めていった。

十月社会主義革命（一九一七年）によってノヴォチェルカースクが開放され、市の執行委員会が芸術と歴史的価値あるものの収集を決め、本格的に博物館の強化に動き出した。市の国民教育部に、芸術と古代遺物保存局

E・コザコフ『アタマン　プラトフの肖像』 1909年

逸名画家『アタマン　ダニーラ・エフレーモフの肖像』 1755年

ヴォズネセンスキイ主教座大聖堂とエルマークの銅像

が作られた。ドン・コサック歴史博物館には、分館が幾つかある。それは、M・B・グレコフ住居・博物館。同市出身の画家の住居兼アトリエを一九五七年に博物館として開館した。ここには彼の作品九二点が展示されている。次は、I・I・クルィロフ住居・博物館。また、市内には、ソヴィエト政権に接収された帝政時代のコサック軍団の公邸＝アタマン宮殿（二〇〇一年に同博物館に譲渡）が一般公開されている。コサックの街ノヴォチェルカースクは、政権が変わるたびにさまざまな問題に直面してきた。

　同市には国内外に知れわたっている電気機関車製作工場はじめ、合成繊維工場などがある。総合大学、単科大学、ギムナジウムなどが多い。現在のノヴォチェルカースク経済大学は、南ロシア最大の大学で二〇〇〇人近くの学生が学んでいる。

　ロシアには由緒ある三つの大聖堂がある。その一つが、同市にあるノヴォチェルカースキイ・ヴォズネセンスキイ主教座大聖堂。ドン・コサック軍が皇帝の命令を受けて、アストラハンの銃兵隊を鎮圧し、さらにツァリツィン（現ボルゴグラード）に広がっていた反乱を鎮圧した際、皇帝から褒美に大金と酒が贈られ、軍団本営チェルカースクにヴォズネセンスキイ大聖堂が建立された。これは現在に至ってもコサックの誇る大聖堂で、夜になるとライトアップされている。聖堂前の広場は、エルマーク広場と言われ、聖堂に向かってエルマークの銅像が聳えている。

アクサイ

コビャコヴォ古墳群と『イーゴリ軍記』

アゾフからアクサイへ行くにはロストフ・ナ・ドヌー市を経由してゆく。アゾフを出て幹線道路を通って目的地に向かう途中に、朝鮮人がコルホーズから土地を借用して野菜を栽培している畑がある。そこで収穫した野菜を通行人目当てに売るため、ミニ市場を道路沿いに開いている。館長もよくここを利用し、トマト、玉ねぎなどを大量に買っている。大工業中心地ロストフ・ナ・ドヌー市に沿って流れるドン川の北の橋を渡ると、アクサイ市が近い。低地を流れるドン川から市内の中心に出るには、かなりの坂を上がっていかなくてはならない。

ドン地方で最も古いコサックの村が、アクサイにあった。しかしコサックがここに到来する以前に入れ代わり立ち代わり、少なくとも青銅器時代、スキタイ・サルマタイ時代、ポロヴェツ時代の移住民が存在した。現在のアクサイ市近郊ドン河畔の高台に、有名なコビャコヴォ古墳群がある。この古墳群は前期青銅器時代から中世まで営まれ続けた。古墳群の発掘中にエジ

コビャコヴォ古墳群

首輪　1世紀末～2世紀前半　金　トルコ石　コビャコヴォ墓地出土　（ロストフ博物館蔵）

プトのお守り、小アジアのアンフォラ、バルチック海の琥珀製品、ボスポロス王国のブローチなどが出土している。この古墳群一〇号墳はドン川下流のサルマタイ貴族の墓であったとされ、発掘された木造の墓室には、トルコ石の象嵌のある金製透彫の首輪を付けた若い女性が安置されていた。またここでポロヴェツ人（一一～一三世紀に南ロシアに侵入したチュルク系遊牧民）の兜が見つかっている。それは現在エルミタージュ美術館に所蔵されている。

キーエフ・ロシアの叙事文学の代表作と言われている『イーゴリ軍記』に、ポロヴェツ汗コビャクがロシアのイーゴリ公を捕らえた記述がある。これは、一一八五年に南ロシアのイーゴリ公がポロヴェツ族に対して行なったステップへの遠征

首輪が発見された当時の写真

の物語だが、まさにこのコビャコヴァ古墳群の地が、イーゴリ公が捕虜となった伝説の場所である。

アクサイの名が、文献にはじめて登場したのが一五七〇年。Ｉ・Ｐ・ノヴォセーリツェフ・ロシア大使一行が、モスクワからアゾフ経由でコンスタンチノーポリへ向かう途中書かれた書簡にアクサイがあり、そのときが市誕生の年とされている。

ドン・コサックの中心都市、チェルカースクを移転する話が出て、その土地を選ぶ際に、アクサイの名も挙がっていた。その理由が美しいこと、立地条件がよいことであった。アクサイ村（当時）の下方にドン川が流れ、その向こうには森や湖、川のある広大な草原が見渡せる絶景がある。アクサイはそんな高台に存在する。

牧畜業・農業が盛んで、特に近年はワイン作りにも力を入れている。このアクサイに最近モスクワからロストフ・ナ・ドヌーまでの幹線道路沿いに、巨大なスーパーマーケットができた。都市からの道路には車が多く、時間帯によっては渋滞が絶えない。

アクサイ総合博物館「ポチトーヴァヤ・スタンツィア」

プーシキンゆかりの地

アクサイ市内のＡ・プーシキン（ロシアの国民的詩人、ロシア近代文学の祖）にゆかりのある総合博物館「ポチトーヴァヤ・スタンツィヤ」を訪れた。この博物館には三度訪れている。アクサイ村に駅逓宿場（ポチトーヴァヤ・スタンツィヤ）があり、著名なロシア文学者

19 世紀の大型四輪馬車
（アクサイ総合博物館「ポチトーヴァヤ・スタンツィヤ」蔵）

A・グリボエードフやA・プーシキン、M・レールモントフ、L・トルストイらが、カフカースに行く途中宿泊している。またこのアクサイ村でA・ファジェーエフが『壊滅』を書き上げ、M・ショーロホフは『静かなドン』取材に当地を訪れている。同博物館の学芸員タチヤーナさんの話によると、プーシキンはアクサイ宿場に二度（一八二〇年、一八二九年）泊まっている。博物館に入ると、プーシキンの詩『ドン』の一節が壁に書かれていた。「コサックよ、眠るな、夜陰に紛れて、チェチェン人が川を渡ってくる……」

　また、プーシキンの『故イワン・ペトローヴィチ・ベールキンの物語』の中に「駅長」がある。博物館のプーシキンに関する展示品を見ながら、二〇〇年も昔の宿場の主人公であった駅長の悲しい物語が、こんなところで生み出されたのかと、感慨深いものを感じさせられた。

　このアクサイ総合博物館は、二〇〇八年一〇月二七日に創立六〇周年を盛大に迎え、会場には六〇周年の博物館の歩みが写真で紹介されていた。ロストフ州文化省の文化担当官はじめ、近隣の博物館館長が多数お祝いに駆けつけた。アゾフ滞在中の私たちも招待され、アクサイに咲いた過去の文化の一端を改めて知ることができた。この博物館の建物は、一九世紀初頭に建造されたもの。庭にはもうひとつの建物があり、中に古いそりがある。博物館のとなりのオディギトリエフスキイ聖堂（一八九七年に建立）は、日曜日で礼拝する家族、先祖を供養する信者たち（ほとんどが女性・高齢者）で賑わっていた。

スタロチェルカースカヤ村

ドン・コサックゆかりの地

スタロチェルカースカヤ村へは、アクサイから同じ道を通って三度訪ねている。高台のアクサイ市からの道路はかなり下って、車はスタロチェルカースカヤ村方面に向かって走る。途中の橋の両端にショーロホフの『静かなドン』の主人公＝グリゴーリイとアクシーニヤ像が向かい合って立っている。道路も橋もロストフ知事選の時にできたと言う。またゴルフ場が見えてきた。途中の小さい川は釣りの名所らしく、太公望たちの姿も見えた。村に近づくと教会の建物も見え、鐘の音も聞こえてきた。

二〇〇八年秋、この村の案内を買って出たイワン・グルンスキイと娘クセーニヤは、教会に行く前に私たちをドン川の岸まで連れて行った。村はドン川上流の右岸にあり、大河に大型貨物船が行き交っていた。その合間を縫って両岸を結ぶ、村人の唯一の交通手段である渡し船が通っている。ドン川の雄大さを、ここでも身近に見ることができた。

ドン・コサック軍団の中心都市チェルカースク（一六四四〜

ヴォイスコヴォイ・ヴォスクレセンスキイ大聖堂

大聖堂のイコノスタス　スタロチェルカースカヤ村

一八〇五）は、度々の火災とドン川の氾濫に見舞われた。そこで一八〇五年にその中心都市をノヴォチェルカースクに移した。チェルカースクはスタロチェルカースクと改名され、その後、一九世紀末には中心都市の地位を失い、スタロチェルカースカヤ村となった。しかしドン地方で、スタロチェルカースカヤ村ほどドン・コサックと関係する古く、興味深い土地はない、と言われている。それは、ドン地方で最も古い聖堂＝ヴォイスコヴォイ・ヴォスクレセンスキイ大聖堂（一七〇六～一九）とプレオブラジェンスキイ聖堂、エフレーモフ家の宮殿、ブラーヴィン邸宅など、多くの歴史的建築物が存在することからも頷ける。特に大聖堂のイコノスタスは圧巻である。

民族アンサンブルの競演と「ドン・コサック軍団の祭り」

スタロチェルカースカヤ村を訪れるときは、いつのときも運良く他では見ることの出来ない祭り（「民族アンサンブルの祭典」（一九九四年）「ドン・コサック軍団の祭り」（二〇〇八年））に出合えた。

スタロチェルカースカヤ村には、一九九四年にゴルベンコ館長、ルキヤシコ博士に案内されてドン川を航行

「民族アンサンブルの祭典」 1994年

する船で行った。途中からの乗船客は祭典の参加者で、みな色鮮やかな民族衣装で着飾り、また民族楽器に合わせコサックの歌を高らかに歌っていた。

船を降りると、乗客はみな同じ方向へ歩き出した。案内を買って出た館長と博士が、スタロチェルカースク史について次のように話した。――

歴史家たちは、チェルカースクがドン・コサック軍団の第二の中心都市の礎を築いたのを、一五七〇年としている。チェルカースクはラズドールスク後の一六四四年に、地理的に重要な戦略的位置にあったお蔭でドン・コサックの中心都市となり、モスクワ国家とトルコ、クリミア汗国との外交上重要な役割を果たした。

一七～一八世紀のロシアにおける反封建運動は、チェルカースク史と関係がある。一六七〇年ステパン・ラージンは、農民、コサックに貴族や地方長官打倒を呼びかけ、貧民には自由を与えよと訴えた。一七〇七年にはコンドラチイ・ブラーヴィンが政府軍、貴族、コサック軍幹部に反対し、蜂起を指揮す

イコン『ドンの聖母』の礼拝に集まった信者たち　2008年

る。プーシキンは『プガチョフの反乱史』（一八三四）、その資料に基づいた作品『大尉の娘』（一八三六）を世に出すが、一八二〇年にチェルカースクを訪れた際、名所・旧跡を訪ね、コサックゆかりの史跡も見学している。

スタロチェルカースカヤ村の名所でまず挙げられるのは、ウクライナ・バロック様式のヴォイスコヴォイ・ヴォスクレセンスキイ大聖堂である。この大聖堂の建設には、ピョートル一世が尽力した。

「民族アンサンブルの祭典」は、旧エフレーモフ家の領地内で行なわれた。会場近くになるほど祭りの雰囲気は高まり、いろいろな団体がそれぞれの場所とりを始めた。この祭りにはロストフ州はじめ、ヴォルゴグラード州、ヴォロネジ州、クラスノダール地方、スターヴロポリ地方などのアンサンブルが、一年かけて磨いてきた歌と踊りを競い合う。ミニバザールも開かれていた。この広大な領地内には、スタロチェルカースク博物館がある。

二〇〇八年に久方ぶりに訪れたスタロチェルカースカヤ村は、「ドン・コサック軍団の祭り」で賑わっていた。

司祭の説教を聞くコサックたち　2008年

私たちが聖堂近くを歩いていると、前方からロシア正教の旗や『ドンの聖母』のイコンを持った行進が見えてきた。先頭に聖職者が数人、その後ろからコサック軍服姿の一〇人近い男たちが、大きい二本の丸太棒に『ドンの聖母』のイコンを乗せて担いでいる。その後ろに一般信者たちの大きな行列が続く。このような宗教行事に、コサック軍服を着て重要な役割を果たしている男たちが、大行進をしているのを目の当りにした。

ドンの聖母聖堂に着くとイコン『ドンの聖母』が降ろされ、入口で司祭が中に入る信者に聖水を振りかけ、信者は聖堂の中に入っていく。その後、近くのヴォイスコヴォイ・ヴォスクレセンスキイ大聖堂前では十字架と聖書を持った司祭が、コサック軍の制服を着た少年たち、またコサック軍人たちに説教をしているのに出合った。この儀式は一般に見える場所で行なわれ、写真も自由に撮れた。こんな自由取材は、ソヴィエト時代には考えられなかったことだ。ロシア正教のキャンペーン中であったのかもしれないが、コサックの組織と宗教組織が緊密な関係にあるのは、南ロシア以外でも見ることが出来るのだろうか。

ネクラーソフ派博物館

大聖堂の近くにネクラーソフ派博物館がある。この建物は元エフレーモフ家の厨房であった。スタロチェルカースカヤ村を訪れた二〇〇八年は、アゾフ博物館のイワン・グルンスキイ副館長と一緒ということもあって、ネクラーソフ派博物館内の貴重な写真も撮らせてもらった。ここには、コサック・ネクラーソフ派に関する資料が展示されている。ネクラーソフ派の運命を知ることは、南ロシアに住むドン・コサックの運命を知る重要な一ページでもあるようだ。ネクラーソフ派と呼ばれるのは、ブラーヴィンの蜂起（一七〇七〜〇九年）に積極的に参加したドン・コサックから始まる。

『I・ネクラーソフの胸像』
（ネクラーソフ派博物館蔵）

一七〇〇年八月に始まったスウェーデンとの北方戦争に、ドン・コサック兵が長期間従軍していた。コサックたちは農耕に従事する人手が足りず、本土から流入する逃亡農民を耕作に使っていた。しかし、ピョートル大帝は、それらの逃亡農民を狩り集めるよう命令してきた。コサックたちがそれを拒否すると、大帝はワシーリイ・ドルゴルーキイ公と政府軍をドン・コサック軍団本営チェルカースクに送り込み、ドン川の中流やその支流域で逃亡農民狩りを始めた。逃亡民の中にはニコンの宗教改革を嫌って逃げてきた分離派（旧教徒）の信徒も大勢いた。

一七〇七年一〇月、ドン・コサックのアタマン＝コンドラチイ・

ネクラーソフ派博物館の展示室

アファナーシエヴィチ・ブラーヴィン（一六六〇頃〜一七〇八）は、「皇帝や大貴族、異教を押し付ける聖職者等に対して戦おう」と呼びかける魅惑の書（檄文）を流し、蜂起を起こした。彼らは政府軍を破り、司令官のドルゴルーキイ公の部隊を襲い、これを全滅させたのである。チェルカースクを中心とするドン川下流域には、裕福なコサックが多く住んでいた。他のドン・コサック軍団のアタマンたちは、ブラーヴィンに従わないように命じ、彼の運動に同調したコサックを捕らえ、処罰するか、追放した。しかしブラーヴィンの反乱軍は、ドン・コサックやザポロージエ・コサック、また周辺のノガイ人、カルムイク人など二万人の味方を得た。一七〇八年三月、政府軍は再びドン・コサックの本営チェルカースクを襲い、軍団アタマン・ブラーヴィンを殺害し、自らを軍団アタマンと名乗ったが、仲間に殺された。しかし、逃亡農民や貧しいドン・コサックたちの戦いは終わることなく、エサウロフスカヤ村のアタマンであったイグナト・フョードロヴィチ・ネクラーソフ（一六六〇〜一七三七）が、その指導者となった。彼の信奉者たちをネクラーソフ派

ネクラーソフ派の民族衣装

と呼んだ。

　ピョートル大帝は、反乱鎮圧のために政府軍二万人をドンに向かわせた。その懲罰軍司令官には、殺されたドルゴルーキイ公の弟をあてた。大帝は彼にドン地方の町を徹底的に破壊し、コサックの懲罰を命じていた。ドルゴルーキイ新司令官はドンの町を破壊し、七五〇〇人も処刑した。ピョートル大帝は外の強敵スウェーデンと戦うと同時に、絶えず国内の動きにも目を光らせざるを得なかった。ネクラーソフ派の小史は、この博物館の資料、文献などに多く語られている。

〝スターヴロポリスカヤ・プラウダ〟（一九六三年三月一二日付）は次のように伝えている。——

　I・ネクラーソフは彼の信奉者たちと共に祖国を追われ、国外に逃亡せざるを得なかった。その彼らの逃亡生活は、長く苦しみの連続であった。ネクラーソフ派の子孫は、二五〇年以上も自国語を守りながら、逃亡先の言葉＝ルーマニア語、ブルガリア語、トルコ語、ギリシア語などをマスターして生き延びてきた。一九六二年九月には彼らが祖国ロシアに帰国し、スターヴロポリ地方のコルホーズで働いている記事も出た。

日本の著名なロシア文献学・ロシア文化史学、そしてロシア文学者の中村喜和《よしかず》教授は、著書『聖なるロシアを求めて　旧教徒のユートピア伝説』のなかで、ネクラーソフ派のロシアを追われ辿った外国生活、帰国後の足取りなどについてかなりのページを割いて記述している。日本でネクラーソフ派について詳しく紹介したのは、中村喜和一橋大学名誉教授がはじめてであろう。

ヴョーシェンスカヤ村――M・ショーロホフの世界――

日本の翻訳者の苦難な時代

日本にミハイル・ショーロホフの長編小説『静かなドン』が紹介されたのは一九三一年、今から八〇年以上も前だ。翻訳者はロシア文学者の外村史郎（一八九〇〜一九五一）、出版社は鉄塔書院。この本の誕生は日本の多くの読者に歓迎された。しかし当時の日本は、新政ソヴィエトに何かと神経を尖らしていた時代であった。戦前の出版検閲制度下で多くの出版物が「安寧秩序の紊乱」または「風俗壊乱」を理由に、発売禁止または削除処分を受けた。

『M・A・ショーロホフの肖像』 エスキス（ショーロホフ博物館蔵）

『静かなドン』はこの悪名高き「安寧秩序の紊乱」によって一九三一年一二月三〇日発売禁止となった。翻訳者の外村史郎の本名は馬場哲哉。彼の活躍した時代は、本名では余りにも身に危険があったので、ペンネームを使っていた。彼は社会主義文学や芸術理論などの著書を精力的に翻訳していた。ロシアの著作の翻訳ではアレクセイ・レミゾフ『十字架の姉妹』（一九二四）、アルツイバーシェフ『永遠の幻影』（一九二五）、ツルゲーネフ『貴族の家』（一九二六）、プレハーノフ『芸術論』（一九二八）などがある。

『開かれた処女地』は上田進訳・ナウカ社（一九三三〜三四）、また米川正夫訳・三笠書房（のち角川文庫（一九三五））から出版され

ドン河畔に立つ『静かなドン』の主人公グリゴーリイとアクシーニヤの像

た。一九三五年『静かなドン』が上田進訳でナウカ社から再び世に出た。五〇年代、六〇年代にはショーロホフの二作品は、複数の出版社が競って出版した。外村史郎の息子江川卓（本名馬場宏　一九二七〜二〇〇二）もロシア文学者。彼もまたショーロホフの『静かなドン』（一九五五〜五八　角川文庫刊）を訳している。

外村史郎によれば、「『静かなドン』は世界文学ならびにソビエト文学に顕著な地位を占めた不朽の文学作品である。……ドンのまたとない美しい自然を背景に、内部矛盾と階級闘争によってコサック共同体の生活を描いた……。……帝政という異常な歴史的な条件のもとでできあがった旧い伝統が第一次大戦とプロレタリア革命のなかで崩壊していくさまを物語っている。……一九三五年五月六日」

ショーロホフの小説は、南ロシアのドン地方に生きるコサックたちの生活様式、性格、彼らの歩んだ歴史、またドン地方の自然や風俗などに大きな興味を持つ日本の読者を、惹きつけて止まなかった。

左からV・クダシェフ氏　阿部よしゑさん　ショーロホフ夫妻　1935年

日本女性の大きな存在

一九二〇〜三〇年代は、『静かなドン』などが発売禁止になる暗黒の時代であったが、日本でショーロホフの作品が紹介されると、進歩的な作家、社会主義者らの連載記事などで読者を増やしていた雑誌『改造』が、ショーロホフに注目した。『改造』社はモスクワ滞在の阿部よしゑ氏にショーロホフとのインタビューを依頼した。これをきっかけに、この困難な時代にショーロホフと阿部よしゑさんとのホットな交流が始まるのである。

一九三〇年代、ショーロホフと阿部さんはお互いに知り合ったことで、彼は彼女を通して日本を知り、また彼女はラジオや雑誌を媒介にして、日本にショーロホフの作品を積極的に紹介している。

一九三五年の秋にショーロホフは、阿部さんをヴョーシェンスカヤ村に招待し、彼女はここで数日を過し、さらに交流を深めていった。この時のことを阿部さんは中山善三郎氏との対談（『あきた』通巻五二号）で、次のように語っている。「コサックの習慣じゃウオッカを出すのが客への最大のもてなしで、客が飲まないと主人が飲めないと……進め方がまた上手なの……。着いた翌日には狩猟に連れて行かれ……大きな野生のガンを三〇羽も射ち落とし、……こんどは落としたガンの数だけウオッカを飲もう……」

その後も阿部さんとショーロホフはモスクワでたびたび会い、手紙の交換もしている。

阿部よしゑさんは、日本放送協会が『静かなドン』の放送をかたくなに拒否し続けた時代でも、何度も放送局に手紙を書き続け、ついに念願を果たすのである。一九五六年七月二日、東京で『静かなドン』が初めて二時間のラジオ・ドラマとして放送された。これも阿部さんの情熱の賜物に他ならない。

一九六六年にノーベル賞作家ショーロホフの訪日が決まったとき、阿部さんは「彼を出迎えに横浜港に行きたい」と、私に連絡してきた。阿部さんが日本でハープ奏者として、また国際ハープコンクールの審査委員として活躍していたときに、取材を通して彼女と知り合っていた。阿部よしゑさん（一九〇四〜六九）は、東京藝術大学の初代専任ハープ講師であり、東京交響楽団客員を歴任。市川崑監督の映画『ビルマの竪琴』（一九五六年）では、主人公の奏でた竪琴の演奏者であった。

ショーロホフの訪日には、阿部さんの並々ならぬ陰の努力があった。阿部さんはショーロホフの訪日を強く希望し、手紙の中で何度も日本訪問を促していた。ショーロホフは阿部さん宛ての一九六五年の手紙の中で、「さくらの咲くころに日本に行きたい」と返事をしてきた。そして日本文芸家協会が中心になって受け入れ歓迎の準備をし、訪日の運びとなった。

ショーロホフ一行の出迎えには、私も『日本とソビエト』の記者として取材に行くことになっていたので、阿部さんとご一緒した。当日は横浜港埠頭に日本の大手の新聞、雑誌の記者やカメラマンたちが大勢取材に駆けつけていた。ソ連の客船「バイカル」号から降りてくる作家を待って、マスコミの連中はよい場所選びに夢

再会を喜び合うショーロホフと阿部さん　横浜港で　1966年

中になっていた。阿部さんと私はその後方に立っていた。ショーロホフは、大勢の出迎えの中にいち早く阿部さんを探し、直ぐに彼女の元に駆け寄ってきた。阿部さんは花形女優のようにたちまちカメラのフラッシュの渦の中に……日本の雑誌、新聞はロシアの大作家と日本女性の再会を華やかに伝えた。

また訪日した際、土方敬太（当時日ソ協会理事長）氏との会談で、ショーロホフは『静かなドン』で「歴史の変動期における人間の運命を描きたかった」、「私自身ドン河のほとりで生れ、育ったし、また主人公のモデルになった人々も、ドン河のほとりで生れ、生活し、死んでいったのだから、私は非常な愛着を感じている」と語っている（『日本とソビエト』一九六六年五月二五日付け）。

その後、私はモスクワの大学そして大学院で学ぶことになり、阿部さんとは連絡が切れて会うことが無かった。

あれから長い年月が過ぎていた。一九九七年八月、ゴルベンコ館長とルキヤシコ博士が、ショーロホフ

『静かなドンのコサックたちに捧ぐ』　銅像（N・モジャエフ作）の前で

の生地ヴョーシェンスカヤ村へ私たちを案内してくれることになった。私はショーロホフの作品、映画を通して、ドン地方の自然や民族の生活・習慣など多くを知り、ドン地方は一〇代の頃からの憧れ、いつかは訪れてみたかった異境の地であった。またここ十数年、南ロシアを歴訪していてコサックに関係する施設や多くの土地の催し物などで、ショーロホフが深く関わっていることを知り、なおさらこの地方に興味を抱くようになっていた。

ショーロホフとドン地方の深いつながりは、二つの大河小説『静かなドン』、『開かれた処女地』に、ドン地方一帯の村々、河川、植物名が余すところ無く描かれていることからもわかる。ヴョーシェンスカヤ村の起源は『静かなドン』によると、「上流の多くの村の中でも古いこの村は、ドン川左岸の砂地にあり、ピョートル一世時代に没落したチゴナクスカヤ村のあった場所から移されて、ヴョーシェンスカヤと改名された」。

私たちはモスクワ幹線道路でロストフ・ナ・ドヌーからミレロヴオまで来て、そこからヴョーシェンスカヤ方面の自動車道路で目的地に向かう。ここまで来るとショーロホフの故郷、コサックの大地の雰囲気を色濃く醸し出している感がある。ミレロヴオからヴョーシェンスカヤ村に向かう途中、クルジリンスキイ村を通る。ここの小高い丘の上に、彫刻家N・V・モジャエフ作の銅像『静かなドンのコサックたちに捧ぐ』が立っている。これは『静かなドン』の主人公グリゴーリイ・メリホフが、モデルになっている。この丘に立つと、三六〇度どこを向いても地平線まで見渡せる。広大な平野といっても、森あり川あり畑ありのなだらかな高低のある地形が、それらの景色を色濃く変え、また紺青の空が快く旅人を歓迎してくれる。

ショーロホフの孫アレクサンドル副館長

国立M・A・ショーロホフ博物館に着くと、孫のアレクサンドル・ミハイロヴィチ・ショーロホフ（当時副館長　以下、アレクサンドル）が私たちを出迎えた。私は会った瞬間から、彼の持つ不思議な力と親近感に驚いた。それは彼の顔のシンボルのような、鼻の下の三角のひげだろうか。それとも大きな優しさを含んだ目鼻立ちだろうか…私たちは旧知のようにファースト・ネームで話ができた。アレクサンドルは私たちをヴョーシェンスカヤ村で作家と関係ある名所旧跡、博物館などに自ら案内した。ドン川を眼下に見下ろせる絶景に立ち、みんなで記念写真を撮ったりもした。また彼は『静かなドン』で、グリゴーリイとアクシーニヤがはじめて出会った船着場に案内した。そこには小説の二人の主人公の姿が記念碑となって立っている。ショーロホフはこのドン川上流で船釣りをしたり、魚用の笊《ざる》や網を仕掛けたりするのを楽しんだそうだ。アレクサンドルが祖父の身近な生活について話すときは、誇らしげであった。作家が愛用した釣り道具、用

『静かなドン』女主人公アクシーニヤのモデルと言われているO・サルダトワさん　1970年77歳

アレクサンドルさん（右から２人目）の案内で、 ヴョーシェンスカヤ村のドン川の景勝地を行く

具は案内される博物館に展示されていた。そこで見たショーロホフの言葉：「私は自然なしでは生きていけない。それは瞬時に変わる。すべてが自然の中ではまたとないことなのだ。新しい雲、水、草、木々は永遠に。私にとって至福の時は、私が狩りをしているとき……特に川で漁をしているときだ」

天然記念物〝ヴョーシェンスカヤの樫の木〟を見に行く。途中森を切り開いてできた道を通って行くのだが、ショーロホフはこの風景を「彼の著書の中で見事に描いている」と、アレクサンドルは話す。『静かなドン』、『開かれた処女地』の作品に描写されているこの場所は、歴史的・学術的価値があるとし、ロシア連邦文化省、ロストフ州民族議会が、ショーロホフ博物館の風致地区に指定した。

国立M・A・ショーロホフ博物館は、ヴョーシェンスカヤ村の住居・領地、クルジリンスキイ村の生家、一九一〇年まで両親と住み幼少年時代を過したカルギンスカヤ村の家などで構成されている。その他コサックの住んだ伝統的な家屋、納屋、生活様式、習慣などありのままを残し、博物館としている。これらはショーロホフの生涯を物語るだけでなく、コサックの積み上げてきた貴重な文化を大切に保存している。南ロシアの古いコサックの生活、習慣を知る重要な文化財なのである。これらの博物館をアレクサンドル副館長は、丁寧にまた積極的に案内してくれた。

国立博物館と州立・市立博物館とを比較すると、予算が桁違いなので、その博物館が備える設備が違ってくる。それだけにショーロホフが生前果たした役割が、またコサックが多いこの地方におけるショーロホフに対する畏敬の念の大きさが窺える。国立M・A・ショーロホフ博物館は、ヴョーシェンスカヤ村を中心に、さらなる発展を企画している。毎年開催されるフォークロア祭《ショーロホフの春》を、五月末の作家の誕生日と決めている。

作家の子どもたちが語る阿部よしゑさん

ヴョーシェンスカヤ村は、ショーロホフが生涯愛した土地の雄大な自然の息吹を感じさせる。博物館本館の敷地内には二階建て洋館、墓地、果樹園などがある。そこにはロシアのみならず、世界各地からショーロホフのファンをはじめ、小・高・大学生、教師、専門家、作家たちが訪れている。本館のホールには日本語訳書を始め、世界で翻訳されたショーロホフの著書、世界各国からの贈物が展示されている。その中に、日本人からのものもあった。そこには阿部よしゑさんからの贈物と一緒に、彼女の写真、ステップの乾燥した〝不滅の花〟

ヴョーシェンスカヤ村

ショーロホフ夫妻から贈られたヤギの毛のショールを羽織った阿部さん

が飾られていた。この人こそ、三十数年前横浜港で私と一緒にショーロホフを出迎えた阿部よしゑさんだった。私はここで、長い時空を越えて写真の阿部さんと再会し、そして彼女の死を知った。博物館には阿部よしゑさんからショーロホフに贈った絵の下に、不滅の花とショーロホフ夫妻の写真が飾られている。

　私は阿部よしゑさんについてもっと知りたいと思って、二〇〇八年にアゾフ博物館職員（副館長R・ルドフ、自然部学芸員ガリーナ、スヴェトラーナ）に案内をお願いし、彼らと再度ヴョーシェンスカヤ村に行き、ショーロホフの家族を尋ねた。ゴルベンコ館長からの連絡が入っていて、ショーロホフの長男ミハイル・ミハイロヴィチ、長女スヴェトラーナ・ミハイロヴナ、次女マリーヤ・ミハイロヴナが待っていた。前回お会いした孫のアレクサンドルさんは出張中で、残念ながら会うことができなかった。博物館内の小さな部屋に案内された。一九六六年に日本を訪問したときミハイル・ショーロホフに同行した三人が、日本の印象・思い出から話を始めた。日本には一ヵ月滞在し、大阪、奈良、新潟などを歴訪している。

　マリーヤ「とても美しい国で、人々は並外れて素晴らしかった。日本の民芸品を買ってきて、思い出してはみんなに話しているわ。ロシア文学者で翻訳者の原卓也さんとは、モスクワの世界文学研究所で会っているのよ。その原さんがとても親切に日本を案内してくれた。横浜港からバイカル号が離岸し別れのテープを投げたときは、お互い泣いてしまったの。彼とは日本訪問後とても仲良くしています。今でも文通しているわ」。

阿部さんによると、ショーロホフが来日した際、特に関心をもたれたのが「女の人が赤ちゃんをおんぶしている姿をみて、とても良いことだと感心していたわ。西洋のように両手で抱いていては仕事ができないが、おんぶなら主婦の仕事を果たせるって。そしてネンネコが気に入って買って帰られた。下駄も気に入って……」（前述の対談から）

——ところで、阿部さんはどのようにヴョーシェンスカヤ村にいらっしゃったのですか。

スヴェトラーナ「阿部さんは私がまだ幼かった頃で、あまりよく覚えていませんが……ミーシャはまだ三歳で小さかったし、マーシャはまだ生まれていなかったわ」。

子供たちの話では定かでなかったが、阿部さんによれば、「モスクワからロストフまでは飛行機で、汽車で逆戻りして（ロストフ・ナ・ドヌー駅からミレロヴォ駅：筆者）、そこから一日一回しか走っていないバスで一六〇キロ……」を走ったそうだ。

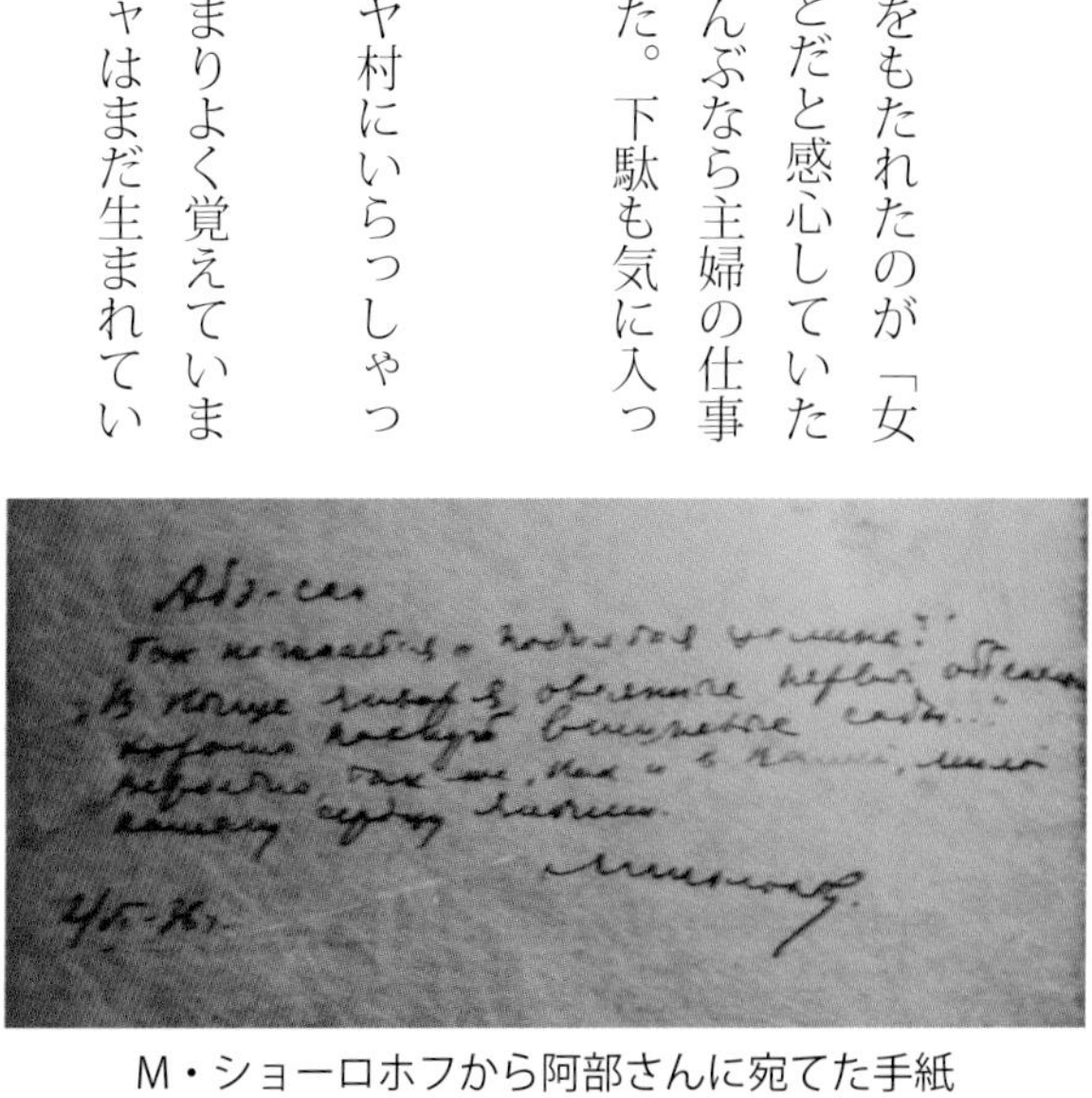

M・ショーロホフから阿部さんに宛てた手紙

「阿部さんはモスクワで、ロシアの有名なハープ奏者オリガ・エルデリのもとで学んでいたの。そして日

左からM・ショーロホフ長女スヴェトラーナさん、孫アレクサンドルさん、長男ミハイルさん

本の雑誌『改造』に頼まれて、パパにインタビューをするため、ここに来たのです。

そしてそのあとも、二人はモスクワの文化公園でしばしば会っていたようです。しばらく文通していましたが、その後消息が分からなくなっていたの。戦時中、阿部さんはフランスにいて、日本に帰ってからまた手紙が来るようになったの。日本の民芸品などが送られてきたわ。原稿料が入ったと、パパに傘を送ってきたのを覚えているわ」スヴェトラーナさんが続ける。

本著執筆中に、『改造』一九三六年二月号掲載のインタビュー「静かなるドンにショーロホフと語る　在モスクワ阿部よしゑ」を入手することができた。それは、阿部さんがショーロホフ一家にどのように迎えられ、四日間をどう過ごしたか、狩りに行ったこと、『静かなドン』にまつわるオペラ、映画に関する彼の率直な意見など、ショーロホフの世界が理解できる貴重な記事であった。

三人の話は続いた。

「あるときロシア女性から阿部さんが亡くなった、という手紙が来ました。その女性はロシア革命のとき亡命し、日本人と結婚して日本に住んでいました。阿部さんはそのロシア女性と親しくしていたようです。阿部さんがヴョーシェンスカヤ村に来たとき、パパとママが彼女にヤギの毛で織ったショールを贈ったの。そのときステップに生えている乾燥した不滅の花もプレゼントしたわ。この花は何年ももつので、彼女はその花も日本に持ち帰って行った。その手紙には、どんな病気であったか、どのように亡くなったか、が書かれてあった。そして阿部さんが亡くなったとき、彼女の願いでこのショールと不滅の花を棺に入れて葬った、と書いてあったのです」。

「彼女はここヴョーシェンスカヤ村に見えたときは若かったが、日本で会ったときはもうかなりのお歳だった。パパと同年輩ではなかったろうか。それにしても大変な時代だった。勇敢な女性だったね」と、長男のミハイル・ミハイロヴィチ。

阿部さんはショーロホフ一家の訪日前から体調を崩していて、国内の案内ができなかった。「だから一家をあげて見舞いにこられた……京都に行く時も新幹線の駅で見送ったら、一緒に行こうといってきかないんです。……『あなたは案内がいやで仮病をつかっている』（笑い）」（前述の

M・A・ショーロホフ博物館に飾られている"不滅の花"

左からM・ショーロホフの次女マリーヤさん　長女スヴェトラーナさん　筆者

対談から）

最後に「パパと阿部さんとは深い友情で結ばれていたように思える」と、三人の子供たちが率直に話した。

三人と話を終えた後、博物館をもう一度見せてもらった。「阿部よしゑさんはここショーロホフの世界で、彼の思い出と共に生きている」と確信した。彼女が一九三五年にショーロホフご夫妻、友人と撮った写真は若き日の記念となった。ステップの不滅の花は永遠の思い出に、彼女の写真と共に今でも飾られている。ショーロホフ家がどれほど阿部さんとの交流を大切にしているか、が窺い知れた。日本とロシアの友情の痕跡は、ショーロホフが阿部さんに宛てた自筆の手紙、また阿部さんから送られてきた説明つき写真「ショーロホフ夫妻が私のために、ドン地方の山羊の毛で特別に編んだプラトークを三〇年以上も大事に大事にしていることを知らせるために撮った写真をM・ショーロホフに送った写真　阿部よしゑ」がある。ここにはお二人の一九三五年からの目には見えない、国境を越えた深い友情の歴史が詰まっているように思えた。

三人の話に心温まるものを感じ、アゾフへの帰り道、阿部よしゑさんを想いながら、私はこんなことを呟いていた。今でこそ自動車が何台も自由に走れる広さに舗装されているが、この同じ道を通って、一九三五年に日本女性がショーロホフを訪れていた。阿部さんはどれほどのご苦労をして、この遠方ロシアの村までやって来られたのか。でこぼこ道ではなかったのか。道中不便は無かったのか。これらの答えは阿部さん自らが前述の中山善三郎氏との対談の中で、ショーロホフの言葉として語っている。「この間逢った時（一九六六年：筆者）にその時の話がでて『あの時、あなたは汗とほこりで泥まみれでしたネ』と笑われたんです」。日本の読者にコサックの大地、「ショーロホフの世界」を伝えるために、阿部さんはどのような困難も乗り越えてやってきたのだ。なんと感動的な行動力なのだろう。私は同じ日本女性として、阿部さんの一途な想い、情熱に努力に深く感銘した。

19～20世紀のコサック農村の生活を展示している博物館

もう一つ『静かなドン』にまつわるエピソードを紹介したい。祈りの反戦歌として一九六〇年代に世界の多くの人たちによって歌われた「花はどこへいった」は、ピート・シーガーが『静かなドン』からインスピレーションを得て作ったものだった。この「花はどこへいった」は西野肇氏（テレコムスタッフ・テレビプロデューサー）によって映像化され、ＮＨＫハイビジョンで詳しく紹介された。

ステップと馬

南ロシアの広大なステップには、紀元前から馬と生活を共に営んできた騎馬民族がいた。ステップに住む人々の生活は、昔も今も馬とのかかわりを切り離すことができない。ステップでは持久力、俊敏な動き、優れた生産力が要求されるが、農業においても、その他の分野でも馬の利用は大である。黒海沿岸と北カフカースの草原において、青銅器時代から鉄器時代への移行期に住民の大移動が始まり、馬の飼養が発展していった。家畜群を守り新しい土地の獲得のため、遊牧民は盛んに戦闘を行なうようになった。それは二〇世紀に至ってさえもどれだけ多くの戦闘、戦争に馬を利用してきたことか。

前七〜六世紀に南ロシア、南シベリアを駆け巡っていたスキタイ貴族の墳墓には、考古学者によると、古代オリエントの匠の手による美術品の副葬と共に、多数の馬が陪葬されていた。また、陪葬された馬は去勢馬であって、一匹の種馬も雌馬も発見されていない、と言う。こ

真冬のステップを駆けるドン地方の馬

「ここが入口です」　ロストフ州キーロフ記念馬匹飼育場

れは、雌は乗馬用として不向きであったから、なのだそうだ。

地方の多くの博物館には、現地で発掘された興味深い騎馬民族の遺宝が展示または所蔵されている。そんな古代文化遺産＝その中に馬勒装飾、馬具装飾がある。死者に伴って古墳に馬具を副葬するのが、南ロシア最初の遊牧民キンメリア人の風習でもあった。

ショーロホフの『静かなドン』でも、コサックと馬との生活描写が多い。コサックが死を前にして思い出すのは、馬なのだそうだ。それはコサックにとって軍刀のようなもの、長い遠征にいつも身近にいる変わらぬ同伴者だからだと言う。

コサックと言えば騎馬兵を指していたほど、日本にはその雷名が轟いていた。数年前日本でテレビドラマ『坂の上の雲』（司馬遼太郎作）が放映されたが、日露戦争でも当時最強と言われていたコサック騎馬兵との戦いの場面が出てくる。

一八世紀以降ロシア国内で乗用馬飼育や養馬場が発展したのは、軍隊、騎兵隊と完全に結びついている。

ドンの血統は均整のとれた、忍耐強い馬で注目されている

ロシアの気候は秋や冬、春の雪の泥濘期が長く続くので、乗馬と言うより馬車馬として利用されていた。

ロシアの数多い馬匹飼育場の一つ、ロストフ州内のキーロフ記念馬匹飼育場に私たちが案内されたのは、一九九九年秋だった。この飼育場の主要な敷地(総面積二二二九平方キロ)は、ロストフ・ナ・ドヌーから一四〇キロ、ツェリナー市から一八キロに位置している。到着して驚いたことは、「ここが入口です」と言われて、馬匹飼育場の看板の前に立ったが、先が見えない。車で敷地内を走るが、しばらく牧草地が続く。やがて頑丈な石造りの本館の建物の前に着いた。この馬匹飼育場の名を冠したS・M・キーロフの銅像が目についた。この建物の中に入ると、若い体格の良い最高指導者ウラジーミル・アヴァネソヴィチ・チェルケゾフが私たちを待っていて、この馬匹飼育場の主な活動と簡単な歴史を話してくれた。——

一七七〇年にドン地方に初めて馬匹飼育場を創設したのが、コサックの首領M・I・プラトフであった。最初は戦利品のアラブ産、トルコ産、ペ

最高の環境で育てられているドンの馬

ルシア産であったが、軍人であった彼のお陰で、徐々に新品種を増やしていった。やがてこの馬匹飼育場は、ロシア産のドンの血統種（カルムイク、トルコ、カバルダ・カフカース、トルクメンの馬と交配）の原産地となる。これらの交配の結果、背が高く、頑丈で、均整の取れた忍耐強い馬が生まれた。これらの馬は自分の主人に忠実であったが、一九世紀半ばには国営化され、戦争や経済などに利用された。ソヴィエト崩壊後は、特に馬術用、スポーツ用の馬を飼育しているが、種馬の飼育にも力を入れている。今では大きなビジネスに発展していて、世界中から注目されている。——

建物の中にはロシア国内はじめ、オリンピック競技などで輝かしい成績を残した馬の写真、トロフィーが並べてあった。

最近のキーロフ記念馬匹飼育場は、牧場や農場を企業化し、さらに発展している。敷地内の馬の飼育の案内は担当者がしてくれた。品種も増えて彼らの誇る馬が披露された。

●第四章●

タガンログとプリモールカ

イタリア、ギリシアの豪商たちが巨費を投じて建設したタガンログの石の階段（版画）

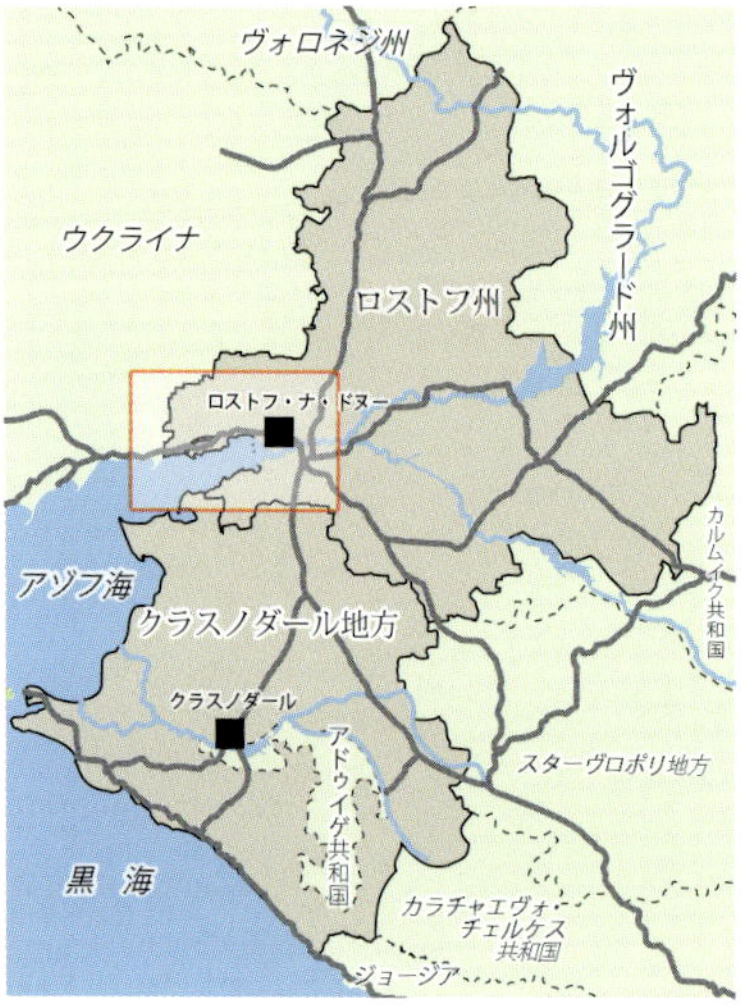
ヴォロネジ州
ヴォルゴグラード州
ウクライナ
ロストフ州
ロストフ・ナ・ドヌー
アゾフ海
クラスノダール地方
クラスノダール
アドゥイゲ共和国
カルムイク共和国
スターヴロポリ地方
黒 海
カラチャエヴォ・チェルケス共和国
ジョージア

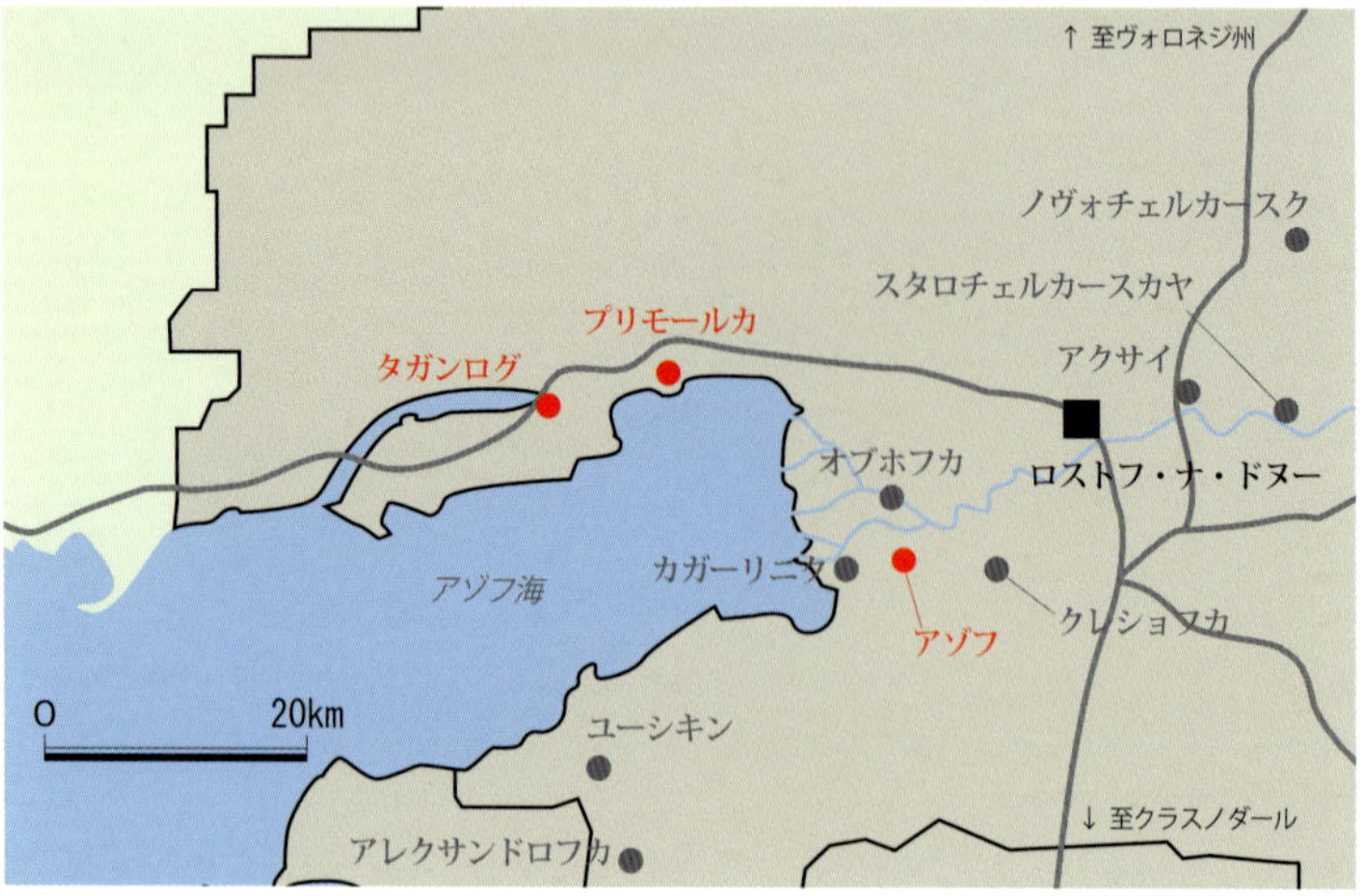
↑ 至ヴォロネジ州
ノヴォチェルカースク
スタロチェルカースカヤ
プリモールカ
タガンログ
アクサイ
ロストフ・ナ・ドヌー
オブホフカ
アゾフ海
カガーリニク
アゾフ
クレショフカ
0
20km
ユーシキン
アレクサンドロフカ
↓ 至クラスノダール

チェーホフを生んだタガンログ

明治時代、チェーホフ作品日本上陸

アントン・パーヴロヴィチ・チェーホフ（一八六〇～一九〇四）は、日本で最も人気のあるロシア作家の一人である。彼の著作は一八八一年から今日まで、繰り返し幾つもの出版社が競って世に送り続けている。『チェーホフ翻訳作品　年表』――明治から現代にいたるチェーホフの翻訳作品（書簡・手帳・日記などは除く）を作品別に整理した榊原貴教《さかきばらたかのり》氏によると、この本で取りあげた作品は五二〇余編にのぼる。

戯曲は毎月日本のどこかで上演されているほど、チェーホフ・ファンが多い。チェーホフはモスクワ大学医学部の学生時代から、複数のペンネームで雑誌にユーモア短編を寄稿していたが、彼がまだ在学中に書いた戯曲『プラトーノフ』一幕ものが、一八八一年に日本で最初に出版された。一八八六年に老作家ドミートリイ・グリゴローヴィチの激励を受けたチェーホフは、本格的に文学作品の創作に取組み、『荒野』、『ともしび』などの作品を世に出した。この二作品とも二年後の一八八八年に、日本でも出版されている。また一八八七年に書かれた長編戯曲『イワーノフ』は、同年翻訳・出版されている。日本人はその他の作品もほとんど出版した年か翌年には、母国語で読むことができた。

A・P・チェーホフ

日本で出版されているチェーホフの作品は、戯曲（『プラトーノフ』、『タバコの害について』、『イワーノフ』、『熊』、『結婚申し込み』、『かもめ』、『ワーニャ伯父さん』、『三人姉妹』、『桜の園』など）、ノンフィクション、短編小説（『かき』、『カメレオン』、『荒野』、『ともしび』、『退屈な話』、『六号室』、『決闘』、『子犬を連れた貴婦人』など）、『チェーホフ全集』、『チェーホフ・ユモレスカ』、『チェーホフ小説集』、『チェーホフ戯曲集』、回想・伝記研究（『チェーホフ研究』原卓也編、『チェーホフの生活』池田健太郎、『チェーホフへの旅』、『チェーホフの生涯』、『チェーホフ芸術の世界』、『チェーホフ劇の世界』、いずれも佐藤晴郎著）などあらゆる形でチェーホフが訳され、研究されている。日本におけるチェーホフについての研究書・著者を紹介するだけで一冊の本ができそうだ。

外国文化とのつながり

タガンログは南ロシア諸都市の中で、歴史的・文化的記念物の多様さにおいて、もっとも重要な位置を占めている都市の一つである。アゾフ海沿岸に港湾を作る絶好の場所として、ピョートル一世が選んだのがタガンログの岬であった。皇帝はここに防衛施設要塞、造船基地を作ることで航海貿易、都市の繁栄、人口の増加を保障した。同市は州都のロストフ・ナ・ドヌーから七〇キロの位置にあり、前三世紀初頭にはギリシア植民都市のタナイスが近かったこともあり、このステップの遊牧民族（スキタイ、サルマタイ、アマゾンなど）の墳墓が多数発掘されている。このタガンログ沿岸は、シルクロードのギリシアとヴェネツィアの商人たちの出会いの場でもあった。

一九世紀中葉の貿易港タガンログは、廉価な商品や労働力で賑わい、ロシア南部の港に到着する商品の四〇パーセント以上が、この港経由で運び込まれていた。その利益は莫大で、ロシアの商人だけでなく、おびただしい数の外国貿易商人（主にギリシア人）がここにやってきた。その中から何人もの富豪が生まれた。また一八六八年にはハリコフ（ウクライナの都市）へ、また一八七〇年にはロストフ・ナ・ドヌーへ鉄道が開通した。このことによってタガンログ市の経済市場は、より活発になっていった。経済の発展に伴い、文化面でも新しいページを開き、南ロシア諸都市の羨望の的となった。

タガンログで莫大な富を得たイタリア、ギリシアの豪商たちは、当時の地方都市では珍しい四輪馬車を乗り回し、ヨーロッパ・スタイルで身を飾っていた。彼らはこの街に大邸宅を建て、また、豪商たちはこの市の石造建築、教会や聖堂、劇場、石の階段建設に惜しげなく巨額の資金を投じている。一八七〇年代には富豪のギリシア人らによって、さまざまなイタリアのオペラ劇場のタガンログ公演が実現している。また、タガンログ・ドラマ劇場（一八六六年）は、イタリアの建築家K・ロンデロンとロシアの建築家N・トルソフが設計した。それはミラノ・スカラ座の建築様式を取り入れたもので、特に劇場内の音響効果は際立っていた。

チェーホフは、少年時代をロシアと外国文化に触れることのできたタガンログで過ごした。彼は演劇の世界に特別な興味を抱き、才能を開花させて行った。チェーホフは一三歳のとき、オッフェンバックの『麗しのエレーヌ』の上演を見て、すっかり演劇の虜となった。当時、タガンログ市の劇場では、国内外の名作＝『ハムレット』、『検察官』、『知恵の哀しみ』などが上演されていた。オペラ、オペレッタをはじめ、ドラマ、喜劇ものの他、子供たちには観劇を許されてない出し物もあり、学校は生徒の劇場への出入りを禁止していた。しかし、チェーホフは演劇好きの友人と一緒に変装し、監視の目を潜り抜けて観劇した。

若きチェーホフはこよなく愛した劇場について、A・S・スヴォリン宛の手紙（一八九八年三月一三日）で、「劇場は私に以前、多くの良いものを与えた。まずは私にとって劇場に坐っているときほど、愉悦で楽しいことはなかった」と、書いている。この劇場は、一九四四年にA・P・チェーホフ記念タガンログ市立ドラマ劇場と改名された。

「チェーホフ家の商店」博物館

公共図書館（現A・P・チェーホフ記念市立中央公共図書館）、また市の繁華街には高級レストラン、カフェ、ビヤホールのあるホテルが建ち、当時のレストランでは珍しく音楽が演奏されていた。一八九九年にはタガンログに高級ホテルからラブホテルまで、一六のホテルがあった。そんな街でチェーホフは生まれ、少年時代を送っている。祖父エゴール・ミハイロヴィチは、トルストイの著書の発行者であるチェルトコフ家の農奴であったが、刻苦勉励蓄財に努めて自由を得た。父パーヴェル・エゴーロヴィチはすでに自由な市民として、一八五七年にタガンログに店を構えていた。その店は、街と港を結ぶ賑やかな通りにあった。通りは絶え間なく荷馬車が活発に行き交い、絶え間ない車輪のきしる音、機関車の汽笛などが聞こえていた。

外国文化の華が開いていたタガンログを見聞、見学したならば、この都会生活がチェーホフの作家、戯曲家としての才能を開花させたのもうなずけよう。

チェーホフの少年時代

一九九八年八月、アゾフ博物館のゴルベンコ館長とイワンが、私たちをタガンログに案内してくれた。今回はチェーホフが幼年時代を過ごしたタガンログとはどのような街であったか、また作家にどのような影響を与えたか、などを知る絶好の機会であった。

チェーホフを語るN・ロマンチェンコ校長（右）

私たちはタガンログ市でA・P・チェーホフ記念第二ギムナジウム（帝政ロシアの中学校　古代ギリシアのギムナシオンに由来）のナジェジダ・イワーノヴナ・ロマンチェンコ校長を訪ねた。彼女はギムナジウム内を自ら案内し、チェーホフの学んだ教室、併設されているA・P・チェーホフ文学博物館を熱心に説明してくれた。それは公立商業ギムナジウムとして、一八〇六年に特別市長（県知事待遇）のアイデアで創立された、南ロシア最古の教育機関であった。チェーホフ生誕七五周年を記念して、現在はチェーホフ記念第二中学校になっている。帝政時代この中学校では、次のような科目＝美学、修辞、道徳、法学、数学、物理、工学、心理学、哲学、論理学、歴史、統計学、商業、会計学、製図、古代ギリシア語、フランス語、ドイツ語、イタリア語、ラテン語などがあった。この学校の生徒たちが、いかに広範囲な科目に接し、それらがどれほど若者の人間形成の礎となったことだろうか。

「この学校は南ロシアの最古の教育機関で、当時

「チェーホフの家」博物館

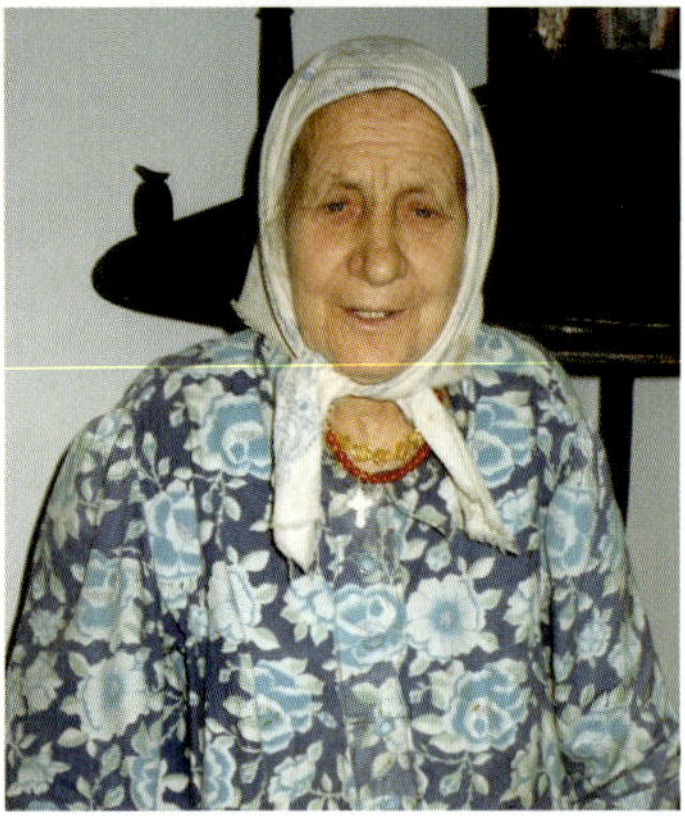

のしっかりした教養と教育を身につけさせていた」と、ロマンチェンコ校長は語った。この学校の八年生を卒業すると、ロシアのどの大学でも無試験で入学、または外国にも留学ができたというほど権威があった、と言う。

タガンログ市には、チェーホフの生い立ちに関係する博物館がいくつかある。「チェーホフの家」博物館は、小学生たちが社会科、文学の授業によく訪れている。ここで私たちは、彼の家の世話をしていたという物静かなおばあさん（写真）に会った。ご健在であったのが何より嬉しく、記念撮影をさせてもらった。少年チェーホフが父パーヴェル・エゴーロヴィチの食料雑貨店で店番をさせられていたその店も、今は「チェーホフ家の商店」博物館。

また同市には芸術作品、出土品などの収蔵において、南ロシアで最も興味ある博物館の一つとされている統合博物館「タガンログ国立文学及び歴史・建築博物館」がある。この統合博物館は、七つの博物館で構成され、同市の歴史、文化及びチェーホフの文学作品や生涯について研究し、公開している。二〇一〇年には同

アルフェラキの宮殿

統合博物館を基盤に、南ロシアA・P・チェーホフ学術・文化センターが創立された。また、歴史・郷土博物館の建物は、一八四八年にサンクト・ペテルブルグの建築家A・I・シタケンシネイデルの設計によるもの。これは露土戦争（一七六八～七四年）で功績を残し、エカテリーナ二世にタガンログの広大な領地を拝領したN・D・アルフェラキの宮殿であった。このアルフェラキ家は、政治家、学者、作曲家を世に出している。そんなことからアルフェラキの宮殿には、作曲家ムソルグスキイはじめ、モスクワ演劇界の巨匠シェプキンらが訪れている。

歴史・郷土博物館の収蔵品には、この地方の歴史がぎっしり詰まっている。その一つに、アゾフ海のタガンログ湾の切り立った岸辺にあったベグリツキイ墓地の出土品がある。その墓地の大半は盗掘されていたが、それでもこの博物館には、充分な出土品が納められている。その主なものがアンフォラで、前四世紀頃の古代ギリシア植民都市のものが多く、黒像式陶器なども出土している。これらからこの地方の歴史がひも解けて、よりタガンログの歴史に興味を掻き立てられた。

プリモールカ再訪

ドン川沿いの魚道

ゴルベンコ館長が、母親の住むプリモールカ村へ帰ると言うので、ついて行った。プリモールカはアゾフ海沿岸に面し、アゾフ市の対岸に位置している。チェーホフの生誕地タガンログ市の隣村である。二年前の一九九七年の夏にもお邪魔してチョウザメ・スープをご馳走になり、その漁の船にも乗せていただいた、思い出多いところである。ゴルベンコ館長の運転で道中のクルガンや聖堂の建物・遺跡などに寄りながら、写真を撮りつつ楽しい旅となった。

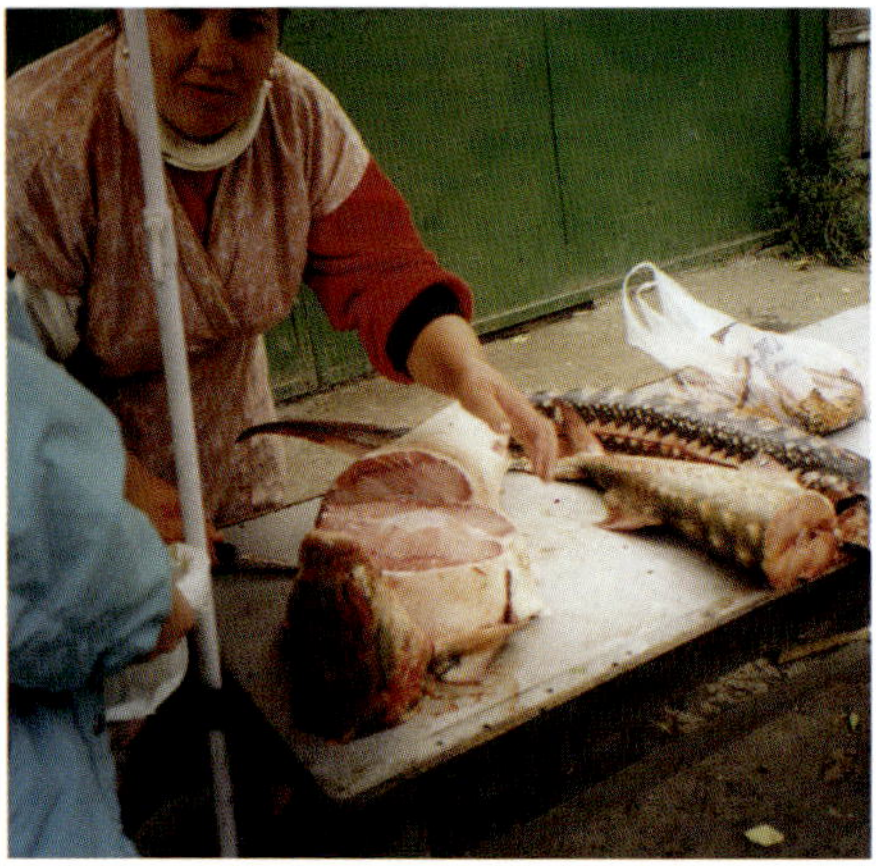
魚道のチョウザメの切り身売り

アゾフ市を出て三〇分程走ると、ロストフ・ナ・ドヌー市郊外のドン川沿いの通りに出た。ここは魚道と言われるほど、家の門前にはコイ科の魚が一夜干しされていたり、鮮魚がまな板の上に並べられたりしている。彼らは車の客を目当てに商売をしている。売っている魚の名前や絵を書いた看板には、ドン川で捕れるチョウザメ(*Acipenser güldenstadti*)、そしてその卵であるキャビア、コイ科の魚、ザリガニなどがあった。

ロストフ・ナ・ドヌー市郊外を抜けると、しばらく両側にポプラ並木が続く。ポプラはすんなりした背の高いもの、横に枝を広げたものなど五種類ほどが風除けや景観、区画などの目印として植えられている。ポプラ並木の間からは、この周辺特有の黄緑色の絨毯を織りなしているようなヒマワリ畑、刈り取られたばかりの明褐色のトウモロコシ畑が延々と広がっているのが見える。そんな景色が突然消え、町が見えてきた。そこで新しい高級住宅の建設現場を目にする。「数カ月前まではヒマワリ畑だった」と、館長が呟いた。シャシルイク、ビール、コーヒーなどの看板がだんだん多くなっていく。大きな邸宅も銀行もある。道路には玉ねぎ、スイカ、魚、油などが並べられ、売られている。そこはチャルトィリと言うアルメニア人の集落だった。ロシアでは「アルメニア人はユダヤ人、日本人と同様に勤勉家であり、商魂逞しい民族」と言う人が多い。アルメニア人はアルメニア国内以外に、カフカース諸国（アゼルバイジャン、ジョージア、アブハジア）の各地に居住していることは知られている。しかし、ロストフ州の片隅になぜアルメニア集落なのか、館長に尋ねてみた。

後日館長は、一七七四年にロシアがアゾフ領を獲得し、その地方にクリミアで農耕を営み、経済活動の主力となっていたギリシア人、アルメニア人を移住させた際の資料を持って来てくれた。

アルメニア人集落や前三世紀からギリシアの植民都市として栄えたタナイスの遺跡を後にして、幹線道路をさらに進んで行く。この辺に来ると、起伏が著しいところが多く見られる。しかし、どこまでも澄んだ青い空に、真っ白な夏の雲が静かに流れていて、さまざまな天空模様を描いている。それが、一層未知の世界への夢を掻き立てる。枯れた茶褐色の広大なトウモロコシ畑に、一際目立ってクルガンが聳えている。その畑の端に、目的地を示す「プリモールカ」と書かれた標識があった。館長にとっては馴染み深いものである。彼のこの土地の説明にも、徐々に熱が入ってくる。この辺一帯は、なだらかな斜面が幾つも重なり合っていた。坂を登りきったところからは違った顔の畑が、そして海が広がって見えてきた。

「ほら、あれがアゾフ海。その先に見えるのがタガンログ港だ」と言って、館長は嬉しそうに母親の住む村の方を指差した。目的の村は近くにあった。プリモールカにはタガンログとロストフ・ナ・ドヌー両市を結ぶ鉄道が走っている。広い菜園には梨、ブドウ、リンゴ、スモモなどの果樹が植えられている一軒家が建ち並ぶ。アヒルが群れを成して屋敷を飛び出し、車道の脇の草地をよちよち歩いている。何とものどかな田舎の光景である。

絶品！ チョウザメ・スープ

ゴルベンコ館長の弟イワン・アレクサンドロヴィチの孫アントン（小学校三年生）が、アナトーリイおじいさんの来訪を垣根で待機していた。到着の車の音を聞いて、真新しいスカーフを被った母親ワルワラ・ステパノヴナ、弟夫婦も庭先に出てきた。「元気だったかい？ 心配していたよ」と、老いた母親が嬉しそうに息子のアナトーリイの頬にキスをし、彼も力一杯老母を抱きしめた。それに続いて彼女は私たちにも同じようにキスをし、私たちとの再会を喜び抱きしめた。これはロシアのどの地方でも見られるあいさつだが、またお互いの親愛の感情を確かめ合う、重要なセレモニーでもあるのだ。ここの屋敷には母親の母屋と弟イワン一家の住居の他に、家畜小屋、魚乾燥小屋などがある。日常食べる野菜はすべて自家栽培、そのための菜園も庭も広い。鶏アヒルは放し飼いにされている。

二年前と何ひとつ変わっていないように見えた。ここで思い出されるのは、なんと言っても前回ご馳走になったチョウザメ・スープである。それと、その漁のためにアゾフ海に連れていってもらったことだ。一昨年、館長の弟イワン・アレクサンドロヴィチが、スープ用にと一メートル近いチョウザメを入手してくれた。その時の写真を今回持ってきた。このスープのチョウザメをさばき味付けするのは、この地方では男性の仕事である。チョウザメは表面の皮は堅く、背と両横に帯状に黄茶色の紋様の突起がある。それさえ除けば、太古のままの軟骨

アゾフ海で捕れたチョウザメ　1997年

で大きい魚にしては包丁が入れ易い。
このチョーザメ・スープはモスクワやサンクト・ペテルブルグなど、どのレストランのメニューにもあるが、いずれも高価だ。この高級なスープは、留学時代から何度も賞味をしていて、その味を知っていたつもりであったが、館長の実家でご馳走になったものは、これまで味わったものとは、美味しさに格段の差があった。この家のスープは、ウオッカのつまみにも成ると言われるほど味が濃く、美味しい。チョウザメの脂が程良く野菜と調和しているのに驚いた。料理法もそれほど難しくはないように思えた。最初にジャガイモとチョウザメの切り身、玉ねぎ一個を丸のまま入れ、煮立ったら切った玉ねぎ、菜園から摘んできた香味野菜などを入れるだけである。しかし、新鮮な魚と菜園の野菜の絶妙な味が引き出されていて、絶品であった。
また、前回はチョウザメ漁をみるために、アゾフ海に出た。到着したその日の夕方、漁師が朝仕掛けたチョウザメ漁の網を引き上げるため船が出るというの

チョウザメ漁の網の引き揚　アゾフ海

で、彼らに同行させてもらった。アゾフ海は潮が引くと一〇〇メートル以上も浅瀬が続く。一番深いところでも数メートルだ。そんなわけで船は岸からかなり離れたところに停泊していて、船までは膝上までのゴム長靴で海中を歩いて行く。船が航行しているときにかかる波をよけるために、上着は雨合羽のようなものを着る。一隻に漁師は四人。仕掛けてある網は、沖からは見えない。波がかなり高く、赤く燃えた夕陽が遠くから海に映えていた。網が見えてきた。網を仕掛ける棒が数本海底に刺してあって、その漁法は「日本人から教えられた定置網」だ、そうだ。最初の定置網には小さいが、チョウザメ科の魚が数匹と、小魚がかかっていた。そんな楽しい出来事が、昨日の様に思い出されてきた。

アゾフ海の水が消えている！

今回は風の影響で船が出せないほどアゾフ海の海水は沖合へと運ばれていて、まるで年中干潮のようだ。信じがたい光景である。一〇〇メートル、いやもっとその先に船が止めてある。そこまで漁師は、足の付け根まで

干潮時の海は遠浅が続く

の長靴を履いて軽々と海を歩いて行く。海水量が少ないのでチョウザメ漁は中止されていた。A・V・ダリンスキイの著書『ロシア』によれば、アゾフ海は黒海の約二〇〇〇分の一の水量だ。アゾフ海盆は氷河期に干上がり、ドン川が現在のアゾフ海の凹部の底を流れ、現ケルチ海峡近くで黒海に流入していた。幅三キロ、深さ約七メートルの狭く浅いケルチ海峡を通って、黒海とアゾフ海の間で水の交換が行なわれている。同時に、黒海からアゾフ海へ流れる水よりも、小さいアゾフ海から大きな黒海に流入する水の方が多い。アゾフ海にはここで産卵し黒海で越冬するような海水魚もいれば、スズキなどのような淡水魚もいる、とある。

「今年はチョウザメ・スープをご馳走できないけど、代わりにペリメニ（水餃子）、家鴨の丸焼きを作ったのよ」と館長の母親は、私たちががっかりしないように気をつかって言った。前回ご馳走になったチョウザメ・スープは、漁が中止でチョウザメが捕れないため、高値がついていた。食堂のテーブルには、すでにご馳走が並べられていた。食べ盛りのアントンが客の坐る

豊かであった漁民の生活が一変した

のを待ちきれず、テーブルの料理に手を出し、つまみ食いした。と、その瞬間「こら！この子ときたら！」老婆の罵声が飛んだ。それはウクライナ語であった。この地方にはウクライナ人が多い。ここの家族もウクライナ人であった。彼らはロシア語とウクライナ語で話すが、隠語や罵倒語はウクライナ語であった。彼らの勢いのよい言葉使いとジェスチャーが無ければ、彼らの会話は皆目理解できないが、雰囲気がそれを助けてくれた。

漁業コルホーズが買収された

この村の人口は約六千人。ソヴィエト時代はそのほとんどが、漁業コルホーズ員であった。この家の主人イワン・アレクサンドロヴィチもまた、前年までは漁業コルホーズで働いていた。この漁業コルホーズはアゾフ海、黒海の漁獲だけでなく、魚の加工業、養鶏、畜産業、縫製工場など多角経営で成功を収めてきた。ソヴィエト時代から収益も多く、ロシア国内でも名の通った漁業コルホーズであった。アゾフ海は水深の浅いこと、塩分が少ないこと、水中の酸素が豊富なことで海中のプランクトン、生物の成長が良い。ロシアのどの海域よりも漁獲量が高かったのは、そのお蔭であった。

村で会った元漁民たちは「ソ連邦崩壊後は、どの地方でも収益の多い企業や組織が中央の実業家にまず目を付けられ、誘惑され、金銭に弱い地方の幹部らが丸ごと買収されている」、「プリモールカの漁業コルホーズも例外ではなかった」、「コルホーズ議長が漁に必要な船も土地も売り払ってしまった」、「こうしてこれまでの大漁業コルホーズは音を立てるように崩壊し、多角企業も次々に消滅していったのさ」、「共倒れになって、漁民はじめ各企業の労働者は職を失ってしまった」と、海に生きてきた男たちが、実際に味わっている問題点を忌憚なく話してくれた。その嘆きは私の胸に重く響いた。

漁獲量の減少する要因が書かれた小冊子『アゾフ海』（一九八七年）がある。アゾフ海に流入する河川水に含まれている薬剤、さらに過剰に施される化学肥料、すなわち窒素含有物（硝酸塩）やリン酸塩が海中に沈殿し、アゾフ海に藻が生える結果となる。藻類は魚のえらをふさぎ、呼吸を困難にする。その他、藻類の消滅期と繁殖期に水中の酸素含有量が急激に減少する。これら全てが、アゾフ海の生態環境を狂わせ、危機的状態にしている。——と警鐘を鳴らしている。

かつては国内一を誇ったアゾフ海の漁獲量も、いまではその面影すらない。漁業コルホーズ員であった村民の多くが、今ではブローカーからヤミの魚を買い、干魚にし、市場で売っている。ヤミの魚をおびえながら買い、またそれを見回る警官に発覚しないように神経を使う。こうして数年前までは豊かであったどの家庭も、漁民の生活は一変した。生きるためには、何かをしなければならない。この村では、手短なのがアゾフ海で捕れた魚をブローカーから買い、それを干魚にして、自由市場で売ることだ。最初の頃は魚を庭先で乾燥していたが、その後は、どの家庭でも乾燥小屋を敷地内に建てて、周りに目を配りながらの生活となっている。

高麗女性《コレヤンカ》との出会い

バラック生活

ゴルベンコ館長はアゾフ市近郊のクルガンに私たちを案内した後、発掘現場近くのプランテーションでスイカを栽培しているという、高麗人捜しに車を走らせた。広大な農場で人を捜すのは並大抵のことではない。畑道を車で三〇分ほど走らせ、ようやく用水路で遊んでいた子どもたちに出会えた。「高麗人ならあっち」と指を差した方向にまた車を走らせ、やっとの思いでバラックを見つけた。そのバラックは、私がこれまで見たこともない粗末なものであった。車を止めて館長がバラックに入って行き、「スイカはないですか」と尋ねた。若い娘が出てきて、「ママが畑にいるので聞いてみるわ」と言う。その娘の後に付いて行ったが、どうやら館長の訪ねた人ではなかったようだ。広大な耕地は草がぼうぼうで、何が栽培されているかわからないほどだ。畑道でしばらく待つと、真っ黒に日焼けした野良着姿の高麗女性が、背丈ほどの草の中から出てきた。彼女は表情ひとつ変えないで「リューダ」と、ぶっきらぼうに名乗った。

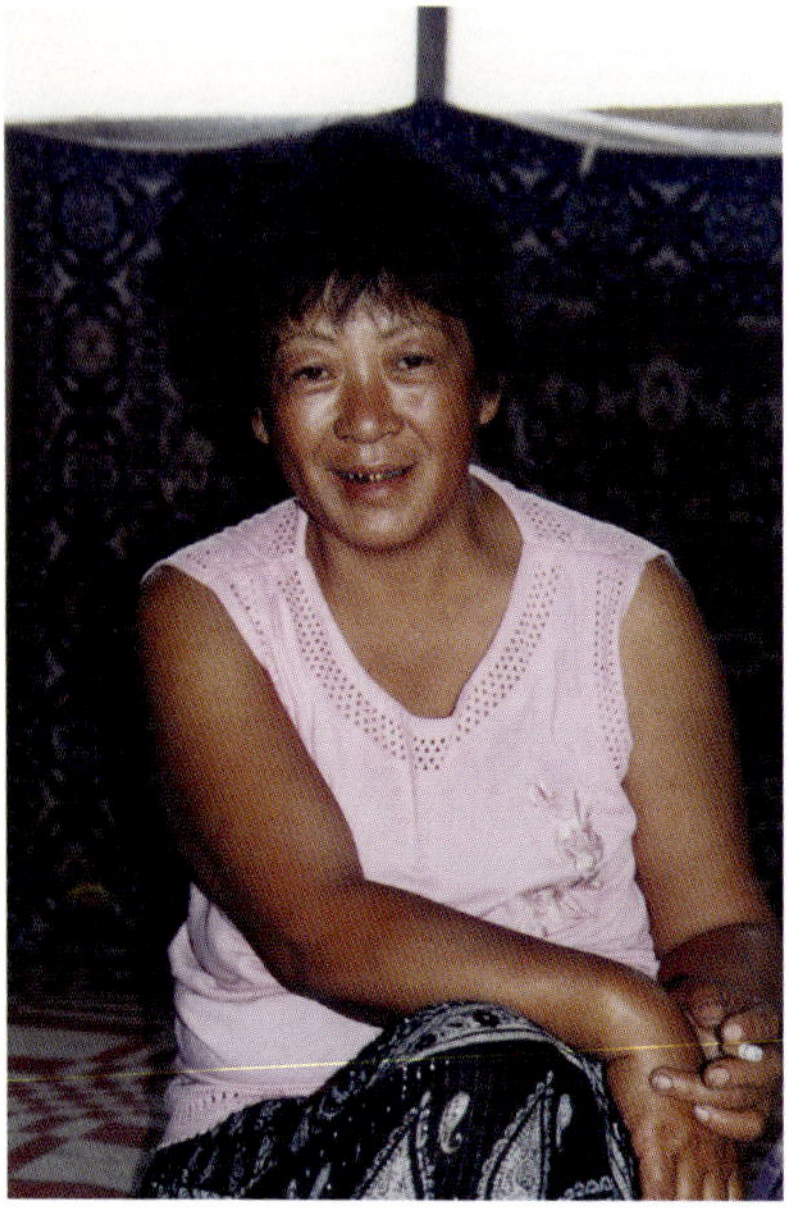
ロシア育ちの高麗人リューダさん

リューダはゴルベンコ館長と話しを始めると、道端に腰を下ろしタバコを吸い始めた。彼女は館長に農場での生活を話した後、ほんの数カ月前に孫を亡くし、

高麗人の玉ねぎプランテーション

悲嘆にくれていることなどを打ち明けた。遠くで遠慮がちに話を伺っていたが、私も彼女に近づきあいさつした。リューダは帰りに「スイカは都合つけてあげましょう」と言って、自分たちがアルバイトに使っているロシア人に、スイカを持ってくるよう指示した。二人のロシア男性が、麻袋にスイカを入れて重そうに運んできた。リューダは「私たちは隣国同士よ」と言って私の手を握り、一〇個ものスイカを無料でくれた。

それから数日して、私はリューダにもう一度会ってお礼を言い、彼女の話をもっと聞きたいと思った。その旨を館長に言うと、彼は私の意見に賛成し、リューダに伝えるために、わざわざ彼女の家を訪ねてくれた。「畑仕事が終わった後ならいつでもいい」と、言うことだった。

数日後の夕暮れ、館長にまた車を走らせてもらった。耕地に真っ赤な夕陽が沈みかけていた、七時過ぎであった。バラックの前でアルバイトのロシア男性二人とリューダが、玉ねぎを大・中・小に分けて、何十キロも入る麻袋に入れていた。真っ赤な唐辛子を紐で縛って、小屋の前に吊るしてあった。

リューダは私たちを見ると大変喜んで、バラックの中へ招いた。中には電気が無く、娘がわずかな夕陽の光を頼りに、夕食の用意をしていた。この小屋に入ってすぐ右側に食事をする低いテーブルがあり、数歩でプロパンガスの台に突き当たる。それを挟んで、両脇にリューダ夫婦と娘夫婦の寝台がある。小屋の中にも真っ赤な唐辛子が吊るしてあった。このバラックでの生活は、ロストフ州の大農場を借りて野菜を栽培している三月から一〇月までの期間だけである。彼らには数百キロもモスクワ寄りのカーメンスク・シャフチンスキイ市に、れっきとした住居がある。ここの小屋は、いわば遊牧民が季節ごとに移住するユールタ（天幕）のようなものだった。

ロシアへの移民は一六世紀から

高麗人がロシアに住むようになったのには、幾つかの理由があった。一六世紀にロシアの極東・沿アムール地方に食糧難のため、「いやもっと以前にもこのような命知らずの移民はいた」（『苦難の道』モスクワ高麗人協会モスクワ　一九九七年）との記述がある。リューダの話によると、彼女の祖先は、朝鮮から一二〇年前に極東にやってきた。そして祖父の時代に極東から中央アジアのタシケントに移った。リューダの母親が一九四一年にロシアのロストフ州に移り、リューダたち兄妹はそこで生まれた。そこはウクライナと隣り合わせにあり、彼女たち兄妹はウクライナのザポロージエ市（ウクライナ南東部ドニエプル河畔の都市）の学校に通った。

「高麗人は高麗人同士で結婚をし、私たちの若い頃はロシア人との結婚は許されなかった。でも私の娘はロシア人と結婚をしているわ。時代が変わったのよ」とリューダは苦笑した。部屋が暗いため、書取りができないのでテープレコーダーを出して話を聞いていると、そこにリューダの夫が畑から帰ってきた。いきなり「K

GBから来たのか」と言い出し、私は呆気にとられた。すると、リューダは夫に「出ていけ、失礼な！」と怒鳴りつけた。「夫は、今年の七月に孫が小屋の前の運河で溺れてから、ああして毎日飲んでいるのよ」と、リューダがこぼした。しかし、私には彼らが外国人であるが故に、これまで耐え難い思いをさせられ、人の目を気にし、まわりに注意を払って生きなければならなかったのではないかとさえ思えて、怒る気にはなれなかった。「気にしないで、何でも尋ねていいのよ。酔っぱらっているのよ」とリューダは私に優しく言い、タバコを吸いながら話した。――

コルホーズの土地を借り野菜づくり

――土地はどこから、何ヘクタルくらい借りているのですか

L「まず、例えば、『玉ねぎをどのくらい作りたい』という計画書をコルホーズに提出するの。そして一ヘクタルにつき三〇〇〇ルーブルを払い、それ以上の収入があれば、それは自分たちに残るわけですよ。」

また、リューダは、親族ばかり七家族で二八ヘクタルを借りて、玉ねぎ、スイカ、トマト、キューリ、マスクメロンなどを栽培していること、この辺一帯はほとんどが高麗人たちの畑で占められていること、三月に来て苗を植え、草取りの時期は朝の五時から夕方九時まで働き、そして玉ねぎの収穫が終わる一〇月までいるが、畑に出ない日は収穫したものを市場に持って行き、売ることなどを話した。

――この辺の住民はロシア人、ウクライナ人が主ですが、彼らはこのような広大な土地があっても、高麗人がいなかったら何も収穫されないだろうと。美味しい玉ねぎを食べられるのも、あなた方高麗

人のお蔭だって、言っていますよ。

「そうね、ロシア人はちょっとだけナマケモノね。彼らも私たちと同じように土地を借りているけど、朝五時から夜の九時まで働いたことなんて、一度だって無いわ。ロシア人は社会主義体制時代に生産現場で休むことに慣れていたでしょう、でもここではそうはいかないのよ。畑では除草の時期を見逃すと、草がぼうぼう生えて大変なことになるの。一ヵ月働いて一一ヵ月休んでいてはダメね」と、リューダのロシア人に対する言葉は厳しかった。

リューダ、あなた方はなぜカーメンスク・シャフチンスキイ市にちゃんとした家がありながら、こんな遠くで不便な生活をしているの？

「ここの土地は南部の土地で肥沃な黒土地帯なの、作物作りにはもってこいよ。あっちの土地はやせていてダメ。ここで収穫したものを売りさばけば、冬は家で何もしないでいられる。でもね、冬にお金が無くなると、朝鮮の民族料理を作って、あちらの市場で売るの。よく売れるのよ、とくにニンジンを細く切った料理がね」。

ミニバザール

これは〝ニンジンのきんぴら〟のようなものだ。リューダは自分たちの民族料理の作り方、自分たちが毎日食している自家製醤油の作り方も丁寧に教えてくれた。ロシアに住んでいる高麗人たちは、冠婚葬祭はじめ、年中行事、儀式をすべて朝鮮の民族伝統に則って行っている。

話に夢中になって時計を見ると、九時になっていた。家の中も畑も真っ暗であった。夫が酔っぱらって、何度も出たり入ったりしていた。家族全員が夕食を食べないで、私たちの話の終わるのを外で待っていた。夕食を待たされていた家族から、リューダが集中攻撃されたことを後日知った。リューダは帰り際に、「今度は昼間来てね。民族料理を作るから」と、親愛を込めて私の手を握った。ロシアに住む高麗人はさまざまな歴史のページに翻弄されながら、ある時は誇り高く、またある時は迫害を受け悲嘆に暮れながら、それでもいつも雄々しく、かつ逞しく生き抜いている。

ロシアに住む高麗人の手で出版された『苦難の道』によると、一九世紀に現在の北朝鮮とロシアの国境地帯の住民が、生きるためにロシアの極東地方に逃れてきた。朝鮮が日本の支配下にあった二〇世紀はじめ、朝鮮人のロシア極東地方への亡命者の数は急激に増えた。また一九三七年にはスターリンらによって、極東の朝鮮人を日本軍のスパイにさせないため、彼らは中央アジアのタシケントへと強制移住させられている。

私はモスクワの女友だちのコレヤンカを訪ねて、ロシア語で「コレーエツ」をどう訳したらよいか聞いた。「私たちコレーエツは単一民族です。しかし今日、南ではコレーエツを『韓国人』、北では『朝鮮人』。ソビエト時代からわが同胞は、自分たちを『高麗人』と呼んでいます。ロシアのコレーエツたちは、現在でも、みんな高麗人なのです」と言う。そんな訳で、この稿は高麗人で統一した。

◉第五章◉

釣り、狩り、そして剥製

ドン川のデルタ（自然保護区）の馬の群れ

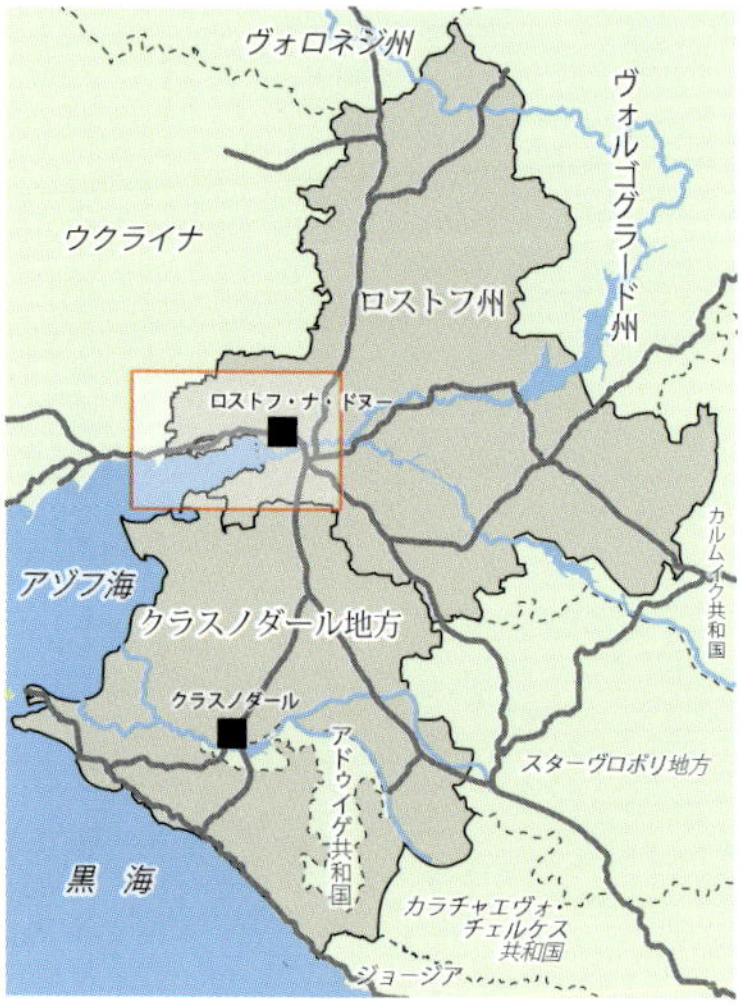
ヴォロネジ州
ヴォルゴグラード州
ウクライナ
ロストフ州
ロストフ・ナ・ドヌー
アゾフ海
クラスノダール地方
カルムイク共和国
クラスノダール
アドゥイゲ共和国
スターヴロポリ地方
黒 海
カラチャエヴォ・チェルケス共和国
ジョージア

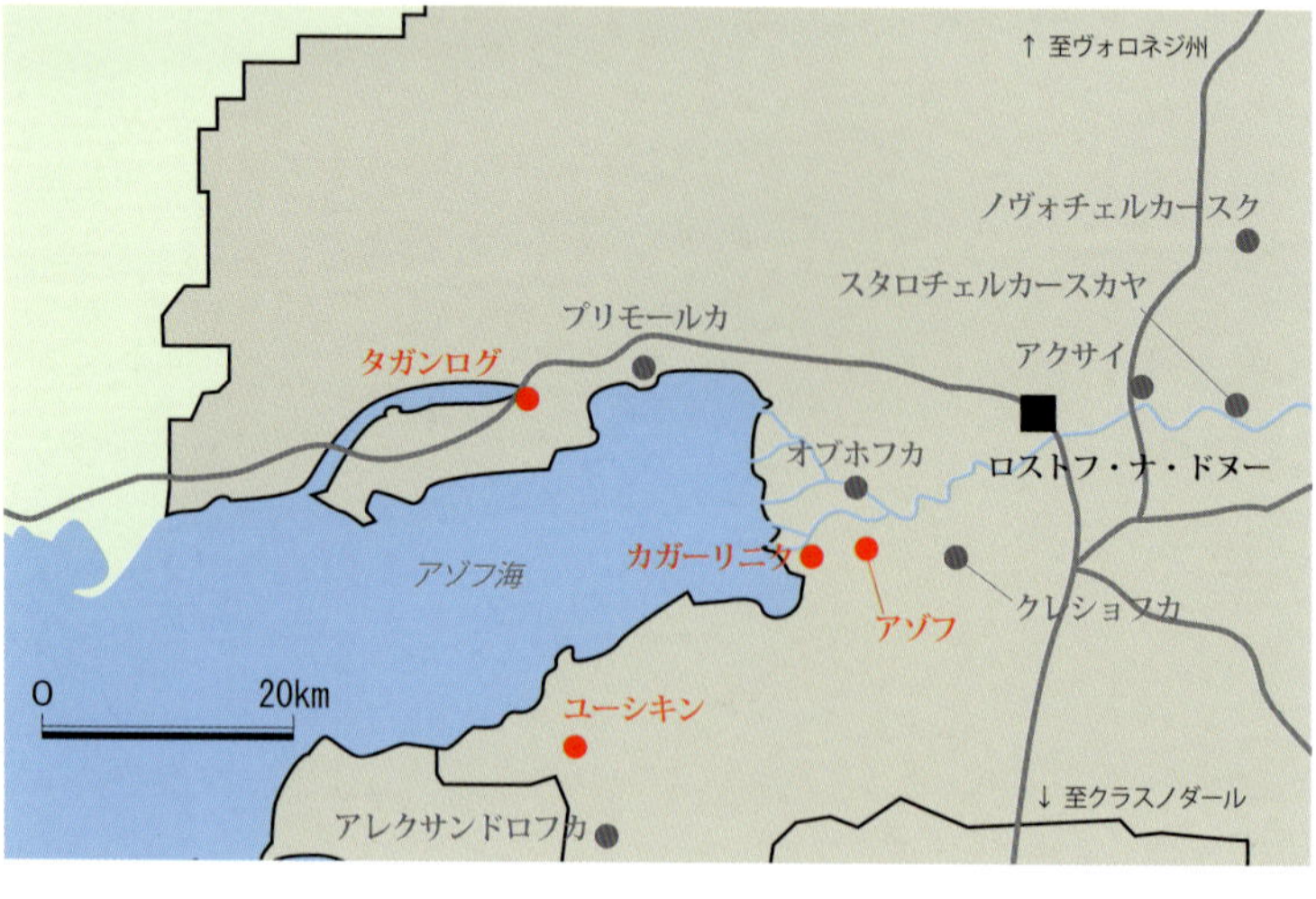
↑ 至ヴォロネジ州
ノヴォチェルカースク
スタロチェルカースカヤ
プリモールカ
タガンログ
アクサイ
ロストフ・ナ・ドヌー
オブホフカ
カガーリニク
アゾフ海
アゾフ
クレショフカ
0
20km
ユーシキン
↓ 至クラスノダール
アレクサンドロフカ

アゾフ博物館にさまざまな生き物の剥製、植物のコレクションの注文がたくさんきていることは前述した。そこで私たちは、アゾフ滞在中（二〇〇〇年）に自然部の学芸員たちの行く先々について行き、彼女たちの活動を見せてもらうことにした。魚釣りや狩猟を楽しみながら、仕事も休息もする。暑い南方ならではの、夏の過ごし方を体験する。その第一に選ばれた場所がアレクサンドルの森、第二の場所―ドン川など幾つかの川がアゾフ海に流れるデルタ地帯、第三の場所―カガーリニク河畔のキャンプ場である。これらはアゾフからそれほど遠くない好適な場所である。アレクサンドルの森に同行したのは、自然部部長ガリーナ夫妻と学芸員のスヴェトラーナ夫妻である。ゴルベンコ館長は、これらの場所へ私たちの同行を許可し、車を出してくれた。運転手は博物館で働くスヴェトラーナの夫ヴィターリイである。彼はロシア連邦猟師・漁師同盟の会員で、プロのハンターでもある。また、ガリーナの夫ワシーリイは、ロシア連邦科学アカデミー南方科学センターのＩＴ技師である。

アレクサンドルの森

ハンター

アレクサンドルの森は、一八八四年にドン・コサック軍団のアタマン山林区として、現在のアゾフ地区に作られた。それは一九二四年にレーニン記念アレクサンドルの森に改名され、アゾフ地区の管轄下に置かれた。現在は、アレクサンドルの森として多くの市民に親しまれ、憩いの場所として利用されている。

ロシア南東の乾燥ステップに森林地帯を作ることは、ロシアの森林学者たちの夢であった。それには長い道程があった。森林地帯を作る目的で、その可能性の調査・実験的性格を持った植林が行なわれた。一八八四年から一九一五年の間に森林地帯は一二〇〇ヘクタールになったが、植林は試行錯誤の連続であった。初期の植林方法は

学芸員たちと過ごした南ロシアの夏　2000 年

必ずしも成功したとは言えない。その例は、オーク＝カシの植林の失敗であった。しかし、トネリコ（モクセイ科の落葉小高木）を主体としてみると、オーク＝カシは育った。この森では現在オーク＝カシは高級樹木種と考えられ、その植林は一七㌶を占めている。一九五八年にクルミ、赤い身をつけるボヤールィシニクの植林にも成功。林業は人手不足ではあるが、近くの村民が代々林業にたずさわり、この森を守っている。

　前年同様二〇〇〇年にも、アレクサンドルの森に行けることになった。新入学芸員ガリーナも加わった。今年はぜひ近くの「ロシアの農家に泊まってみたい」と申し出た。館長はじめ、自然部の学芸員らが相談した結果、アレクサンドルの森から数十㌔離れた農村に住むヴィターリイの祖母の家に宿泊が決まった。願ってもないことである。

　アゾフ市を出発し車を二〇分ほど走らせると、この辺一帯はどこも耕地である。かつてここはステップであった。騎馬民族やドン・コサックたちが、馬

獲物を仕留めたヴィターリイとスヴェトラーナ

にまたがり疾走した地帯であったに違いない。現在はトウモロコシ、ヒマワリ畑など。収穫が終わって耕されている畑も多い。種が実り始めたヒマワリ畑で、顔の二倍はあるヒマワリを一つ失敬して、みんなでその種を食べる。

アレクサンドルの森に向かう道中、ヴィターリイの運転席のそばには、獲物を捕らえるための銃が用意されていた。助手席には妻のスヴェトラーナが坐った。彼女は電線に止まっている鳥の中に、注文の剥製用の鳥を見つけると、夫に合図する。すると、彼は車を止めて狙いを定める。まさに夫婦二人三脚。二人とも千里眼の持ち主である。ヴィターリイのハンターの腕は、一〇〇発一〇〇中という第一級のプロ。鳥たちは電柱に止まって畑のネズミ、モグラなどを狙っている。「ちょうど昼時、鳥たちも腹がへっているから、獲物を待って電線に止まっているのさ」ヴィターリイがポツリと言った。ハンターらしい観察だ。

アレクサンドルの森周辺に来ると、前日の雨のため道が悪く、食事の出来る場所まで容易にたどり着けない。しばらく車を止めて、その適当な場所を探すことにした。その時、赤い実をつけた潅木の咲き乱れた場所で珍しい蝶を見つけた。昆虫は、今回初めて同行してきた新米のガリーナの担当。早速彼女が網を持って蝶を追いかけはじめた。ところどころに、真新しい土が盛り上がっている。それも数メートルにもわたっている。

「イノシシだよ。まだ近くにいるな」と、ヴィターリイが呟いた。その跡は、道を隔ててアレクサンドルの森へと続く。この森は自然保護区域なので、森の中では特定の場所以外、火を焚くことは禁止されている。彼が安全な場所を見つけて、太い二股の枝を利用し、即席のかまどを作り始める。みんなは薪を集めに散らばった。紅茶用の湯を沸かし、食事の用意をする。折りたたみのテーブルと椅子が用意された。アゾフの市場で買ってきた豚肉と野菜の炒めもの、野菜サラダ、ウオッカがテーブルに並べられた。彼らはみんな手馴れていて手際がよい。森には誰もいない。鳥の声を聞きながらの贅沢な野外パーティである。幸い雨にも降られず、食事も無事済み、後片付けを早めに済ませた。同行していたワシーリイが突然「チェチェンの森もこんなだった」と、彼の家族に降りかかった不幸な出来事を話し出した。

食事の後、森の中を散策していた新田さんがガサガサという音と同時に、目の前に現れた大きな黒いものを見て、ガリーナに「あれ、何？」と聞いた。ガリーナは振り向きもせずに、「牛でしょう」と答えた。そのあと直ぐに、二人は七〜八メートルも離れてないところで、ヒグマほどの二頭の巨大イノシシを目の当たりにして、仰天した。ヴィターリイとスヴェトラーナが、「危険だから車に入って！」と叫ぶ。イノシシは鼻で土を掘りながら、後ずさりするわれわれの方に近づいてくる。ここは禁猟区、さすがのハンターも手を出せない。二頭はわれわれの休憩地の周りをうろうろした後、森の奥に消えて行った。ビデオにかろうじて収めることは出来たが、あまりにも突然の出来事で、私はシャッターチャンスを見逃してしまった。しかし、僅か数秒のビデオに映された森の珍客の出現は、ロシアの友人たちにとっても衝撃的な印象であった。

森を出てヴィターリイの祖母の住むユーシキン村に向かう途中の農道で、車が止まった。

「シー、静かに！」ヴィターリイが声を低めて言った。畑の中に刈り取った麦藁が、ところどころに積まれてある。その上に鳥が止まっている。彼が声を抑えて「あそこに止まっている鳥は必要か」と、スヴェトラーナに聞くと、「必要だわ」と彼女も低い声で答えた。そして銃声がとどろく。命中。また、銃声―これも命中。しばらく車を走らせ、川岸のアシが群生しているところで、また銃声が鳴った。みんなが一斉に車から降りて、撃ち落したアシの方向に向かって走り出した。撃ち落した鳥を探し始めるが、アシは人間の背丈以上に伸びていて、歩くのは容易ではない。なかなか見つからない。ガリーナが「弾が当たらなかったのではないか」と言い出した。

「いや、絶対に命中しているはずだ」と、ヴィターリイは確信を持って言う。またみんなで、アシを倒し倒し探し始めた。しばらくすると、女の甲高い声で「いたわよ！」という知らせが響いた。スヴェトラーナがアシの枝が重なりあった上で、身動きもせずジーッとしている鳥を手で持ち上げた。

「いやだわ、まだ生きている」と言うと、ヴィターリイがそれを取り上げ、いち早く指で息を止めた。小さなワシに似た鳥（*Falco subbuteo*）だった。道中捕ったこれらの鳥は、博物館の剥製用であった。

私たちの車がユーシキン村方面へ向かって走っている時、道で手を上げている老婆を見た。ヴィターリイは、その老婆が同じ方面の村人であると直感した。最近は、手を上げても乗車をさせてもらうのが容易でないことを知っていた。ユーシキン村までは公共の交通手段はない。一日数本のバスが走っている自動車道路の最寄りのバス停から、村までは歩いて二時間以上かかる。車のない村人たちが用事で出かけて行くときは、毎日他人の車を当てにしている。要するに、ロシア式ヒッチハイクと言うことか。

「バブーリャ（おばあさん）、どこまで？」とスヴェトラーナが声をかけるや、おばあさんは車のドアに手をかけ、開けた。

「ちょうどその村を通るから、どうぞ」とヴィターリイ。

「スィノク（若い衆　年配者の若者に対する呼びかけ）、ありがとう、よ。あゝ、助かった」と老婆は大きくため息をつき、車の座席に腰を下ろし、手の平で汗を拭いた。重い大きな荷物を持った老婆の住む村は、ユーシキン村の途中にあった。

「今日はなんと幸運な日だったことか、スィノク、ありがとう、よ」彼女は車を降りるとき、彼にまた礼を言った。

「バブーリャ、気をつけてね」みんなで別れを告げた。何とも言えない爽やかな気持ちになった。ヴィターリイの優しさに、私も彼に心でお礼を言った。

ユーシキン村

老婆の降りた村からユーシキン村までの道路は、ここ数日の雨のためところどころに水溜りがある悪路で、車が大揺れに揺れた。川や湿地帯を抜け、昼過ぎに目的地にようやく着いた。

ユーシキン村はヴィターリイの母方の祖母ヴェーラ・ニコラエヴナ（以下、ヴェーラおばあさん）の住む農村。その隣村には、彼の実姉イリーナ一家が住んでいる。ソヴィエト時代この村には一二〇軒の家屋があったが、今は二五軒になった。政権が変わり、コルホーズ（集団農場）の経営方針も大きく変わり、若者は辺鄙な村のコルホーズから都会に出て行った。ヴェーラおばあさんは七五歳。コルホーズ員であったご主人を亡くしてからは、独りで暮らしている。孫のヴィターリイが、月に数回釣りや狩りにやって来る時に、飲み水や生活必需品を運んでくる。

ヴェーラおばあさんとは、一年ぶりの再会であった。前年アレクサンドルの森の帰りに、ヴィターリイが「祖母の家に立ち寄る」と言った時に、一緒について来て知り合った。今回、「ロシアの田舎に泊まりたい」と言う私の願いを、彼女は快く受け入れてくれた。ロシアの家庭ではベッド生活なので、人が泊まりにくればその人数分だけのベッドが必要だ。おばあさんの家にはベッドが五つあった。全員が泊まることは出来ないので、ヴィターリイ夫妻は近くに住む姉宅に泊まることになった。

ヴェーラおばあさんの家は、村のはずれにあった。着いて間もなく、また雨が降り出した。庭では鶏やアヒルなどの家畜が、雨のぬかるみのなかで餌を漁っている。アヒルと鶏の遊び場が、それぞれ網で囲ってある。しかし、家畜が庭で自由に羽を伸ばせるように、囲いの入口は開け放されている。その他、七面鳥とガチョウのかけ合わせた家畜が、庭を駆け回っている。夜七時になると、屋根つきの家畜小屋に移され、鍵がかけられる。餌は一日三回与えられ、庭に置かれた古い自動車のタイヤを横に真二つに割ったものに入れておく。家には裸電球と料理用電気ヒーターはあるが、テレビや電話、冷蔵庫はない。ペチカの燃料は石炭だ。以前は、コルホーズが、定期的に給水車で飲み水を各戸まで運んできていた。しかし、政権交代後は、自分たちで飲料水を手に入れるのだから、たいへんだ。

「幸い孫が毎週運んできてくれるので」と、孫のヴィターリイに感謝の眼差しを送った。飲み水以外は、井戸水を使う。綱の先にバケツをつけて井戸の中に降ろし、バケツに水が入ると、井戸の上に備え付けられた鉄棒に巻きつけ、回しながら上げて行く。井戸端の前にかまどがある。トイレは庭の隅にあった。雨が降り庭もぬかっているので、夜中にトイレに行きたい人のためにと、家の入口にバケツが用意されてあった。これはシベリアや他の農村地帯ではごく普通のことだが、都会育ちの若い女性たちが利用するには勇気が要るようだった。

ヴェーラおばあさんの話

夕食後、ヴェーラおばあさんを囲んで、一九三〇～四〇年代の体験談、この村での暮しぶりを聞いた。

「私は一九二六年にクラスノダール地方のエカテリノフスカヤ村（現クルィロフスカヤ村）で生まれ、一九三三年にこの村に移ってきたの。それは一九三二年に豪農の土地取り上げが始まって、一人の心無い党員によって父をはじめ、故郷の多くの男性が投獄されたからです。父が釈放されると、私たち親子は直ぐにこの村に移り住んだのです。第二次大戦のとき、ドイツ軍がタガンログ市まで攻めてきた。ドイツ軍は道のあるところには必ず村があり、そこには人が住み、食糧があることを知っていましたから。どこまでも攻めてきた。とうとうこの村までにもね。この家にドイツ軍の中尉が住んだ。父はコルホーズの倉庫で働いていて、夜になるとパルチザンに食糧を与えていました。戦後はロストフ・ナ・ドヌー市の再建のため

ヴェーラおばあさん（中央）を囲んで

に、一週間交代で勤労奉仕に借り出されたのです。

一九四八年からコルホーズで働き、七八年から年金を受けています。最初は年金額が二〇ルーブルでしたが、この額は今の四三〇ルーブルとなんら変わらないのよ。ソ連邦が崩壊したあとは、コルホーズ員であったわが家には、七ヘクタールの土地が譲渡されたの。今、その土地をコルホーズに貸して、年間二トンの小麦を受け取ることになっていますが、でも、前年はいつもの四分の一、要するに五〇〇キロしか渡されなかったの。『それ以上必要なら一トンにつき三〇〇ルーブル支払え』と言うのです。家畜（四五匹のアヒル、七〇匹の鶏）の餌には、どうしても二トンの小麦が必要なのです」。

――のどかな農村生活に見えますが、泥棒の心配はないのですか。

「それが最近はね、この先の集落から鳥泥棒がやってくるようになったの。つい先だって、わが家にも入ってね、だから夜は鶏小屋に鍵をかけておくの。懐中電灯で照らして、ドロボーって怒鳴っ

山鳥の毛をむしるのはお手のもの

て、追い返したの」。

七五歳になるヴェーラおばあさんの武勇伝に、感心させられたお話であった。

八月三〇日　朝六時に起きる。ヴェーラおばあさんは家畜を小屋から追い出し、朝の餌を与えていた。庭は前日の雨で水溜りが出来、じめじめしている。彼女は小さい体だが、動きがよい。穏やかな顔をしているが、昨夜の話のように真の強さを窺わせる。ヴェーラおばあさんは、私たちがまだ寝ている間に孫の好きだと言うパンを焼き、ヴィターリイが釣ってきた魚をさばいた。ガリーナたちが起きて来るのを待って、前日捕った山鳥（*Streptopelia turtur, Anas querquedula, Fulica atra*）の毛をみんなでむしった。

朝食は、姉イリーナの家からの差し入れ絞りたての牛乳、ヴェーラおばあさんの焼きたてのパンに蜂蜜とチーズ。昼食には魚と山鳥を料理したもの。菜園で取れたジャガイモの煮物、トマト、キュウリ、ピーマンなどの野菜サラダ。昨日のヴィターリイの釣りと狩りの成果がテーブルに載った。ここにもウオッ

池のある豊かな農家

カがあった。

農村の台所は、野外キャンプ場の条件とそれほど違わない。都会生活に慣れきっているガリーナたち三人に、「あなた方に農村生活が出来るか」聞いてみた。彼女たちはそろって「ニェト（いいえ）」だった。最後に畑の中にあるヴェーラおばあさんの夫であり、ヴィターリイのおじいさんの眠る墓を案内してもらった。

自分の池で毎日釣り

隣村に住むヴィターリイの姉イリーナ宅に寄った。木戸を入ると、ブドウ棚に鈴なりに実がなっている。アヒルの親子がわれわれを歓迎するかのように、庭でガァーガァー鳴いている。母屋の他牛舎、豚舎、ウサギ小屋、鶏小屋があり、男手がある豊かな農家といった印象を受ける。イリーナは美人で気立てがいい。夫のイワンも好感の持てる優しい人であった。

「昨日から皆さんの来るのを待っていたわ」と、イリーナが応接間に案内した。そこにはたくさんの料理とウオッカが並べられていた。食事を済ませて来たばかりで辞退するのだが、「せめて〝へ〟だけでも」と勧められたのは、魚を酢で締め、玉ねぎとヒマワリ油で漬けたこの土地の珍味、民族料理のようであった。酒のつまみにはもってこいのようである。家の畑ではジャガイモ、トウモロコシ、トマト、カボチャ、マクワウリ、スイカや野菜が取れる。どこまでが彼らの敷地か尋ねたが、「わしらにもわからない、あの辺りかな」、と主人のイワンが指差した先には大きな池があった。その先は牧草地、畑と平地が続く。池はこの家のもので、そこで毎日釣りをしていると言う。私にも釣れるというので、試みた。フナ科の魚が直ぐにかかった。池には彼らの飼っているアヒルの親子が悠々と泳いでいる。遠くで牛がのんびりと餌を食べていて、時々鳴き声が聞こえる。「あれはわが家の牛たちです」。

「ほら、魚が捕れた！」　自宅の池で

「自家製のおみやげをどうぞ！」と、イリーナさん（右、２人目）

数種の野鳥が確認された。シラサギが池のそばにじっと立っている。ここでもヴィターリイは、博物館の剥製用にシラサギとクロサギを撃ちとめた。

日本の田舎でも親類、知人がふるさとに帰ってくると、その土地の特産物をおみやげに持たせる習わしがあるが、ここロシアの農村でも同じであった。イリーナ夫妻は弟の友人たちに帰りには絞りたての牛乳、自家製スメタナ（サワー・クリーム）、バター、カッテージチーズ、トマト、スイカなど持ちきれないほどの田舎の特産物を持たせてくれた。南ロシアの片田舎の、決して都会では味わえない人の温かみ、豊かな田園生活を覗かせてもらった。

自然保護区——ドン川のデルタ地帯——

八月一〇日　今日も三〇℃を越す暑さである。ドン川がアゾフ海に注ぐデルタ地帯に、自然保護区がある。その保護区に自然部の女性三人と出かけることになった。そこには珍しい植物が生息しているが、漁、猟、植物採集は禁止されている。保護区に入るには、アゾフ魚資源保護監督局の許可が必要になる。監督局は市内から自動車で一〇分ほどのドン河畔にあった。そこには監視用と運搬用の船が数隻横付けにされている。ゴルベンコ館長が前もって監督局長に電話で趣旨を説明し、そこでの植物採集等の許可と五人の上陸の手続きは済ませてあった。

翌朝一〇時、監督局長の船が出る手はずになっていた。ドン川から吹く爽やかな風をあびて船を待つ。ドン川で泳ぐことも出来るので、みんなうきうきしている。しかし、待てど暮らせど、局長が約束した船は来ない。職員は誰も、局長から私たちのデルタ行きの話を聞いていないと言う。幸い監督局にスヴェトラーナの学生時代の友人が働いていて、局長宅に電話を入れてくれた。すると、局長は今別荘に行っている、ということが分かった。ロシア人には、約束時間を守らないことがよくある。しかし、日本人の私たちには、デルタに行けるチャンスは二度と来ない。あきらめるわけにはいかない。

ドン川の魚を見せる少年

デルタの夕陽

三時間待ってようやく局長が現れ、「お詫びに」と自家用の高級船を自分で操縦して、一時間半はかかるデルタまで案内してくれた。その船は早いし、快適だった。局長はカガーリニク川がドン川と合流し、アゾフ海に流れ込む様を見せてくれた。その後、私たちをドン川のデルタにある細長い島に降ろし、「夕方迎えの船を送る」と約束して、引き返して行った。

私たちは島の木陰に荷物を拡げて食事をした。すでに二つのグループの先客がいた。ここに来るには厳しい手続きが必要で、誰でも来られるわけではないと聞いてきたが、ここでもコネの世界が幅を利かせているようだ。ドン川の水は決して奇麗とはいえないが、寄せくる波を目の前にし、みんなで泳いだ。この保護区には野生の馬と牛の群れがいる。これらの動物は、あらゆることから保護されているからか、毛並みも体格もいい。

早速、植物採取用の大きな紙パックと昆虫を捕まえるための網を持って、島を半周する。島の先端はアゾフ海。海に入ってみると浅い。足の膝ほどの深さが何百メートルも続いていて、対岸のタガンログ市まで歩いて行けると言うのだ。

「考古学者の日」にあやかって――カガーリニクのキャンプ場――

八月一五日　ロシアでは「考古学者の日」。ソヴィエト時代は一五日に近い土曜日がその記念日とされていたが、最近は八月一五日に祝い、また一五日過ぎの土曜日にも祝うのが当たり前になっている。自然部の学芸員（部長のガリーナ、スヴェトラーナ、新米のガリーナ）とカガーリニク村営キャンプ場で一泊し、夜はキャンプファイアを焚き、「考古学者の日」を祝うことになった。ここには数キロ先に村があるだけ。休養するには、もってこいのところだ。アゾフ市内からカガーリニク村のキャンプ場までは、一時間もかからない。そこはカガーリニク川の支流のそばにあった。川岸の周りには、干上がった池がいくつもあった。かつてここは魚の養殖場だったという。一九九一年にソ連邦が崩壊してから、池や川に人の手が掛けられなくなると、自然界には瞬く間に勢いの強い植物が生い茂った。ここではシダ、アシが伸び放題。また、このアシは建築にもインテリアにも大いに利用できるが、誰も関心を示さない。もったいない話だ。

キャンプ場に着くと直ぐに、私たちは博物館のために植物採集や剥製用のカエル、イモリ、蝶などの生きものを捕獲することになった。私はキャンプ場の周りやカガーリニク川の支流で、景色や生きものの生態、また学芸員たちの獲物を追う姿の写真を撮るため、カメラを持ち歩いていた。そんな時、川岸のアシの生い茂った陰にオートバイを隠し、人目につかないように川に入って、何か探っている男性を見つけた。その人にもカメラを向けた。すると、川の中ほどまで来て、「何している！　俺を訴える気か！」といきなり怒鳴りつけられた。しかし、私たちがアゾフ博物館の仕事をしていると知ると、その男性は安心して笑顔を見せた。話を聞いてみると、「川でザリガニを捕って、市場で売って生計を立てている」と言う。

「昔は川も池もきれいで、魚もザリガニもたくさん捕れたものさ。見てごらんよ、今は池にはアシがこんなに茂って、水が干上がってしまった。川は汚なくなったし、ザリガニを捕っているところを見つかればお縄だ。今じゃ仕事もなく、われわれは必要のない人間なのさ。コムニストもよくなかったが、今はもっとよくないよ」。四七歳だと言うこの男性は体格が良く、元は海の男だったと話した。

ガリーナたちはカエル、イモリ、蝶などを捕まえてご機嫌であった。夕食はシャシルイクとサラダ。これは三人の学芸員が昨日から用意をしてきた。私たちは敷地内の枯れ枝を集めて、シャシルイク用のおき火を作る。夕方、仕事を終えたゴルベンコ館長がキャンプに加わり、シャシルイクを焼き始めた。

「カフカースでは、シャシルイクを焼くのは男性の仕事なのよ」とガリーナが言う。シャシルイクは肉がぱさぱさしないために、肉を漬けておいた酢の入ったソースをかけながら焼く。大きな肉の刺さった串を上手に回しながら、また位置を変えながら四〇分焼く。ちょうどいい焼け具合だ。館長はまた街まで車で帰っていくのでビールにし、女性たちはサマゴンで「さあ、みんなで考古学者に乾杯」。高らかに女性たちの杯が上がった。ガリーナたちが用意して持参したカフカース風のナスのニンニク焼きも、キュウリのピクルスも、シャシルイクも、なんとおいしいことか。ロシアで職業ごとにある記念日は、大方みんなで飲む口実を作るためにあるようだ。

夜一一時近くに館長が帰って行った。真夜中の零時近い夏の月は天高く、雲間から漏れる月光が川面に揺れている。遠くにカガーリニク村の明かりが、ちらちら揺れている。ロシアの女性たちは、勇敢にも月の光が揺れる川に飛び込んだ。隣のバンガローの若者たちは、真夜中二時過ぎても人の迷惑も顧みず、大音量で音楽をかけていた。しかし、誰一人注意をするものはいない。若者たちには夜の終わりがないようだ。

翌日は朝からまた、植物採集やカエルなどを捕まえに出かけた。遠い昔の少女時代がよみがえって来た。

剥製作り――ステップのハリネズミは耳が大きい――

八月二三日　日中は日陰でも三三℃。アゾフ博物館でガリーナとスヴェトラーナがハリネズミの剥製を作る準備をしていた。先日捕まえたハリネズミは、冷凍にされていた。彼女たちはそれを取り出してきて、手と足を伸ばす。二人がかりである。何も知らない私から見ると、少々やり方が荒っぽく見える。

「あら、オスだわ」と、スヴェトラーナがぽつりと言う。

「どうしてわかるの?」。私は不思議に思って聞いた。

「ほら、Phalas。何と言ってもいいのよ、人間のように〝オチンチン〟と言ってもいいし……アハハハ」

スヴェトラーナが腹にメスを入れた。中の臓物、肉をすべて取り出していく。油がのっているので、手が滑らないようにメスを入れる度にオガクズをつける。骨と表面の皮だけにし、針金で形を整える。最後は綿を詰める。すでに幾つか剥製にされたハリネズミが博物館に展示されている。その中でもステップのハリネズミは、体は小さいが耳が大きいのが特徴。その大きい耳から熱を放出する。また身体に比べて足が長いのは、乾燥したステップを駆けるのに、適しているからだそうだ。

アレクサンドルの森に出かけた際に仕留めた鳥の剥製も、幾つか出来上がりつつあった。ガリーナたちは、銅線を使って生きたままの姿を再現する時には文献だけでなく、ハンターである観察力の鋭いヴィターリイの意見を取り入れて、形を作って行く。

また、カガーリニク河畔のキャンプ場に行ったときのカエル五匹の剥製も、出来上がりつつあった。カエルは腹を切って中の臓物、肉を取り出し、綿を詰める。足は肉を取り出すが、骨を残す。そのあとホルマリンで

剥製作り

処理。銅線を刺して形を整え、乾燥させて出来上がりである。生きものによって、剥製の制作料金が違う。その動物の剥製制作料金一覧表がある。新米のガリーナに「あなたの捕まえた蝶の剥製代はおいくら？」と聞くと、「私の担当するものは小さい昆虫ばかりだから、表には載っていないの」と素っ気ない。

自然部の三人の学芸員は若くて愛らしい顔をしているが、剥製を作るときは別人になる。あるとき、彼女たちに「生きものがかわいそうだと思うのはどんな時？」と聞いてみた。スヴェトラーナは持っていたメスを机に置いて、私の目をじっと見ながら言った。「アレクサンドルの森の帰りに、まだ息絶えていない鳥を取り上げたのを覚えているでしょう。生きものがかわいそうだと思うときは、撃たれても直ぐに死ねずに、何時までも生きているのを見るときよ。死んだ後は、博物館でみんなのために生かしていくことだわ」。この地方で自然と一体になって生きている人たちに、このような質問は愚問であったようだ。

山鳩の丸焼きのご馳走――ハンターになるには――

日本で『マンモス展』を開く企画を立て、初めてアゾフ博物館を訪ねたとき、展示品の説明を熱心にしたのがスヴェトラーナであった。しかし、その後スヴェトラーナが産休を取っていて、一年ほど会えないでいた。彼女はやがて男の子（ジェーニャ）を出産した。一九九八年の夏、アゾフ博物館を訪れたとき、スヴェトラーナはすでに働いていた。彼女は「夫のヴィターリイが捕ってきた野鳥と魚の料理をご馳走したい」と、私たちを家に招いた。彼女は夫とジェーニャ、両親と五人で、市内の五階建てアパートで生活している。私たちは若い夫婦に負担をかけまいとして、飲み物やデザート類を買って持って行った。しかし、それを出すのに少々気が引けた。食卓にはいっぱいのご馳走が並んでいたからだ。

ソ連邦時代を思い出した。国の経済情勢が悪く、町の商店に食料品が無かったときでも、ロシア人の家庭の食卓には驚くほどのものが並んでいた。ロシアには、客に対していつも精一杯振る舞う習慣がある。いまでも、その精神は変わっていない。

「今日は、私たちが普段食べている食事を用意したのよ。特別に買ってきたものではありませんから、気兼ねなく召し上がってね」と、スヴェトラーナは食卓に招いた。

食卓に並んでいたものは、ハンターでもある夫が捕ってきたヨーロッパ最大という山鳩（*Columba palumbus*, *Streptopelia decaocoto*）の丸焼き、ドン川で釣ったフナ科の魚料理、両親の菜園で取れた野菜のサラダなどで、買ったものと言えば、パンだけだそうだ。ロシア人の食卓には欠かせない飲みものも自家製であった。「ヴィターリイがハンターのお蔭で、わが家の動物性蛋白質は十分にとれています」と、言ったスヴェトラーナの笑顔が

山鳥のご馳走に招かれて

何とも愛らしかった。

そこで、ヴィターリイにハンターになるにはどのような手続きが必要なのか、伺った。彼は自分のハンターの会員証を見せながら、次のように話した。

ロシア連邦猟師・漁師同盟の三カ月の研修を受け、会員の推薦状、健康診断書など規定の書類を提出する。難関を突破して合格すると、警察署から五年間有効の会員証が交付される。検査は五年ごとに行なわれる。会費は、捕る獲物によって違ってくる。野鴨、山鳩、兎などは五〇ルーブルと比較的安いが、ヘラジカなど大きな獣類は高い。しかし、狩猟には厳しい禁猟期間が決められている。

山鳩は八月から一月七日まで、野鴨は九月三日から一一月三〇日まで、兎は一一月中旬から一月七日までの狩猟が許されている。その他、春に二週間だけ猟をしてよいが、それはオスだけで、メスは身ごもっているので、捕ってはいけない。幸いなことに、私たちが南ロシアに滞在中二回とも、山鳩、野鴨の解禁シーズンが始まり、スヴェトラーナとヴィターリイが狩猟に行く日にお供が出来た。

ペリョンキノ湖――治療用泥土の威力――

アゾフ市から北西に九キロ程行ったところに、この地方の住民なら誰でも知っているペリョンキノ湖がある。あらゆる病気を治すと言う評判の塩湖と言うので、日本の温泉のようなものかと興味を持ち、ガリーナとスヴェトラーナにキャンプの帰りに案内してもらった。

風の冷たい日であったが、その湖で数人が泳いでいた。岸辺では一人の中年女性が、足に湖の泥を塗って甲羅干しをしていた。その近くに小さな村があるというが、三六〇度見渡す限りの大平原には、村らしきものは何も見えない。あるのはステップだけ。そして周りには澄んだステップの大気。

「これらは自然の賜物で、どんな重病（リュウマチ、アレルギー、婦人病、皮膚病、梅毒でさえも）にかかっても、それを治す効力がある」と、ガリーナたちは得意げに話す。この塩湖に入って泳いでいるうちに、どんなに重い病気でも、いつの間にか治るのだそうだ。湖の土壌はソロンチャークと呼ばれる。それはステップ、半砂漠、砂漠地帯に存在する塩分を含む土壌のことで、中央アジアやウクライナなどにも見られる。二〇世紀前半に農民が馬に水浴びをさせているうちに、馬の皮膚病、吹き出物が治った。そんなことから、この湖の泥土、塩水が農民に利用され、効用が評判になった。

ソ連邦時代にはここに療養所ができ、全国津々浦々から患者・利用者がやってきて、いつも超満員であった。療養所の村落に住居を探したり、キャンプを張ったりして、この泥土、湖の塩水を利用した。しかし、一九二三年に泥土療養をしていた数人が亡くなった。そこで、現地の医師や行政が調査に乗り出した。大変強い放射性の成分を含有していることが判明したが、科学的にはそれ以上のことは究明されていない。それでも

ペリョンキノ湖で治療する女性たち

井戸のような穴に溜まった水は塩辛い

利用者は一向に減らず、それどころか増える一方であった。しかし、一九九一年一二月のソ連邦崩壊後には国の援助もなくなり、療養所には医師もいなくなり、自然に施設は消滅していった。

この湖には、極めて高い効用があることは確かのようだ。とくに皮膚病、婦人病、リュウマチの治療には、驚くべき効きめがあると言う。長年患っていた寝たきりの患者、恐るべき潰瘍、長い年月瘻管《ろうかん》で苦しんでいた患者が、この湖の塩水と泥土で治療をすると、数日で跡形もなく治った、とされる記録がある。

当時から今日に至るまで、その治療方法は変わっていない。湖で泳いだり、塩湖の泥を身体全体に塗ったりする。その威力は今も多くの患者を惹きつけている。しかし、「近年その効果は薄らいでいるのではないか」と、唱える学者がいる。その理由の一つにガリーナは、「この湖の泥土を人々が持ち去っているからだ」と言う。確かにこの湖の岸辺に泥土が、あちこちに汲み上げられていた。その湖のはずれのステップのあちこちに、水の貯まっている井戸の様な穴がある。その水を飲んでみたが、かなりの塩分が含まれていた。ここに治療に見えた人々は、その水を持ち帰って飲む。利尿効果があると言う。この辺のステップの草にも塩分を含んでいるものがあり、食べると塩からい。

数日後、ガリーナが私たちに「家で試してご覧なさい」と、このペリョンキノ湖の泥土を、バケツに入れて持ってきてくれた

第六章 ウクライナとの国境

白亜紀の地層　ロストフ州

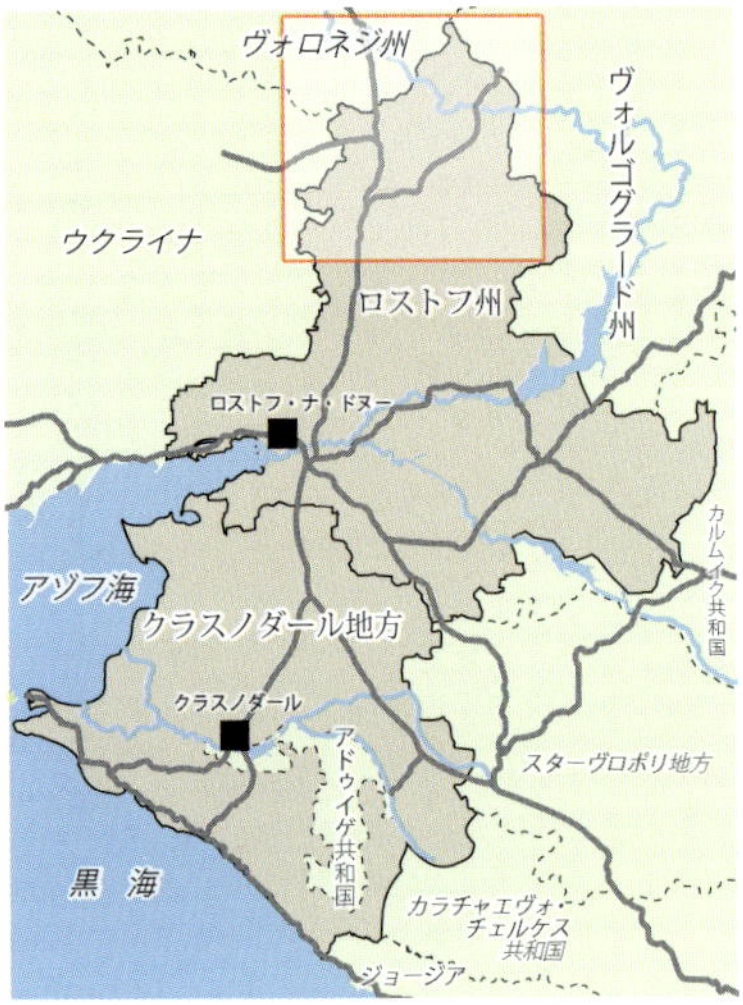
ヴォロネジ州
ヴォルゴグラード州
ウクライナ
ロストフ州
ロストフ・ナ・ドヌー
アゾフ海
クラスノダール地方
カルムイク共和国
クラスノダール
アドゥイゲ共和国
スターヴロポリ地方
黒 海
カラチャエヴォ＝チェルケス共和国
ジョージア

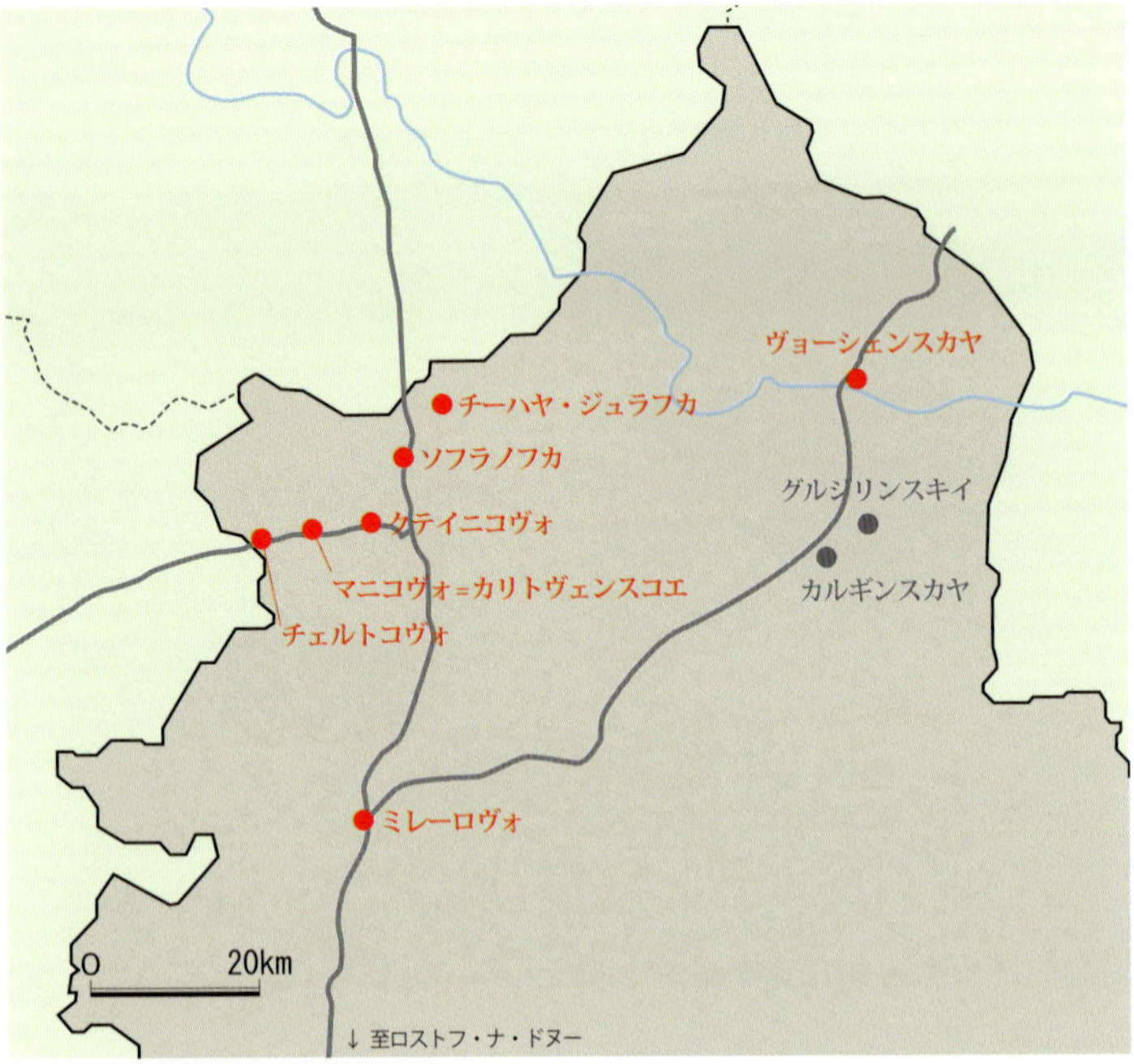
ヴョーシェンスカヤ
チーハヤ・ジュラフカ
ソフラノフカ
クテイニコヴォ
グルジリンスキイ
カルギンスカヤ
マニコヴォ＝カリトヴェンスコエ
チェルトコヴォ
ミレーロヴォ
0
20km
↓ 至ロストフ・ナ・ドヌー

チェルトコフスキイ地区を行く

　汽車でモスクワからロストフ・ナ・ドヌーに行く際、ウクライナとの国境にあるチェルトコヴォ駅を通る。私たちはロストフ州に行く度にこの駅を通過しているが、駅に停車するのは往復とも二分間と時間が短いため、とくに気に止めたこともなかった。しかし近年、ロシアとウクライナ両国間には、クリミアの領地をめぐって、緊張感が高まっている。同時にまた、国境の警備も厳しくなってきている。国境に住む両国の住民は今どんな思いでいるのか、彼らの生活はどうなっているのか、大変気になるところだ。

　アゾフ滞在中のある日（一九九九年）、ゴルベンコ館長から「ルキヤシコ博士と一緒にチェルトコヴォに行かないか」と誘いがあった。この地方で何度か発掘を行っている彼は「現地に明るいし、人脈は相当なものだ」と、館長は言う。ありがたいことであった。アゾフ市からチェルトコヴォまでは車で約六時間、三四〇キロはある。私たちのロストフ州内の移動は汽車ではなく、いつも乗用車で行っている。今回は、若いルキヤシコ博士の運転で二泊三日の楽しみな旅となった。

「ロシアとウクライナの国境の町チェルトコヴォです」

ドライバーの溜まり場

アゾフ市からロストフ・ナ・ドヌー市を通って行くこの道程は、ショーロホフの故郷ヴョーシェンスカヤ村へ行く際に通った分岐点＝ミレーロヴォまでは、モスクワ自動車幹線道路であった。この分岐点で、二年前にも昼食を取るために休憩している。モスクワへの幹線道路だけあって、大型トラックが多い。トラック運転手の好物であるシャシルイク店が立ち並び、どの店も二四時間営業だ。店の前には煙突のついた長方形のブリキ製シャシルイク焼台がある。大人の腰の高さで焼けるように、その台は設計されている。店員たちは運転手や客がいつ来てもいいように、その台のおき火を絶やさないように注意を払って薪を燃やす。煙突から出る煙は遠くからも見えていて、腹を空かしている運転手、客の吸引力となっている。注文があると直ぐに、台の上でシャシルイクを焼く。一串に豚の塊が四つほどついて五〇ルーブル（約二ドル＝一九九九年）であった。

カフカース地方でシャシルイクと言えば、羊の肉の焼いたものがふつうだが、ここでは「早く焼けるのと、ロシア人が好きだからね、豚肉が主なのさ」と説明された。しかし、理由は他にあった。ソ連邦が崩壊してからは、カフカース地方や中央アジアからの羊肉の入手が難しくなったこと、モスクワでもサンクト・ペテルブルグでも普通の肉屋では羊肉が売られていないこと、市場でもめったに見られないほど高値なことが主な原因だった。多くの店の従業員は近辺の主婦が多く、彼女たちは二人ずつ組んで働き、客の少ない時間に交替で寝るそうだ。「一晩働いて一日休む。つらい仕事だけどこの辺では仕事がないの」と、若い女店員は言う。チェルトコヴォの途中で一泊するため、分岐点のミレーロヴォ近くのホテルに宿泊した。

マニコヴォ＝カリトヴェンスコエ村の聖三位一体聖堂

私たちはさらに北に向かって車を走らせた。チェルトコフスキイ地区（中心地チェルトコヴォ）まであと九八

聖三位一体聖堂　19世紀末

キロの標識の所で、モスクワ自動車幹線道路と分かれ、私たちはショーロホフの生地＝ヴョーシェンスカヤ村とは反対側の左へ曲がる。この辺りから松林が、ちらほら見られるようになる。この地方では僅かしか残っていない太古からの未開墾ステップ、そんな中にある豊かな黒土の耕地、起伏の多い丘と景観が変化していく。ルキヤシコ博士の家族は、この辺まで毎年キノコ採りに来ているそうだ。遠くの青々とした小麦畑が、広大な黒土地帯に鮮やかに映えて見える。まるで「ウクライナの香り」が一面に漂っているようだ。

　ウクライナとの国境を遠方左手に見ながら、目的地に近づきつつあるのを感じた。最初にマニコヴォ＝カリトヴェンスコエ村で、博士の友人のコルホーズ議長を訪ねた。議長は直ぐに、この地区の警察幹部に電話で連絡した。「イワン・イワーノヴィチ、お前の親友のセルゲイ・イワーノヴィチ一行がただ今到着したよ」。

　私はロシアとの仕事に関わって五〇年以上になるが、警察官や民警との個人的なお付き合いは未だかつてない。これは時代が変わったからなのか、地方、田舎の人間関係の良さなのか、いずれにしても、ソ連邦時代やモスクワでは考えられなかったことである。やがて温和な顔をした制服姿のイワン・イワーノヴィチが現れ、ルキヤシコ博士に近づき、なつかしそうに友の手を握りしめ、肩を抱きしめ合った。親しい者同士のロシア式あいさつである。制服姿の警察幹部を間近に見たのも、警官と握手を交わしたのも、私にはこれまで経験のないことであった。その日は、彼と明日からの日程の打ち合わせをして別れ、私たちは近くの聖三位一体聖堂に行くことにした。

聖堂は広大な敷地内にあって、その規模の大きさは見る者を圧倒する。五つの天蓋をもつ聖堂と、その脇に立つ鐘楼の調和が良く取れていて、崩れ掛かった建物のようではあったが、ロシア建築の偉容を誇っていた。聖堂前の広場の隅には、第二次世界大戦で戦死したこの土地の兵士の名が刻まれた記念碑が立っていた。その中央の碑には、風刺文学の古典『一二の椅子』、『黄金の子牛』で有名なソヴィエト作家ワレンチン・ペトローヴィチ・カターエフ（一八九七〜一九八六）の名が、一段と大きく書かれていた。かつては村のセンター的役割を果たしていたと思われるレンガ造りの聖三位一体聖堂は、いまは重い扉も鍵がかかったまま傾き、すべてが色あせている。建物を外から見る限り、かなり傷んで見えた。聖堂の近くで出会った住民に、聖堂について聞いてみたが、誰も何も知らない。建物のそばに一九世紀に聖堂で活躍したと思われる文化人、聖職者たちの墓碑があったが、それらも歴史の陰で忘れられている。

聖堂の修復は小規模ではあるが、始まっていた。聖堂周辺のレンガの建物は、やはり聖堂の所有物で、装飾もきめ細やかな立派なものであった。これまでロシア各地で聖堂を見てきたが、この村の聖堂は村の規模に比較して、大きいものであった。なんとこれは、ロストフ州で最古のものの一つと数えられていた。

荒廃した聖堂内部

村の聖堂に賛美歌響く

「隣のクテイニコヴォ村にも聖堂がある」と、聞いて行ってみた。それはポクロフ聖堂と言う。聖堂の建物の敷地は狭く、柵で囲まれていた。規模は隣村の聖三位一体聖堂より小さいが、ここでは賛美歌が響き、奉神礼が行なわれていた。敬虔な信者の館長も博士も聖堂の建物に入るときは、いつも十字を切る。聖堂内部はきれいに修復されていて、祭礼、儀礼が行なえる設備が整っていた。大変開放的で、中に入って写真も自由に撮れた。ピンクの質素な法衣をまとったロマン・ヴラセンコ司祭が、聖堂の中を忙しそうに歩いている。彼は私たちに「よかったら読んで下さい」と、聖堂の活動を掲載した新聞や小冊子を渡した。また彼は高い鐘楼の上まで私たちを案内し、数十年来人の手がつけられていない、古い鐘を見せてくれた。この鐘がどうしてここにあるのか、誰が奉納したのか不明なのだそうだ。

実はヴラセンコ司祭は、ポクロフ聖堂と聖三位一体聖堂の最高責任者で、両聖堂の活動、修復に積極的に活躍していた。彼は「もし、あなた方に聖三位一体聖堂の内部にも興味があれば、お見せしましょう」と言って、そこで働いている女性を案内につけてくれた。私たちはまた、車で聖三位一体聖堂に戻って来た。最初の扉をやっとのおもいで開け、中に入ると、そこは至聖生神女庇護祭（ポクロフ）の至聖所（この聖堂には聖三位一体の至聖所もある）で、修復中であった。突き当たりの壁に大きなポクロフのイコンが、途中まで描かれていた。内装も同時に進められていたが、これらはすべてヴラセンコ司祭の手によるものだった。イコンの下の敷物は、ウクライナ模様である。本堂の扉も開けられた。入って直ぐの入口の壁画跡だけが、かつて栄華を縦ままにしていた時代の面影を、かすかに偲ばせていた。この建物は鐘楼へと続いていた。鐘楼の真下には、数十年のハトの糞で十字の山ができていた。

教会復興キャンペーン

「ドンスコイ・クリエール紙」（一九九九年八月一三～一九日付）は、聖堂への救済を呼びかけた記事を掲載していた。今ロシアでは全国的にロシア正教の復興キャンペーンを行ない、あらゆる形での財政援助の呼びかけを行なっている。この聖三位一体聖堂の記事も、再建資金を訴えたものであった。この記事は聖堂の歴史のほんの一部ではあるが、末端の聖堂のたどった運命でもあるので抄訳を紹介しておこう。

この「聖三位一体聖堂」は、一七七四年にドン・コサック軍団によって建てられたが、木造の老朽化により一八八八～九四年に信徒の寄進によって再建された。この聖堂内には聖三位一体と至聖生神女庇護祭の二つの至聖所がある。そこで一九〇四年に清めの儀式が

ロシア正教復活に熱心なヴラセンコ司祭

行なわれた。当時聖堂はレンガ建ての神学校、地方教区学校、ローソク工場、洗礼の部屋のあるレンガ造りの納屋、聖堂を維持していくための収入源となる厩、レンガの家二軒とアパートなどを所有していた。現在もこれらの建物はそのまま残っている。十月社会主義革命後、聖堂は荒廃していった。三人の司祭と輔祭（司祭の助手をつとめる最下級の聖職者）は免職され、やがて彼らは反革命聖堂組織に参加した罪により、当局に逮捕された。司祭たちの家族の消息はわかっていない。

第二次世界大戦中に聖堂は復興し、一九六二年まで礼拝は行なわれていた。この年聖職者たちが再び逮捕され、また無神論者の手によって神への冒涜が始まった。十字架は降ろされ、イコンはめちゃめちゃに壊され、めぼしい財産は全部持ち去られた。力の限りを尽くし聖堂のすべてが破壊された。その後何年も、この聖堂の建物は倉庫として使われてきた。

一九八八年、壊れた聖堂の天蓋の下で短い礼拝が行なわれたマニコヴォ村の聖三位一体聖堂は、ロシア建築の至宝である。聖堂では洗礼式、結婚式、葬式が執り行なわれるようになったが、聖堂は鐘の復旧や内部の修復のために緊急の資金援助を必要としている。

村に豪邸が建つ

車で村を一巡りすると、この静かな村には壊れかかっている家と、村には似つかわしくないレンガ造りの豪邸が建てられているのが目に付く。「ひと昔前はね、村で金持ちの家と言えば、屋根や壁がトタンだったり、窓ガラスが多かったりして判断されたものだよ。今はどうです。この建設中の家だって、レンガ造りの二階建て御殿、塀もレンガで囲っている。建築士はポーランド人ときている」。私たちの車の中ではこんな話が交わされていた。車を止めて写真を撮っていると、建築中の家の前に近所の二人の老婦人がやってきて、「こんなに大きな家を建てても、子どもは一人しかいないのさ。後とりは一〇人位いないと心配だね」と話している。

村人はおもしろい心配をするものだと、おかしくもなる。この家の主《ぬし》はひまわり製油工場長であった。

〝ニューロシア人〟と言われる人たちは、まず「大邸宅を建て」、「外車を乗り回す」。ロシア全体に見られることだが、ウクライナが隣り合わせの農村地帯でもそのような人たちはいた。いや、むしろウクライナが隣だからこそ、闇のビジネスマンたちには肥える要素が、いくらでもあるのかも知れない。その一つに、ウクライナとロシアの物価の格差が大きいことが挙げられる。ウクライナの物価はロシアの三分の一から四分の一、ものによっては一〇分の一というほど安価だ（一九九九年）。両国の国境地帯では、闇の交易を厳しく取り締まっているが、抜け道を知るビジネスマンは多い、そうだ。

チェルトコフスキイ地区滞在二日目。ルキヤシコ博士が運転をしながら、車窓から見える特徴のある地質やクルガンの時代背景、民族・種族について、楽しく講義してくれる。クルガンの近くで車を止めた博士は、「ここをぜひあなたたちに見せたかった」と誇らしげに言った。これまで見てきた中では、最大級のクルガンだ。静かな農村地帯で何千年の歴史を見続けてきたこのクルガンは、あまりにも大きく、発掘には相当なお金もかかる。経済困難に陥っているロシアの現状では、大学の歴史学部や博物館が独自に発掘する財源はない。そんなこともあって、この地域にはまだ誰も手を付けていないクルガンがたくさんある。

「いつかは私が掘りたいクルガンの一つだ」と、ルキヤシコ博士は熱い思いを語った。次に彼は、ウクライナが目と鼻の先に見えるステップに立ち、「スキタイ人はこの辺りまで来ていたかも知れない。ウクライナ領内では、あの辺りのクルガン（数キロ先を指して）が発掘されていて、スキタイ人がそこまで来ていたことが分かっている。だがね、ここロシアでは、まだ誰も掘っていない。来年はこの辺のクルガンを君たちと一緒に掘りたいね」。私はその提案を聞いて、胸が熱くなり、夢をふくらませた。

そして二〇〇〇年にアゾフを訪れたときに、嬉しい知らせを聞いた。「チェルトコヴォの大きなクルガンの発掘が、来年には実現できる」と言うものだった。これまでに、スキタイ王のクルガンからは黄金の装飾品、容器だけでなく、銀・銅の容器なども発掘されている。

チーハヤ・ジュラフカ村

車はさらに別の村を目指して走った。幹線道路から地区道に入る。この地方には工業地帯はなく、広大な耕地、森林の果てには空が続いているだけ。空気が澄んでいて遮るものは何もない。カザンスカヤ村の標識を右に曲がり、二〇分程走るとチーハヤ・ジュラフカ村に出た。村には壊れた小さな聖堂があった。それは慈しみの聖母聖堂（一八七一年建立）であった。その周りに農機具、コンバインがいくつも置かれていた。いつでも人が集まれる場所らしい。コルホーズ員たちが数人立ち話をしていた。その話の輪の中にルキヤシコ博士とゴルベンコ館長が入っていくと、彼らはこれまで誰にも打ち明けられなかった自分たちの憤まんやるせない思いを、この部外者たちに一気にぶっつけた。

「もう一年も給料を受け取ってないのよ」

「これだけの農地もフル回転していないのさ。酷いものだ」

「誰が喜んで働けるかね」

チーハヤ・ジュラフカ村のコルホーズ員と話す

「穀物の種に農薬を素手で混ぜた仲間が、亡くなっている」

「それでも、今も同じようにしている、どうしたらいいのか分からないのさ」

など、彼らの農薬に対する知識の無さを露呈した。彼らの話から、ここでもコルホーズ組織崩壊が垣間見られた。このような農民の深刻な話にしろ、コルホーズ存続の問題にしろ、ここ南ロシアだけの問題ではなさそうだ。

一人の農民が来て、聖堂の鍵を開けた。この聖堂はコルホーズの倉庫として使用されていて、ウクライナ産の岩塩が山と積まれていた。聖堂は修復する余地がないほど酷い状態であったが、建物の基礎は頑丈であった。

「ロシアは豊かな大地、ここはこんなに静かな故郷なのに！働けばいくらでも豊かな生活ができるのに！喜んで生きていけるのに！なんてことだ！」と、博士はやるせない気持ちを叩きつけるように言って、車のエンジンをかけた。

慈しみの聖母聖堂はコルホーズの倉庫であった

ロストフ州とヴォロネジ州の境界に立つ

きれいに舗装されているモスクワ幹線道路に出て、私たちはロストフ州とヴォロネジ州の境界に立つ。ロストフ州の先端からモスクワ方面を眺めると、「ヴォロネジ州」とその紋章の書かれた標識があるが、景色はなにも変わらない。同じ場所からロストフ州に向かって立つと、そこには「ロストフ州」とその紋章のある標識、その前に数字七七七キロの小さな標識があった。これはモスクワから現地点までの距離が七七七キロということである。この州境は日本の県境のようなもの。

チェルトコヴォ方面に向かう途中、ソフラノフカ村に寄った。村の中心の広場ではバザールが開かれていた。バザールには土地の特産物はなく、モスクワのバザールで売られているものと変わらない粗悪品ばかりである。主にトルコや中国の製品が並べられていた。このようなバザールは月に何回か開かれていて、各地を巡回しているようだ。各地に卸問屋が増え、同じような商品が売られているところを見ると、大きな組織・企業が外国で安い商品を大量に仕入れているとも考えられる。この卸問屋では、国産の製品も売られてはいるが、税金を払っていないそうだ。バザールが開かれている裏側には、昔ながらの農村の家々が点在していた。しかし、そこには農民の生活の活気は感じられない。

博士が「食料品店に行ってみよう」と言うので、バザールの裏の店に入った。食料品店はバーに改装されていた。店に客はいなく、小太りの中年のウエートレスがいるだけであった。博士が「なぜバーに？」と彼女に聞く。

「正直に登録して店を開いていると、税金に追いまくられるの。いくら働いても全部税金でもって行かれてしまう。食料品店は税金が払えなくなって潰れたの。バザールで商売している人たちは、税金を払わないわ。儲けをみんな自分の懐に入れる。太刀打ちできない。不公平だと思わない？」彼女は火を吐くように、一気に勢いよくしゃべり出した。彼女が言うように、無許可の大道商人が野放しにされているのは、モスクワと同じようだ。

「ウクライナ人がロシアへ、ロシア人がウクライナへ行くのにビザは必要ない。しかし、彼らが商売のため

セトラキ村のコルホーズ員との出会い

商品を運ぶことは、どちらからもできない。それは両方の税関が厳しいから。しかし、そんな中でも〝袖の下〟を上手に使って、大儲けをしている現地の人たちの言う〝いかさま〟がいるのさ。そんな連中が税金を払うことはない。すべて闇、闇である。国は豊かな土地を所有しているだけなのさ」。こんな話はチェルトコフスキイ地区のあちこちで聞いたが、この土地だけの話なのだろうか。

ショーロホフ小説のモデル村は今……

ウクライナと隣り合わせの南ロシアでは、ウクライナ語がそのままロシアの生活の中で使われている。ルキヤシコ博士の話によると、このセトラキ村（フートル）は、ショーロホフが一九三二年に書き上げた長編小説『開かれた処女地』の舞台になったところ。このフートル（村）と言う名詞も、ウクライナ語である。博士も館長も一〇年前、ソ連邦時代にこの村を訪れていた。バス停の近くで、農民が馬車を止めているのを見て、二人が車を降りて彼に近づいて行った。彼らは三人と

「村は捨てられた」と話す元コルホーズ員

もウクライナ人であったので、あいさつも会話もウクライナ語であった。その村のバスの停留所は、ショーロホフの作品に出てくる農村や主人公を主題としたモザイク画で飾られていたが、それは悲しくも人の手でモザイクが剥がされていた。

一九一七年の社会主義革命以前には、この地方には富農も中農もかなりいたが、それらしき屋敷や家は見当たらない。村のはずれに数軒の家が並んでいた。その一番奥に石垣のある母屋と馬小屋、家畜小屋、大きな庭のある旧家があった。その庭では、アヒルが思う存分羽を伸ばしていた。私たちを見た馬が大きな声でいななき、何事かと主人が、足を引きずりながら出てきた。その人は善良そうな、五〇歳にはまだ手が届いてないと思われた。

私たちが怪しい者でないと分かると、人なつっこそうに村の話をし始めた。「村のコルホーズには、以前牛が三三〇〇頭、馬が一二〇頭、豚が三〇〇頭もいたのに、今は一匹もいないのですよ。ソ連邦が崩壊した一九九一年に、ガスプロムがコルホーズを買収したのです。その後、農民は何をしてよいか分からないでいる。働く場所を無くし、みんな貧しい生活を強いられているのです」

この男性は子どもの頃から足が悪く、ソ連邦時代は二級の身体障害者として、国の援助・補助を受けていた。レンガ工場でも障害者として働いていたが、今はそこも解雇され、月四〇〇ルーブルの年金だけで生活をしていると言う。

「そうそう、そう言えば、今年もわずかばかりの小麦粉の配給があった」と、突然思い出したように話し出した。

荒れ果てた畜舎

「え、どこからですか」

私はすかさず聞いた。

「スポンサーからだろう、恐らく、ね」

「スポンサーって?」

「ガスプロムからさ。金さえあったらどこへでも行けるのだが……今は職探しに出かける交通費さえ無い」と、肩をすくめて、いささか寂しげに言う。

博士と館長が一〇年前にこの村を訪れたときは、畜産も農業コルホーズも栄えていて、村には活気があった。しかし、「今は捨てられた村になっている」と嘆く。帰り道、いたるところで、かつては、国の繁栄を担っていた畜産業の牛舎、畜舎の無残な廃屋を目の当たりにした。最初に見た家畜小屋は、まだ屋根があった。ひどいところでは、屋根も窓枠も持ち去られていた。崩壊した家畜小屋をあちこちで見た。「ソ連邦が崩壊すると、直ちに畜産コルホーズから家畜を買いたたき、畜産業を潰し、広大な耕地を買収し、コルホーズ員たちの働き場を奪った。こんなひどい状態は、終戦後でさえなかった」と誰もが嘆き、わが同僚たちも

七面鳥の“散歩”

同じ思いであったようだ。

「ペレストロイカ以前はレンガ工場を建て、コルホーズ（集団農場）もソフホーズ（国営農場）も、まがりなりにも活動していた。農民は大昔から貧しい生活ではあったが、仕事はあった。今度の革命（一九九一年）前の幹部連中も、国のものを盗んではいたが、小さな盗みだった。今はどうです、国有財産をそのまま盗んでも、とがめる者がいないときている。」

途中の村道で、七面鳥の群が〝散歩〟しているのに出合った。近寄ってパチパチ写真を撮ってもびくともしないし、立ちはだかって動こうともしない。館長が「それで家主は頭を抱えている。失敬して持って行かれても分からないからね」と言った。プリモールカの館長の実家でも同じことで悩んでいるのかも知れない。村に流れている小川には丸木橋がかかっていて、アヒルがいっぱい泳いでいる。農村地帯ののどかな風景であった。

チェルトコヴォ駅に汽車が入ってきた

チェルトコヴォ駅

昼近く、ウクライナと国境を接しているチェルトコヴォ駅（一九四六年創設）に寄った。ロシア領の駅のプラットホームには、誰でもが入れる。改札がないからだ。チーヒー・ドン号がこの駅で停車する時間は、わずか二分。今回、私たちは建物とプラットホームを初めて見る。駅舎は、緑と白の配色のよいレンガ造りの近代的な建物である。各方面への定期列車も停車し、貨物列車も数本止まっている。警備や取締まりが行き届いているからか、駅の建物の前には、物売りや浮浪者などはいない。駅には東口と西口があって、東口がロシア領、西口がウクライナ領だ。建物の端のロシア領プラットホーム広場には、近くの住民が自宅の菜園で取れた野菜、果物などを自由に売っていて、活気がある。まるでミニ市場のようだ。一九九九年までは、ウクライナの住民もロシアの住民と一緒にこの駅で商売をしていた。

国境の駅ホームで売っている自家栽培の果物・野菜など

プラットホームで繰広げられる商売合戦

モスクワ行きの汽車が、一番ホームに入ってきた。さあ、大変！　西口からウクライナ人たちが、ロシアの住民に交じってスイカ、モモ、マスクメロン、蜂蜜の入った大ビン、バケツに入れた小粒の梨などを、一斉に乗客に売り込みに動いた。私は鉄道に架かっている屋根のない歩道橋の上から、買い手と売り手の両方の動きを夢中になって、カメラで追った。停車時間は短い。買い手は汽車から降りる時間がない。汽車の乗車口に売り手が群がった。自分の持ち物の買い手がないと悟れば、直ぐに別の車両に客を求めて走る。みんなホームを駆ける。数分の勝負だ。そして汽車は去って行った。

別のホームに、今度はオセチア行きの汽車が入ってきた。オセチア行きの汽車には乗客がさほど乗っていない。物を買う余裕のある客がいないのか、ここで売っている物に興味がないのか、動きが鈍い。汽車が去ると、ウクライナ人たちは西口に、ロシア人たちは

プラットホームの売り込みは数分が勝負

またホーム近くの広場に戻り、売れ残った商品を一斉に広げる。その中にはボヤールィシニク、小粒梨など、この土地の特産物が幾つかあった。新聞紙に入ったボヤールィシニクを一袋買う。小粒の梨を博士が一〇ルーブルで買う。館長はロシアに住む老ウクライナ人のジャガイモを買っているようだ。

「いや、ダメだ。一ルーブルだって負けられないよ。もともと安くしているのだから」。

「あちら（ウクライナ）の物価が安いから、わしらも安く売らされてしまうのさ。たまったものでないよ」

この国境の駅で、わずかな作物を毎日売って生活しているロシアに住むウクライナ女性は、「ウクライナの物価が安いので、客は同じ物なら彼らの物を買っていくのよ」と説明するが、その言い方はいささか投げ遣りだった。そばにいた同僚の女性たちも、「彼らの付けてくる値段は、われわれの三分の一から二分の一の安さなの。それでもウクライナでなら生活できるわ。ロシアではウクライナよりも生活水

現地の果物

準が三倍から五倍も高いの。あなた方だって分かっているでしょう。物価も物によっては何十倍もの格差があるのを。こんなに安く売っていては、儲けは残らない」、「今のところ、ここチェルトコヴォに限っては、あちら（ウクライナ）の人たちが菜園で取れた作物を売るのは、暗黙の了解があるというようなもの」とも言った。

ソ連邦が崩壊した一九九一年までは、誰もロシア人、ウクライナ人など民族を意識せず商売をし、共通の貨幣（ルーブル）で生活をしてきた。しかし、いま線路を隔てて肉親とも友人とも国籍を異にし、ロシアとウクライナの二つの国に裂かれてしまった。そして、両国民は戸惑いを隠せないでいる。「今更〝他人〟なんて考えられない」とは言うものの、双方ともインフレに悩まされて、生活が大変困難になってきている。インフレがこんな末端の両国民の生活まで脅かし始めている。

線路を越えて直ぐのところに、ロシア人の美容院がある。そこはウクライナとロシアの国境ぎりぎりのところ、だそうだ。チェルトコヴォに来てから、できることならウクライナ領に入って、自分の目で両国の国民生活の差がどれだけあるのか、是非確かめて見たい。「せめてウクライナの生活が直に見られるその美容院に、ぜひ行きたい！」と、そんな思いが日増しに強くなっていた。館長も博士も「協力しよう」と言って、地区警察署の紹介状まで手に入れて、国境の税関にまで一緒について行ってくれた。

チェルトコヴォ駅からほんの数分の所に、国境の税関がある。そこを通るときは誰でも検問される。第一関門は車を止め、証明書を見せるだけだが、その一〇〇《メートル》先には厳重な関所がある。関所を通るにはビザが必要で、どんな紹介状も通じない。もちろん地区の警察署の紹介状も、問題にされなかった。私のロシア国内だけのビザではウクライナに入ることは、一歩たりとも許されないことが分かった。

この道を一〇〇《メートル》も行けばウクライナという道の真ん中に立って、〝国境〟とは何かを考えさせられ、また法の非情さをまざまざと見せつけられた。ところが、「どうしてもウクライナに行きたいなら、数《キロ》先に別の道がある」と、教えてくれる者がいた。それは違法だが、そこなら誰も止めないし、簡単に行けるというのだ。この大陸的おおらかさが多少は私の心を慰めてはくれたが、しかし、私は法を犯してまで行きたいとは思わない。ウクライナ行きは、別の機会に正式な手続きを取って入ることにした。

〝青空レストラン〟で歓迎会

私たちはマニコヴォ＝カリトヴェンスコエ村で、普段着姿の警察署の幹部イワン・イワーノヴィチとウクライナ美人のライサ夫人と落ち合った。彼女が村のキオスクで、パンとドン川の特産である大きなコイ科の干魚を買った。ゴルベンコ館長の実家で見たのと同じ干魚である。すべての用意ができ、車が走り出した。イワン・イワーノヴィチの先導する車がステップに入って行く。その後を追って、私たちの車がガタガタのステップの道を走る。ルキヤシコ博士が「バイバク（ステップ・マーモット *Marmota bobauld*）の巣だ」と見せたのは、直径一〇《センチ》ほどの穴だった。川沿いの茂みに着くと、すでに車が二台止まっていた。

「先客かな」と館長が呟いた。木の茂みには太った男たち五、六人がすでに気勢を挙げて、ご機嫌であった。

大草原のステップ・マーモット

イワン・イワーノヴィチがその一人一人に握手をしている。この町の顔役のようだ。彼らの一人が、シャシルイクの串を持って、私に近づいてきた。「これは子豚の肉で、美味しいですよ」と私の手に握らせ、「イワン・イワーノヴィチ、〝貴賓席〟は空けておきましたよ」と言った。そこは木々で囲まれ、真ん中には大きなゴザが敷けるスペースがあって、まさに貴賓席であった。また、そこにはシャシルイクを焼く設備も備わっている。その場所はふだんモスクワなどから見える要人らを迎え、宴を開くための〝青空レストラン〟だったのだ。今日はここで、ご夫妻が私たちを友人として迎えるために、野外で歓迎会を開いてくれる。

午後四時を回っていたが、南国の夏の太陽はまだ高い。ライサ夫人が敷物の上に自慢の家庭料理、スイカ、果物、先ほど買った油ののった干魚などを素早く並べ、イワン・イワーノヴィチがパンを切る。ウオッカも並ぶ。贈り物によく利用されるクリスタルの特製ビンに入ったウオッカだ。このような高価なものは、誰でも手軽に買えるわけではない。

ウクライナ人のステップ・マーモット料理

珍味ステップ・マーモットのスープ

最初の乾杯のウオッカが注がれ、杯が高らかに上げられた。そして、みんなが一気に底まで飲み干した。これがロシア式乾杯だ！　男性が急に元気になった。奥深い自然の中での乾杯の酒は、喉元がジーンとするほど強く、うまい。料理もまた旨い。町の顔役から頂戴したシャシルイクは、子豚の焼き肉で絶妙な旨さであった。ウオッカのビンは一回の乾杯で簡単に空いてしまった。歓迎会が始まって間もなく、体格のよい二人のウクライナ人がやって来た。彼らは料理人であった。私たちに軽くあいさつをし、そばのかまどで火をおこし料理を始めた。その二人から最初に運ばれてきたのは、スープだった。「上品な味！うーん、美味しい！」。しかし何のスープか見当がつかない。不思議そうにしている私に、「何のスープか分かりますか？」と、イワン・イワーノヴィチが細い目をさらに細めて、優しく問うた。この地方では、結核に効くと評判のステップ・マーモットのスープだった。ステップ・マーモットの狩猟には、特別な許可が必要だ。イワン・イワーノヴィチが私たちのために、特別に彼らに狩猟の許可を出し、料理してもらったようである。ステップ・マーモットは大きな塊に切って野菜と一緒に煮て、最初はスープをいただく。その後、肉は別の皿に盛られて出される。これは塩味だけの大変上品な料理であった。ステップ・マーモットの尻の油肉が何ともまろやかで、シベリアのトゥワー共和国（モンゴルとの境）で食べた、羊肉の塩の水煮を思い出した。ウクライナ人はこの料理を私たちに給仕し、味見をし、満足な味に出来上がったと喜んで、いつの間にか誰にも気づかれないように静かに去って行った。

ウクライナの歌、ロシアの歌がいつまでも夜の森に響いた

周りが暗くなり、そして数時間が過ぎ、星も月も出てきた。男性たちは近くの木の枝を取ってきて、キャンプファイアを焚く。ウクライナの愛の歌、失恋の歌、故郷の歌が誰とはなしにくちずさまれ、それはやがて二重唱・三重唱となる。それらはロシアのロマンスにも、日本の歌曲にも通じる、格調高いメロディである。静寂の暗闇の中で聞く哀愁を帯びた短調の歌は、人の心を揺さぶり、豊かにする。

ウクライナ人は歌が上手いし、歌うことが好きな民族である。闇夜に響くのはわれわれの笑い声、話し声と歌声のみである。このような自然の中でたらふく食べ、ウオッカ、ブドウ酒を飲み干し、そして思う存分語らい、腹の底から笑い、大声で歌い、そして日々の疲れた精神を癒す。彼らのストレス解消法を垣間みた気がした。

夜の一〇時を過ぎても、誰一人疲れた様子を見せない。イワン・イワーノヴィチが腰を上げたので、「そろそろ引き上げるのか」と思ったら、それは次の〝宴〟への男同士のシグナルであった。

真夜中の訪問

真っ暗なステップを迷いも無く、村道に出た。ぽつんぽつんとある農家でも、もう明かりは灯っていない。突然一軒の農家の前で車を止めた。犬が大声を上げて吠え始めた。しばらくすると、老夫婦が目をこすりながら起きてきた。

「起こしてしまったかしら、夜分ごめんなさいね」

「いいのだよ、まあ、よくわが家に寄ってくれたね、ありがとう、よ」

そんな女性の会話を聞いた。近親者の会話のようであった。家の中に通されるやいなや、私はあいさつもそこそこに、応接間のソファーに倒れるように横になった。目を開けているのが限界だった。しばらくすると、バヤンの伴奏に合わせて、みんなが陽気に歌っているのが聞こえた。その声で目を覚ました。テーブルにはスイカ、マスクメロン、トマト、チョコレートなど、ウオッカのつまみが並べられていた。

この老夫婦はイワン・イワーノヴィチの里親であった。実直そうな老夫婦は「息子の客が来た」と、真夜中なのに私たちを手厚くもてなした。

「息子の客」のためにと、バヤン伴奏に合わせて歌を披露

月明かりも星の光もない。この土地を知り尽くした者のみが、闇夜の道を走れる。数時間後に、さらに、そんな真っ暗の夜道を私たちの車が走った。イワン・イワーノヴィチの自宅に着いたときは、すでに真夜中の一時を回っていた。まだ、誰も飲み疲れた様子はない。ここでもテーブルが準備され始めた。私は失礼してベッドの用意された部屋で横になり、響きのよいクリスタルの乾杯の音と笑い声を、夢うつつの中に聞きながら眠りについた。

翌朝、驚いたことに、あれほど飲んで騒いでいた連中が私よりも早起きし、元気なのだ。朝食はライサ夫人の手作り料理である。裏の畑で取れたというジャガイモを炒めたウクライナ料理とスープ。裏の畑は広く、そこには朝早くから農民数人が手伝っていた。

こんなのどかな国境地帯だが、貧富の差が激しくなりつつあるのが顕著だ。どんな問題があるのか、イワン・イワーノヴィチに聞いてみた。

「チェルトコフスキイ地区では、毎日のように家畜が盗まれているのですよ。牛を盗むにも手が込んでいる。牛の足跡がつかないように、牛にワーレンキ（フェルトで出来た長靴）を履かせて連れていく。農家では乳牛一頭いれば、一家が生きていけるのです。牛は乳を出し、チーズ、バターを作り、そして子を生む。そりゃ、牛の世話は大変ですがね。しかし、農民にとって、そんな苦労は何でもないこと。農家にとって大切なものを盗んでゆくのだから、悲劇ですね。

それに最近は、若い娘が年配の金持ちに身を任せているのが、目立ってきています。援助交際がここ数年増え続けていて、われわれにとって悩みの種なのです。」

●第七章●

真冬のドン地方

新年の聖堂めぐり　2013 年正月

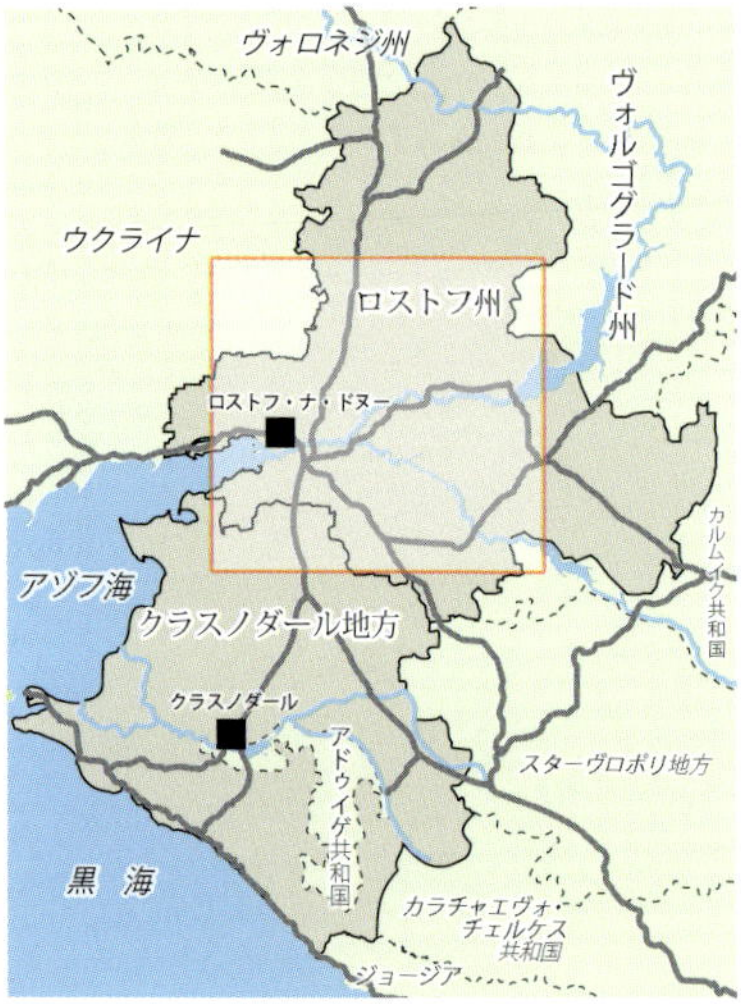
ヴォロネジ州
ヴォルゴグラード州
ウクライナ
ロストフ州
ロストフ・ナ・ドヌー
アゾフ海
クラスノダール地方
カルムイク共和国
クラスノダール
アドゥイゲ共和国
スターヴロポリ地方
黒　海
カラチャエヴォ・チェルケス共和国
ジョージア

↑ 至ヴォロネジ州
セミカラコールスク
コチェトフスカヤ
ラズドールスカヤ
ツィムリャンスカヤ
アクサイ
ノヴォチェルカースク
コンスタンチノフスカヤ
タガンログ
プリモールカ
オブホフカ
スタロチェルカースカヤ
ロストフ・ナ・ドヌー
アゾフ海
クレショフカ
カガーリニク
アゾフ
ユーシキン
アレクサンドロフカ
ツェリナー
スタロミンスカヤ
0
20km
至クラスノダール ↓

遊牧民カルムイク文化

アゾフの寒波に震え上がる

二〇一二年暮れから三ヵ月間、三年ぶりで美術史家の新田さんと南ロシアの旅に出た。一二月三日、モスクワのカザン駅からロストフ・ナ・ドヌー行き寝台車に乗るところから、ロシアの真冬の旅が始まった。冬の長期滞在は、留学以来ではなかろうか。冬物の洋服、履物、日本食など荷物が多く、トランクは四個にもなった。モスクワの移動の際の荷物は、いつも親友のジーマさんに運んでもらっている。今回も彼が宿から汽車に乗り込む長い距離を、小言も言わず荷物を運んでくれた。「もし神が私にもう一本の手を与えていたら、私はあなたたちの全部の荷物をもってあげられたのに！」。彼は正真正銘のロシアの〝ボガトィリ（豪傑）〟だ。

私はジーマに「帰りはもっと軽くしてくるからね」と言って謝った。今回の汽車はいつものチーヒイ・ドン号ではなく、別のフィルメンヌイの汽車（北カフカース鉄道）、フランス製のたいへん快適なものであった。飲み物を車掌に頼む—お茶は砂糖、レモンが付いて五〇ルーブル（一ルーブル二・七二円　二〇一二年一二月）。

アゾフの冬の夕焼け

翌日、終点のロストフ・ナ・ドヌー駅に着く。駅は見違えるほど近代化され、利用し易くなっていた。駅のホームには懐かしくやさしい笑顔のイワン・グルンスキイ氏（アゾフ博物館副館長）が迎えていた。久しぶりに会う彼は、かっぷくの良いジェントルマンに見えた。ロストフ・ナ・ドヌー駅からアゾフ市までの新道ができていて、アゾフ博物館からの出迎えのマイクロバスが、心地よいほどスムーズに走る。道中見る久しぶりのドン川、湿地帯、河川の風景は、すっかり冬景色に包まれていた。アゾフ市内のマンションに着くと、ゴルベンコ館長が立っていた。

アゾフ滞在三日目、この地方にかなりの寒波がおとずれていて、震え上がる。アゾフにはドン川からの風が吹き付け、一層寒く感じる。

アタマン宮殿で『ドン・カルムイクの生活展』

アゾフ滞在四日目、ラズドールスカヤ村に向かう途中、ゴルベンコ館長の友人スヴェトラーナ・セジンコ氏（ドン・コサック歴史博物館とその別館アタマン宮殿の館長）に会うため、ノヴォチェルカースク市に寄る。彼女はいつものように茶菓子とオープン・サンドイッチを用意して、私たちを待っていた。アゾフを出発してノヴォチェルカースクに到着するころが、ちょうど喉を潤したくなる時間帯だ。ありがたい休憩地であり、寒さの中での熱い紅茶ほど心温まるものはない。帰り際にセジンコ館長は、一週間後の一四日午後四時に開かれるアタマン宮殿とカルムイク共和国博物館共催による『ドン・カルムイクの生活展』に、私たちを招待してくれた。

一週間が過ぎ、私たちは朝早くアゾフを発つ用意をしていた。ゴルベンコ館長が、途中のロストフ・ナ・ドヌー市内の文化省で用事を済ませ、午後四時のオープニングに間に合わせるためだ。しかし、この日は前日からの大雪で、アゾフでは車庫から車を出すことすらできない。二時間遅れでようやく出発した。しかし、ロストフ・

『ドン・カルムイクの生活展』の説明をする学芸員

ナ・ドヌー市手前のドン川橋付近でもこの大雪の大渋滞に遭い、ここでも二時間ほど立ち往生させられた。ノヴォチェルカースク市内の雪も除雪車が捌き切れずに、市内に入ってからもアタマン宮殿に近づくことは、大変難航した。私たちはこの展覧会の開催時間にも、大幅に遅れて着いた。

この展覧会には一九一九年に外国に持ち出され、一九四六年にノヴォチェルカースク市に返還されたカルムイク人の貴重な作品コレクションが、はじめて展示されていた。それらは布に描かれた仏画、カルムイク・ラマ僧の帽子の装飾、衣装、住居（ユールタ）、生活必需品などであった。その他展示品には、〝ドン・ステップの歌い手〟とコサックの誇るI・クルィロフ画伯の作品も出品されていた。

カルムイク人とは、一七世紀に南ロシアのドン・ステップに出現したモンゴル系遊牧民である。カルムイク人は、仏教を信仰する民族なのである。この展覧会には、仏教文化が色濃く反映された作

《カルムイク民族音楽アンサンブル》の歌声がアタマン宮殿に響いた

品が展示されていた。またカルムイク文化を紹介するために、彼らの《民族音楽アンサンブル》も出演する予定になっていた。しかしこの日の大雪で、アンサンブルの到着も大幅に遅れていた。会場となったドン・コサックのアタマン宮殿ホールには、アンサンブルのステップの香り高い歌声を聞くため、多くの人々が待ちわびていた。

その民族音楽を聴いた後、セジンコ館長は私たちを館長室に案内し、ドン・コサック歴史博物館に所蔵されている至宝のパンフレット、また同博物館所蔵のN・N・ドゥボフスコイの画集、I・I・クルィロフの画集を披露し、博物館の活動を熱心に語った。

ドン・コサック歴史博物館とアタマン宮殿には、貴重なコサック文化及び日本の陶器（大型花瓶）をはじめ、西洋美術品などが所蔵されている。この所蔵品展が日本で開催されたら、どんなに素晴らしいことか。楽しく談笑したあとセジンコ館長と別れ、白銀に包まれたラズドールスカヤ村に向かった。この地方の博物館、美術館には、貴重な所蔵品がまだまだ多く眠っていて、展覧会を組織する者にとって大きな穴場である。

ラズドールスカヤ村で迎えた正月

逞しく生きる女性たち

夜八時の車道の両側は、真っ暗なステップ。車の真正面からは猛烈に雪が吹き付けてくる。その光景は車のライトに照らし出されて、最初は幻想的に思えて見惚れていたが、やがて雪の針が前から私の体に刺し込んでくるようで、恐ろしくなってきた。「これが〝ステップの猛吹雪〟だ」と、館長は言った。静まり返った夜のラズドールスカヤ村に着く。滞在した三日間はマイナス一〇℃以下で、雪もかなり降った。アゾフに帰る日もまだ吹雪いている。昼の明かりで道路に叩きつける〝ステップの吹雪〟を、はっきり見た。それは夜道に見たものとは違った凄みだった。その様を夢中で写真に収めた。ノヴォチェルカースクからアクサイに向かっているとき、「この道は、かつてプーシキンやレールモントフが、モスクワからカフカースに行くときに通った〝モスクワ街道〟だよ」と、館長が教えてくれた。ノヴォチェルカースクからロストフ・ナ・ドヌーに向かう途中でも猛吹雪のため、渋滞に遭う。

ラズドールスカヤ村の館長の別荘は、二年前に改修工事が終わり庭もきれいに手入れされ、冬の生活も快適に営まれていた。彼は毎週末ここで過ごしている。私たちは二〇一二年一二月から一三年一月の毎週末ラズドールスカヤ村で過ごし、コサックの生活をより深く見聞することができた。

ラズドールスカヤ村の別荘は彼の不在の時には、村の博物館に勤めるタマーラ・イワーノヴナ・コルズン（以下、タマーラ）が家の管理をしている。彼女は四〇歳前後の大きな体格の持ち主で、大らかで頼もしいロシア女性である。ある時私たちの到着に合わせて、夕食にブリヌイを焼いて待っていた。「明日は発酵乳を使ってコ

真冬の家畜を守っているタマーラさん

サック料理を作るワ」と言う。私たちはここでタマーラと仲良しになる。

タマーラはペチカの職人であった父を早くに亡くし、看護師であった母も四年前に亡くしている。両親と暮らした家を火事で失い、その敷地に家畜（ヤギ四頭、鶏、インドウートカ一〇羽、犬）を飼っている。私たちはラズドールスカヤ村に滞在中、時々搾り立てのヤギの乳、生みたての卵をご馳走になる。彼女は自分の家畜の世話以外に、不在のモスクワの画家から依頼されて番犬の面倒も見ている。

タマーラの一日の始まりは六時に起き、家畜に餌を与え、職場に行く。館長の家から彼女の家畜小屋までは、歩いて一〇分ほどのところにある。夜、私たちはよく遅くまで話し込んだ。そんなときでも、彼女は九時であろうと一〇時であろうと厳寒の夜道を歩いて、家畜に餌をやりに行く。ある晩、話に夢中になり真夜中零時近くまでおしゃべりしていたが、そのあと、なんとタマーラはモスクワの画家の番犬に餌をやりに行った。このマイナス一〇℃以下の中たった一人で、だ。この村が平和の証拠ではあるが、灯りの少ない真夜中に女一人歩きができるのは驚きだ。

正月料理用のインドウートカをさばくI・ゴルベンコ氏

一二月三〇日には館長の弟イワン・アレクサンドロヴィチも合流し、五人で暮れから正月五日まで過ごす。次の日、朝食後にタマーラの家畜小屋のある敷地を訪ねた。マイナス五℃とはいえ、近くを流れるドン川の風が痛く身にしみる。彼女の敷地は高台の見晴らしの良い、人の出入りの少ないところにあった。家畜小屋のある雪に埋もれた広い敷地は、家畜が好き放題に駆け回れる楽天地だ。タマーラが垣根を入って行くと、まず大きな雄ヤギが近づいてきた。そして餌を求め家畜が一斉に泣き出し、彼女を囲んだ。雌ヤギは出産したばかりで乳が張っているときは、マイナス二〇℃でも三〇℃でも彼女が乳を搾ってやる。

イワン・アレクサンドロヴィチは正月用のインドウートカを捕まえ、麻袋に入れて持ち帰る。この時、外気はマイナス一〇℃を超えていた。家に戻るとすぐに、庭の隅の小さな台の上に、料理用のインドウートカが置かれた。それをさばくのは彼だ。周りの真っ白な雪の上にインドウートカの血が飛び散った。タマーラは家に入って、その場から離れた。イワン・アレクサンドロヴィチはお湯を沸かし、熱湯にインドウートカを入れ、毛をむしって行く。同じ鳥でも鶏、七面鳥などの毛はわりと楽にむしれるが、インドウートカの毛は細かいので苦労するそうだ。その最後の仕上げは、庭の隅に備えられているバーナーで、目には見えない毛を焼いていく。丸坊主にされたインドウートカは、次の料理人タマーラにバトンタッチされた。彼女は手際よく尻から内臓を取り出し、水とじゃがいもを入れ、楊枝で閉じた。オーブンで長い時間かけてじっくり焼く。「空気のきれいなところで、餌にも気をつけて育てられているし、環境汚染されていないので、安心して食べなさい」と、イワン・アレクサンドロヴィチが太鼓判を押した。

二〇一三年の正月は、ドン河畔のラズドールスカヤ村の館長宅で迎えた。ゴルベンコ兄弟とタマーラたちと共に、一二月三一日モスクワ時間夜七時に日本の正月、そして真夜中零時にロシアの正月を迎えた。人生ではじめて正月に本場で、コサックの手料理を食べることができた。

乾杯のためにシャンパンが用意されていたが、館長は私たちに、プーシキンの名著『エヴゲーニイ・オネーギン』の中で、タチヤーナの日に飲まれている、南ロシア地方きっての〝ツィムリャンスコエ・シャンパン〟をふるまった。わずか人口八〇〇人のラズドールスカヤ村の正月は、実に静かだ。いつもの正月より私たちは早めに床に就いた。寝静まってすぐに、パリに旅行中のエルミタージュのカメラマン、テレベーニン夫妻から新年のあいさつの電話が入った。

四日、村に市がたった。客で賑わうわけではないが、はじめて通りを行き交う人々の声を聞いた。博物館の別館前の小さなバザールに、冬の衣類、履物、お洒落着などが並べられている。興味を持って店を覗くと、新田さんに「あなたにたいへん似合う」と、純毛の手編み袖なしチョッキが勧められた。大都市と比較すると大変安価なのは、ロシア国籍の韓国人や中国人が内職で編んでいるからなのだそうだ。ゴルベンコ兄弟は、雪や風で危険な家の前の枯木を切りだした。今は通りの雪かきや木々の手入れをする人も少なくなっているようだ。

隣の博物館の別館も今日が初日。ラズドールスカヤ村はコサックの首邑として栄え、一九世紀から二〇世紀初頭の建物が残されている。そのいくつかが、今日まで保存されて民族博物館の別館となっている。開館初日、

博物館の別館で説明をするボールドィレワさん

職員のニーナ・イワーノヴナ・ボールドィレワを訪ね、コサックの典型的な古民家＝クレーニ（内部は一九〜二〇世紀の生活調度品を展示）と煉瓦造りの二階建ての別館（外国の調度品、高級家具、時計、鏡を展示）を案内してもらった。

彼女は博物館で働く傍ら乳牛一頭を飼い、朝五時起きして乳を搾り、それを売って生活の足しにしている。その生活力は若者顔負けだ。夫と早くに別れた後、女一人で二人の子供を育て上げた。「ソヴィエト時代は教育費、医療費が無料でしたから、それは大助かりでしたよ」。「冬の乳搾りは手がかじかみ、想像以上につらい」と言う。誰の援助も受けず、逞しく生き抜いている彼女は、女性の模範である。今、二人の子供は成長し、独立している。一人暮らしの彼女は、家畜がいるので家を空けることができない。「アゾフ博物館に行くことが夢」なのだそうだ。ボールドィレワさんは、ここで生まれ育った生粋の村娘。五七歳。このような厳しい生活の中、逞しく生き抜いている女性には、教えられることが多い。

ブドウ栽培に適した砂地

朝起きると庭に雪が積もって、一面雪景色。「雪が降った後マロース（厳寒）になるのはいいが、雪が解けて土が見えてからマロースになると、庭の果樹＝ブドウ、ナシ、リンゴ、プラムなどにダメージを与え、よくない」、そう言って朝から館長は、庭の雪をブドウの木の下にかき集めていた。昨年は思いがけないほどブドウの収穫があったと、彼は嬉しそうに話した。そこで彼に、どうしてこの地方にはかくもブドウの産地が多いのか、尋ねてみた。

「この地方では以前からブドウが栽培されていた。それは高いドン川沿いのすべての斜面が南向きになっていて、そのお蔭で太陽が一日中ブドウ棚に照り付けているからだ。そのために土壌には水、そして上からは南の太陽が照り付ける。アゾフ地方で最初にブドウの名前を聞いたのは、オスマン帝国時代のこと。ピョートル一世は、アゾフ周辺のドン川斜面一体にブドウの苗を植え付けようと試みた。しかし、それは完全に失敗だった。その地域のブドウの土壌はあまりにも《硬く》てね、だがラズドールスカヤ村、コンスタンチノフスカヤ村、ツィムリャンスカヤ村の地域は、砂地でこれらの栽培には適していた。またドン・コサック軍のアタマン＝プラトフが、一八一二年のナポレオン戦争後、フランスから苗木を持ち帰り栽培を試みた。

現在ラズドールスカヤ村からヴォルゴドンスクまでのドン河畔全体が、広大なブドウ畑になっている。一九一七年の革命まで、ドン地方ではコサックがブドウを栽培し、良質のワインを作り上げた例は、ほんのわずかだった。ワインを取得するには大規模な、要するに工場のような条件と技術が必要とされた。ソヴィエト時代に、ドン川下流でワイン工場が出現し、そのうちの一つが、ツィムリャンスキイ地区のシャンパン工場なのだ。」

作家V・ザクルートキンの運命

ロシアでは一月八日まで正月休み。二日はどの博物館も開館されていない。それなのにゴルベンコ館長は、私たちを二日にコチェトフスカヤ村の作家V・A・ザクルートキンの住居・博物館に案内してくれた。モスクワの大学留学時代に彼の作品が文学の授業に取り上げられたこともなく、私は名前すら知らない作家であった。当然ながら、博物館は閉まっていた。館長は、同博物館の責任者であるタチヤーナ・ニコラエヴナ・ストロコワに電話をかけ、日本人が来ているということで、特別に開けてもらった。しばらくすると、責任者のストロコワさんが現れた。彼女はいま流行のアイシャドーで目をくっきりと描き、精いっぱいのおしゃれをしていた。コサック地方の女性にしては、やせていて小柄であった。あいさつもそこそこに、彼女は博物館について話し始めた。――

逸名画家『作家V・ザクルートキン』

「この博物館は、生前作家の住んでいた家なのです。ヴィターリイ・アレクサンドロヴィチ・ザクルートキン（一九〇八～八四）は、一九〇八年にフェオドシヤ（クリミヤ半島の都市）で教育者の家庭に生まれ、一九三二年にブラゴヴェシチェンスク教育大学卒業後、レニングラード（現サンクト・ペテルブルグ）の教育大学大学院でA・プーシキンの作品を研究し、学位を取得。一九三六年にロストフ・ナ・ドヌーにやってきて、ロストフ教育大学の文学講座で指導し、教鞭をとり始めるのです」。

ストロコワさんが突然、ホールの隅にあった一メートルはある大きな鉛筆を取りあげ、私たちに見せた。鉛筆は作家に贈られたもので、そこには「偉大なる作家へ大きな鉛筆を」と書いてあった。彼女はジェスチャーを交えて、作家のエピソードを続けて話し始めた。

――

「一九四一年夏、ザクルートキンは義勇志願兵として戦地に向かい、従軍記者として一九四一年から四五年にかけて多くの戦闘に参加しました。彼はその時の状況を『カフカースの手記』の序文にこう記しています。――

≪一千キロにおよびカフカース戦線に沿ってヒトラー軍との攻防戦があった一九四二年八月から一九四三年二月まで、この巨大な戦場―ツェメスカヤ湾からカルムイク・ステップまで―を私は従軍記者として、戦線の主要な戦闘地区を駆け巡った。これらの日々、私の戦った戦場のあらゆる場

郷土の作家について熱っぽく話すストロコワさん

所で、この手記を書いた。

これは戦争史の著作ではなく、またカフカース戦線の特別な調査でもない。これは私が見聞し、体験した物語である。》

ザクルートキンは、ベルリンで終戦を迎えました。彼は数多くの武功をたて、勲賞を授与された。そのうちの一つは、G・K・ジューコフ元帥から直接受けとっています。ザクルートキンは記者として、ベルリン市のドイツ降伏文書の調印式に列席してもいるのです。終戦後、彼の著書『カフカースの手記』、小説『世界の創造』などが出版されました。『世界の創造』のなかで、ザクルートキンは「この美しい地球を守らなければならない、また人間は互いに愛し合い、平和に暮らすために、ファシズムに打ち勝たねばならない」、と訴えています。

一九四七年、作家はドン河畔のコチェトフスカヤ村を訪れ、「ドン地方の豊かな自然を守らなければならない」と、いつも言っていました。特に彼が心配したのは、ドン川の環境保護と漁獲量問題でした。四〇年代にはドン川の魚は豊富で、まだ心配なかったのですが、彼は先を見通して魚を保護し、魚の養殖工場建設、魚の繁殖地の回復を説いていたのです。現在、この地方では、作家の心配が的中し、魚が激減しているのです。

また、ザクルートキンは芸術分野に造詣が深く、彼の家には多くの芸術品が保存されていました。その中の二点が、この博物館に展示されています。一点は、彫刻家・画家セルゲイ・コロリコフ（一九〇五～六七）の彫像『ステパン・ラージン』です。ソヴィエト時代、コロリコフの名前を口にすることすら禁止され、彼の多くの作品が抹殺されました。一九四三年に彼は、国外に出ざるを得なかったのです。そんな

S・コロリコフの名作
『ステパン・ラージン』

時、ザクルートキンは、行き場を失った彫像と、一八世紀のポーランド派画家の作品『女の肖像』を芸術家の妹S・コロリコワから購入しました。恐らく、これはマリーヤ・ムニシェク（一七世紀ロシアの偽ドミトリーの妻）の肖像画であろう、と言われています。」

博物館にはザクルートキンの生前の生活が手にとって分かるように家具・本棚の膨大な本、絵画、動物や鳥の剥製などが、また彼が収集した今になっては貴重な芸術作品が、各部屋に展示されている。博物館の責任者ストロコワさんは、作者のこよなく愛したプーシキンの詩の一節をジェスチャーと感情をこめて、情熱的にわれわれに披露した。

館内の案内の終わりに、彼女は声を落として「どうしてもお話ししておきたいの」と、言い出した。それは想像もつかない、ザクルートキンに降りかかった重い歴史上の出来事であった。

彼女の話によると、――

一九三八年ザクルートキンは、ロストフ教育大学でプーシキンの詩の講義中に逮捕され、彼は約一年間ロストフ刑務所に監禁された。しかしどのような詰問、殴打を受けようとも、いかなる書類に署名することも拒んだ。それを救ったのがショーロホフであった。彼は一九三五年にヴョーシェンスカヤ村でザクルートキンに会っている。ショーロホフはスターリンに会見し、ロストフ刑務所に監禁されている同郷人たちの釈放を申し

M・ショーロホフ（左）と話すV・ザクルートキン（右）

込んだ。スターリンは内務人民委員部に逮捕者の釈放を命じた。多くの政治犯が釈放され、その中にザクルートキンもいた。

ソヴィエト時代には、ザクルートキンの作品が大学の講義に取り上げられることも、図書館で読まれることもなかった。留学中に私は彼の作品を手にすることがなかったが、ソ連の学生も同じであった。しかし、作家の運命は南ロシアの片田舎で、彼の理解者らによって花開いていた。

博物館の敷地内の別の建物で展示品を見た後、ストロコワさんがセミカラコールスクの陶器を手にし、私たちに見せながら、「これはこの地方にプーチン大統領が来たときに、この博物館にも寄ってくれると確信していて、贈り物を用意していたの。だってザクルートキンはベルリンまで行軍し、ベルリンのドイツ降伏文書の調印式に列席した、この地方の英雄作家なのよ」と、大統領に思いが伝えられなかった無念さを語った。休憩室で紅茶をご馳走になるが、ここでも彼女の熱演が続く。ステップの詩、ロマンスに続いて、コサック・ダンスが披露された。正月早々予期しない楽しい時間を過ごした。

厳寒のドン川で大聖水式

一八日　ラズドールスカヤ村最後の夕食は、イワン・アレクサンドロヴィチの手作りウファ（魚スープ）である。白魚二匹を頭から五センチほどの輪切りにし、さらに切り身にスープのだしがしみ込むように、その切り身の皮の上から二ミリ間隔に切りこむ。それを微塵切りにした野菜と時間をかけて煮る。魚が煮えると、汁からそれを取り出す。実と汁は別々に食べるのがふつう。出汁にはいろいろの野菜と魚のうまみが相俟って、絶妙な旨さ。海の男の魚料理は抜群だ。夕食後、タマーラは私たちのためにと靴下を編んでいる。その傍で猫が動く糸にじゃれている。寒い地方のありふれた夜の情景なのだろう。

　南ロシアを長いこと旅し、さまざまな場所で、また一年の異なる時間、時季でドン川の壮大さ、変容を見てきた。それらはロシアの作家、芸術家たちの心を揺さぶり、奮い立たせてきた。

凍て付いたドン川　ラズドールスカヤ村　2013 年

午前零時の大聖水式　ラズドールスカヤ村のドン川　2013年

なぜ土地の人々は、ドン川を《静かな》と言うのか。これは距離、流れの速度に関連しているようだ。ドン川は、トゥーラ州のノヴォモスコフスク市近くから始まり、総延長一八七〇キロ（ロストフ州内の距離は四七〇キロ）。川の緩やかな流れは、一キロあたり一〇センチという小さい勾配にある。穏やかな流れの川を、住民は《静かなドン》と呼んでいる。

二〇一二年一二月から二〇一三年の一月半ばまで、ラズドールスカヤ村の正月を迎えるために新田さんと滞在していた。そんなとき寒波に襲われたが、冬のドン川を一目見ようと出かけた。ドン川は氷と雪に覆われ、私は自然が作り出した荘厳で、その麗しい姿に圧倒されてしまった。現地の住民は、大聖水式前後の厳寒のドン川をより敬い、その日に特別な儀礼を行なっている。あらゆる年齢層の住民やロシア正教信者が、聖水式のため真夜中（一月一八日から一九日）にドン川に行き、川のエネルギーを吸収するために、川に入るのだ、と聞いた。

私たちは一八日から一九日にかけて、ロシア正教の

真冬のドン川に三度潜り、三度十字を切る

この儀式がどの川でも行なわれると、アゾフ博物館の図書館で聞いてきた。館長はラズドールスカヤの聖堂の司祭に電話をかけ、ここラズドールスカヤ村のドン川でも大聖水式が行なわれることを知った。幸い館長の弟イワン・アレクサンドロヴィチが一緒に行ってくれることになり、夜中の一一時半過ぎに家を出た。村の中心にある聖堂では、真夜中の奉神礼が行なわれていて、明かりが灯っていた。その聖堂の脇の道を下って、ドン川に出た。聖堂を過ぎると、もう暗闇だ。外気はそれほど寒くはないが、暗く泥濘の道が見えない。聖水式の場となっているドン川まで、道のところどころの電灯が灯されているだけだ。

そこは三週間前の一二月三〇日に、凍てつくドン川を見せるために、館長が車で私たちを案内してくれていた。道路を進んでいくと徐々に河原が広がっていて、そこは雪で覆われている。もし、館長が前もって見せてくれていかったなら、全く知らない真夜中の道であったなら、この暗闇をどう切り抜けていただろうと思いながら、雪灯りを頼りに歩いていく。と、突然、暗闇で二人の人影とすれちがった。若い男女のようだ。「聖水式は五〇〇メートル先ですが、まだ始まっていない」と言う。私たちはイワン・アレクサンドロヴィチの後を転ばないように、足元に神経を集中して歩く。しばらく歩くと、ドン川の方に灯りが見え、そこにはすでに数十台の自動車と大勢の人影が集まっていた。ドン川の表面は雪が少なく、厚い氷で覆われている。今日はそれでも比較的暖かく、マイナス五℃前後のようだ。ドンの川面の氷はすでに大きく〝十字架〟に切り抜かれ、〝十字架〟の下の聖水式が行なわれる場所は、太い丸太で区切られ、その周りにはプロの人命救助隊員たちが数人配置されていた。すぐそばには救急車もあった。切り抜かれた十字架は、発電機で照らし出されている。

　真夜中の零時になると、まず体格のよい若い青年が威勢よく水に入り、水の中で十字を三回切って、震えながら川から上がった。まわりから歓声が沸いた。やはりかなり寒いようだ。私は反対側の〝十字架〟の上の方に陣を取り、信者が水に入る時の表情を写真に収めようと構えていた。時間が経つにつれ、参加者も参観者も増えてきた。飛び込んだ人は若い女性を含め、三〇人を超えていただろうか。それでも水中に三度潜り、三度の十字を切れる者はそれほどいない。初心者のなかには入水前から震えあがっていて、水中で十字を切るのを忘れているものが多い。信者が水に入るたびに歓声が上がった。一時間ほど聖水式を参観し、私たちは引き揚げた。

　ドン川の上流で行なわれた大聖水式に、ロシア人の信仰の深さを思い知らされた瞬間であった。私たちはまた闇夜の道の雪を踏み分け、悪路と闘いながらイワン・アレクサンドロヴィチの足跡を頼りに、家路を急いだ。

アゾフの祝日と家庭料理

一二月一七日　真冬のアゾフ。強風・マイナス一七℃、大雪に何度も遭う。ゴルベンコ館長が心配して「今日は外がかなり冷えていて、滑りやすいので外出を控えるように」と電話をくれた。マロース（厳寒）が続いたある日、長い付合いの親友リュドミーラ・ボリーソヴナ・ペレペチャエワ（アゾフ博物館歴史部部長）が、自宅に招いてくれた。彼女の自宅の前の通りに出ると、凍てついたドン川が目前に見えた。ドン川から直に吹きつける風は、モスクワでは体験したことがないくらい痛い。

リュドミーラさんの家は市の中心の一等地にあって、博物館からも近い。近所には豪邸が何軒も建っている。庭はすっかり雪で覆われていたが、何世代も住んでいる平屋は近代的に改築され、中は大変快適だ。彼女は大きな体躯をしているが、機敏に動く。リュドミーラさんは茹たまごとイクラで作った前

12月半ばを過ぎると通りでヨールカ祭りのもみの木が売り出される

店先の商品に雪が降りかかる

菜、発酵キャベツのボルシチ、鮭の切身とじゃがいも、黄色いパプリカ、キューリ、トマトをオープンで焼いたものを用意していた。完熟カフカース柿、コーヒーと気持ちのこもったもてなしで、楽しいひと時を過ごした。彼女は食べ物によって飲み物を変えるほど、凝っていた。最初はコニャック、そしてウイスキー、白ワインと同じグラスではあったが、コサックの豪快さで勢いよく乾杯し、グラスの響きを楽しんだ。外科医の娘と二人、気楽に暮らしている。

二三日　雪の降る中、郵便局で年賀状を出した後市場に行く。市場までの通りにヨールカ祭りのもみの木が売られている。ロシアでは年末から年始にかけてもみの木に飾りを付けて祝う。市場に並べられた品物の上に、雪は容赦なく積もって行く。ここでは売り手も買い手も、降る雪など気に留めていないようだ。しかし、じっと客を待っているお年寄りの体には、この寒さはどれだけ響くのだろうか。魚売り場に行くと、雪はさらに激しさを増して、降り積もってきた。若い売子でさえ毛皮帽、防寒服などをまとい、寒さとたたかっている。魚など生ものは、外に放って置くだけでカチカチに冷凍される。正月を迎えるに当たって消費者を悩ますのは、物価高だ。正月が近づくと、品物によっては倍近く値上がりしてくる。例えば、一週間前に買ったシャンピニョン（マッシュルーム）は一キロあたり一〇〇〜一二〇ルーブルだったが、今は二〇〇ルーブル以上している。野菜も大幅値上げだ。それでも正月に備えて、市場の買い物客は多い。私たちが決まって市場で買うのは、ダゲスタンの特産物＝ニンニクの酢漬け、ロシア人の好きなキャベツの浅漬け、松の実、つるコケモモ、アブハジア産ミカン、柿、ジョージア産キンザ（コリアンダー）、ネギなどの野菜、近郊の酪農家の乳製品＝ヨーグルト、カッテージ・チーズ、牛乳などである。

厳寒の中、じっと客を待つ

　夕方、グルンスキイ家の長女クセーニヤが従妹のユーリヤ、お爺ちゃん（アナトーリイ・アレクサンドロヴィチ）と一緒に、ケーキを持って訪ねてきた。アゾフに来る前からクセーニヤとの再会を楽しみにしていた。三年も会っていない間にすっかり乙女になっていた。

　もう一度会って、どうしてもお礼を言いたい人がいた。三年前、アゾフ郊外でブドウ生産者宅を訪ね、美味しい自家製ワインをご馳走になった。そのことが忘れられず、アゾフに行ったら「もう一度会いたい」と思っていた。その奥さんが一年前にガンでこの世を去っていた、と知らされた。その夫M・ベリョーズ氏が、クリスマス・イブ（一二月二四日）の日、私たちのアゾフ滞在を知り、自家製蜂蜜を持って訪ねてきた。「一人息子が修道士グループの観光旅行で日本に行き、日本人の親切さ、きれい好きに大変感激して帰ってきた」と嬉しそうに話した。「ぜひ日本のお茶をご馳走になりたい」というので、とっておきの日本茶を出す。お茶を飲みながら、息子から聞いたという〝日本の土産話〟を聞いた。思いがけない再会であった。正月には、彼から自家製のワインが届けられていた。

〝クリスマス〟を、私たちは祝うつもりもなかったが、「久しぶりにお寿司でも作ろうか」と言うことになり、アゾフで入手できる材料を使って、寿司をつくった。寿司はいつも新田さんが腕をふるって作る。夕方、ドアのベルが鳴り、そこに館長が立っていた。この日彼は、冷凍された大きな地鶏を持って来た。まるでわが家にサンタクロースが、大きなプレゼントを持ってやってきたようだった。サンタクロースが帰った後、この冷凍された鶏の解体に私は奮闘する。五キロ以上はあると思われたので、写真に収めた。七面鳥ほど大きい鶏は、この寒さの中生き抜いてきただけあって、その脂肪、皮の厚さ、肉づきには驚かされる。私たちの二カ月のアゾフ滞在中に、鶏を三羽、インドウートカ二羽が届けられた。それを自分たちでさばき、唐揚げ、野菜スープなどの料理を作ったが、日本では考えられない贅沢な生活だ。

二〇一三年一月、正月をラズドールスカヤで過ごし、一週間ぶりにアゾフに帰ってきた。七日はロシアのどの家庭でも祝うロシア正教の降誕祭（クリスマス）。私たちはグルンスキイ家に招待された。クセーニヤと妹のマーシャ（五歳）も出迎えてくれた。ナターシャは私たちが一番食べたいと言ったペリメニ（水餃子）、サリヤンカ（スープ）を、イワンは自慢のエビ料理を振る舞い、家族そろっての歓待だった。エビはカムチャツカ産のもので、輸入ものより値が高い。イワンの十八番《おはこ》料理のレシピは七〇℃の湯に月桂樹の葉二〜三枚、ニンニク、オリーブ油数滴を垂らし、その中にエビを入れて置く。時間がたつほどエビに味がしみ込んで美味しい。

旧正月の家庭料理を作るグルンスカヤさん

私にとってこの味は新しい発見だ。このエビ料理は生ビールと相性がいいと、アゾフ一美味しいという生ビールが用意されていた。

一二日の旧正月の家庭料理の定番、ワーレンキを作るからとグルンスキイ家で、イワンの母親イリーナ・ニコラエヴナと妻のナターシャが作り方を教えてくれた。ナターシャが小麦粉、バター、卵を入れた生地、具となるキャベツとキノコ、カッテージ・チーズの二種類を前もって作っておいたものを、手の平ほどの生地に包んでゆく。これを茹で上げ、スメタナ（サワー・クリーム）またはオイルでこげ茶ほどに炒めた玉ねぎにからめる。イリーナ・ニコラエヴナは私に作り方を教えながら、「夫がワーレンキを食べたい時にいつも歌う歌なの」と、ワーレンキの歌を歌いだした。

あゝ　わたしのかわいい人よ、ワーレン

キが食べたい
ワーレンキが食べたい
作っておくれ、かわいい人よ　作っておくれ、かわいい人よ
作っておくれ　お、お、お、私の黒い瞳の人よ

すると、家じゅうの大人が歌いだした。

一三日　日本料理を作るための材料を買いに、イワン夫妻がロストフ・ナ・ドヌーの大スーパーマーケットまで連れて行ってくれた。ここでは日本の料理をはじめ、世界の料理に使うものは何でも揃う。まるで世界の大都市のマーケットのようである。今、モスクワでも、日本でも郊外の大敷地に駐車場を設置し、同様な大スーパーマーケットができている。そしてモスクワでは市場が消えつつあり、日本では市内の多くの商店街が閉鎖されつつある。そこで困るのが独り暮らしの老人だ。アゾフの市場がそうならないことを切に祈るのみだ。

この日、日本料理を食べた後、イリーナ・ニコラエヴナの作った甘いワレーニエ（果実の原形が残ったジャム）入りワーレンキは、孫たちに大変人気があった。夜は彼女の手料理（鳥スープ、肉料理、魚料理、キャベツの浅漬けと自家製ワレーニエ、お茶）をご馳走になる。帰りにワレーニエを四瓶、最近、イワンが現地調達してきたダゲスタンの貴重なコニャックを頂いて帰る。

一四日　図書館のエレーナ・ヴィターリエヴナとスヴェトラーナ・ヴィクトロヴナが昼食にご馳走してくれたワーレンキは、具の中にお金とか糸が入っていた。これは〝思いがけない贈り物〟を当てる楽しみがあるので、子供に人気の家庭料理だそうだ。私は一ルーブルのコインと赤糸の入ったワーレンキを当てた。図書館でも昼食時間に旧正月を祝った。元博物館の所蔵品総責任者として働いていたラリーサ・ヴォロヴィヨワさんが、ジョージ

グルンスキイ家に招かれて　2013 年旧正月

アの本場から届いたお酒＝チャチャをご馳走してくれた。

今回の冬の旅では、正月、旧正月、クリスマスなど祝日の家庭料理、職場での昼食をご馳走になる機会に恵まれた。また、日本では滅多に口にできない山鳥やキジなどの高級食材もあった。ラズドールスカヤ村では一二月、一月の毎週金曜日から日曜日に、ロシア人と共同生活ができたからこそ、彼らの作るロシア料理、コサック料理や郷土料理などにも巡り合えた。ここに多くのページを割いてきたのには、日本と違うロシア、コサックの食文化に興味を持ち、感動したからである。私たちが手作り家庭料理をたくさんご馳走になれたのは、彼らコサックの客のもてなし方、客好きによるものに他ならない。

第八章

黒海北岸に栄えたボスポロス王国

ボスポロス王国の古墳の壁画　1世紀

タナイス
オルビア
アゾフ海
テュラス
パンティカパイオン
ファナゴーリア
ヘルモナッサ
ヘラクレア
テオドシア
ゴルギッピア
ケルソネソス
黒　海

ギリシア植民都市

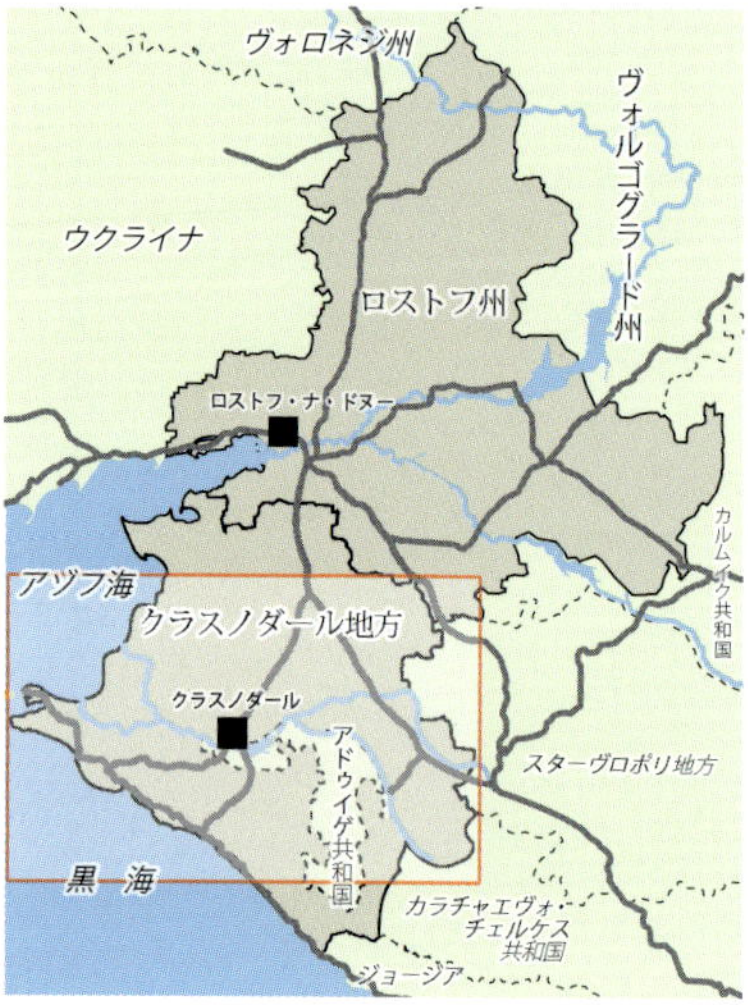
ヴォロネジ州
ヴォルゴグラード州
ウクライナ
ロストフ州
ロストフ・ナ・ドヌー
カルムイク共和国
アゾフ海
クラスノダール地方
クラスノダール
アドゥイゲ共和国
スターヴロポリ地方
黒　海
カラチャエヴォ・チェルケス共和国
ジョージア

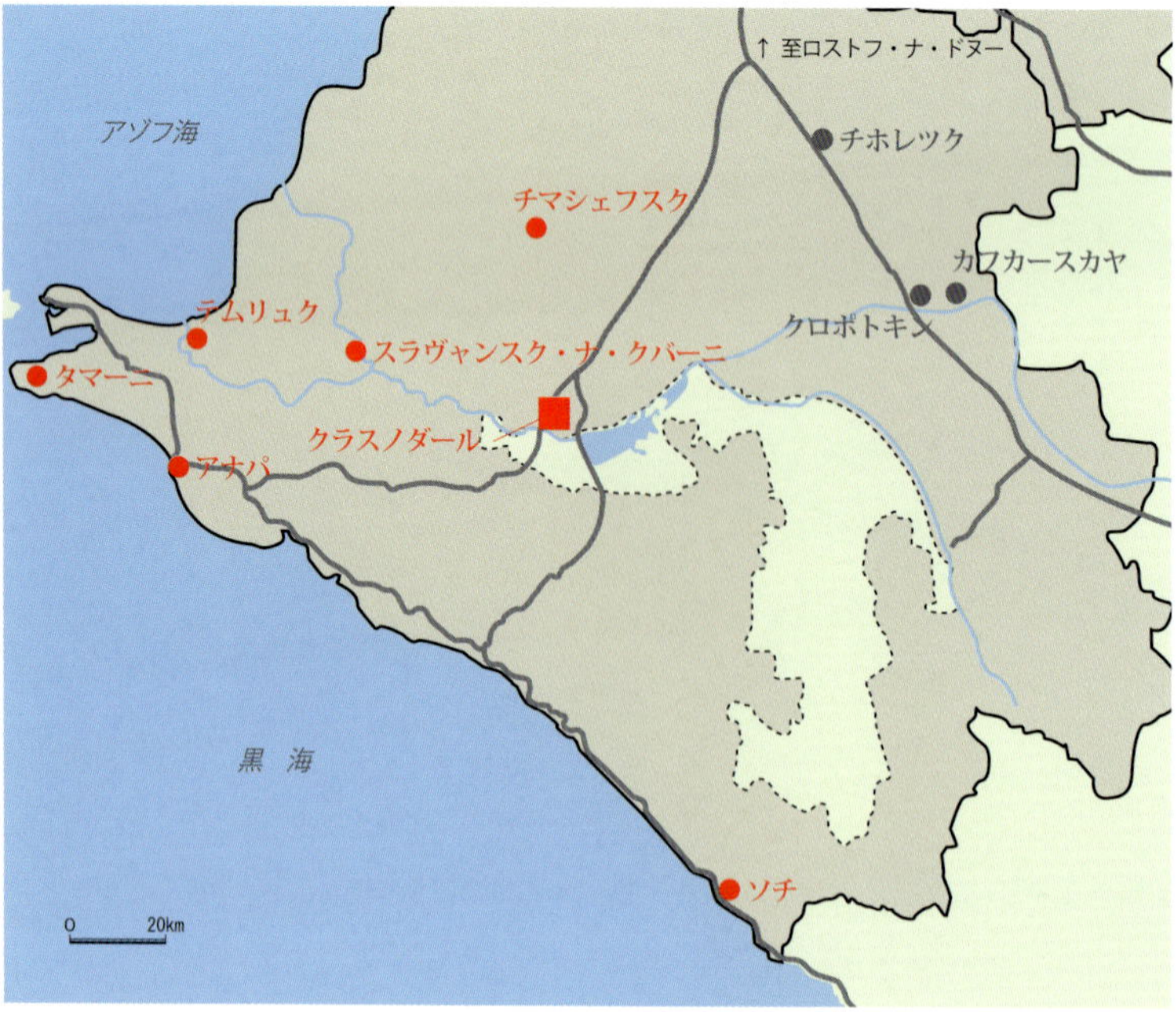
↑ 至ロストフ・ナ・ドヌー
チホレツク
アゾフ海
チマシェフスク
カフカースカヤ
クロポトキン
テムリュク
スラヴャンスク・ナ・クバーニ
タマーニ
クラスノダール
アナパ
黒　海
ソチ
0
20km

南ロシアの際限なく広がるステップや北カフカースなどにマイオタイ、スキタイ、サルマタイなどの諸部族が居住していたことは、前項でも記述した。そんな黒海北岸にギリシア人が移住して来たのは、前六～五世紀。黒海北岸地方には前七世紀から前六世紀中葉に、ギリシアの大規模な植民地支配が広まり、植民都市がいくつも建設された。ギリシア人の登場以来、さまざまな言葉を話す「バルバロイ」（ギリシア人が異邦人をこう呼んだ）世界とギリシア・ローマの奴隷制文明との接触が、密になって行く。ギリシア人は以前から黒海をより深く観察し、研究し、知り尽くしていた。最初は船舶で現地の諸族との交易を目的に、目立たないほどの出入りであった。その後は、黒海沿岸に恒常的な交易所＝外国商館を作り、やがてギリシアの強固な都市を建設して行った。その中には、後にオルビア（ドニエストル＝ブーク川河口）、ケルソネソス（セヴァストポリ近郊）、パンティカパイオン（現ケルチ）、ファナゴーリア、ゴルギッピア、テオドシアなどのような大都市へと発展したものもある。

考古学者のE・アレクセーエワ女史は、「これら建設された都市の中心地から移住のような植民活動によって、多くの集落が形成された。こうしてドン川河口にもタナイスという大都市が出現した」と、言う。そして、植民都市から古典古代文化が浸透していく。これらの文明は、前七世紀末から後四世紀のフン族（HUN北アジアの遊牧騎馬民族。「匈奴」説があるが定説ではない）の侵入に至るまでの一千年間、絶えることなく発展した。しかし、周辺の遊牧民は、その間幾度となく栄枯盛衰を繰り返してきた。黒海北岸に出現したギリシア植民都市は、本国に従属することなく、独自に発展できた。

前四八〇年に結ばれたケルチ海峡（古くはキンメリアのボスポロス）

デメテル（ギリシア神話の穀物など大地の生産物の女神）の頭部　ケルチ出土

両岸の独立したポリス（古代ギリシアの都市国家）の同盟は、次第にボスポロス王国に変わっていく。前五世紀末からボスポロスは領土拡大政策をおしすすめ、肥沃な土地を確保していく。ケルチ、タマーニ半島などを占め、やがてボスポロスはクバーニ川流域とアゾフ海沿岸のマイオタイ諸部族を従属させた。前四世紀末には彼らの領域はほぼ形成された。しかし、四世紀七〇年代末にフン族が出現し、それまで南ロシア草原に栄え、君臨してきたボスポロス王国の都市や集落は、荒廃していく。こうして一千年にわたって発展してきたボスポロス王国は、幕を閉じたのである。

タナイス――ギリシア植民都市の遺跡１――

タナイスは前三世紀初めにボスポロスのギリシア人によって、タナイス川河口に建設され、アゾフ海沿岸の広大な草原における唯一の古典古代都市であった。この都市はマイオタイ、スキタイ、サルマタイなどの諸部族の接触点に位置し、多様な民族文化の結び目となった。七世紀にわたってタナイスは、東ヨーロッパの諸部族の経済的・文化的生活に重要な役割を果たした。とくに、商業活動は活発に行なわれた。ボスポロス王国の歴史上、古典古代都市の中で最も北に位置したタナイスの役割は、決して小さいものではなかった

タナイスは、ロストフ・ナ・ドヌーからタガンログに行く幹線道路の左側にある。この辺一帯は平地が多く、コンバインの音が鳴り響く農作物の実るところ。小さな道標「タナイス」に導かれて左に入って行くと、樹木が生い茂り数件の小さな家々があって、人の住んでいる気配も窺える。今回（一九九四年）目的としたタナイス

博物館に案内された。その博物館の建物は、遺跡の敷地内に建っている。タナイス博物館は、前三世紀からここでギリシア人が植民地として繰広げた生活、文化を多方面にわたって研究している。博物館の入口には、ここで出土した大人の背丈以上もある大瓶《かめ》（古代ギリシアの穀物・ワイン貯蔵用）が置かれている。私たちは、考古学者が長い年月をかけて発掘したギリシアの貿易商館遺跡の前に出た。見渡す限りの広大な平野。ここに立つと、タイムスリップした感を覚える。目に映るのは小さな突起、長い深溝のようなものだけで、人家は見えない。

このタナイスで長いこと発掘、調査、研究をしている考古学者T・アルセニエワ教授が、私たちに発掘現場を案内し、次のように歴史を話してくれた。――

生い茂った木々の向う側に、古代ギリシア・ローマとの交易路であったドン川があった。それはかつてタナイス川と呼ばれ、その名から都市名がつけられた。タナイス川は遠くに去り、今はドン川支流のミョールトヴィ・ドネツ川となっているが、かつてのタナイス川からアゾフ海、黒海、エーゲ海を経てギリシアに小麦、家畜、皮革、塩魚などが運ばれて行った。またエーゲ海からはワイン、オリーブ油、金属製品、陶器、高級織物、大理石などが運ばれて来た。――

T・アルセニエワ教授（左）の案内で古代ギリシア貿易商館跡を見学
タナイス

タナイスのギリシア貿易商館遺跡

アンフォラ

「浮彫騎馬像大理石板」　2世紀　タナイス出土

現地の考古学者に案内されて、ここがかつてギリシアと一大交易を行なった場所であったと頷けたのは、広い範囲にわたって、驚くほどの数の四角形石塀の遺構を目の当りにしたからだ。それらは当時の栄華を実によく物語っていて、かつて栄えた大貿易都市タナイスだと、納得できた。タナイスの繁栄は、二〇〇〇年以上前のギリシア・ローマの地理学者、歴史家たちの残した記述からも見ることができる。また、T・アルセニエワ教授によると、「いまでも大雨の降った翌日には、洗い流された土から古典古代の銅貨や陶器、土器のかけらなどを見つけることがある」と言う。

約二五〇〇年前には農業に従事し、遊牧生活をしていたスキタイ人、その他の種族が群れをなして、この広大なステップを移動していた。スキタイ諸族の中で支配的地位にあったのは、北アゾフ海沿岸地方の草原を占めていたスキタイ王族であった。

タナイスは数十年にわたって、ソ連邦科学アカデミー考古学研究所による発掘調査が行なわれてきた。しかし、ソ連邦崩壊後は発掘、調査権がドイツに譲渡された。現地で長年発掘、調査、研究をしてきたロシアの学者たちは、安い費用でドイツに雇われて働くことになった。しかし、そのやり方に納得できず、自前で発掘調査をしている学者がいると聞いた。一九九八年、私たちがプリモールカに行く途中タナイスに立ち寄った際、

古代ギリシアの大瓶

一人で黙々と発掘している女性がいた。その女性がまさに反骨精神の持ち主で、独自にスキタイ時代の道路を発掘したロシアの考古学者L・カザコワ女史であった。

二〇一三年冬にも、タナイスを訪れた。ロストフ・ナ・ドヌーからタナイスに行く道路が最近増幅、整備されていて快適な走りだ。〝タナイス〟の標識を左に曲がると、そこからは、改装されたタナイス博物館へ自然と誘導されていく。タナイスは一九九四年と一九九九年に訪れた時と比べると、すっかり模様替えをして、歴史の重要さを前面に出していた。

また、見学者、観光客を積極的に受け入れる態勢も整えていた。敷地を囲っている高い柵には、タナイスの謂れが書かれた掲示板もあった。タナイスの遺跡に入る前に、二つのポロヴェツの〈石人〉（一一～一二世紀）が、まるでステップに存在した時と同じように、立っている。

博物館は別の場所に造築され、展示室も近代化されていた。観光客が遺跡を上から見られるように、周りに橋がかけられている。それは場所によっては、遺跡の上にもかかっている。タナイスもゴルギッピアと同じように、以前は遺跡をもっと身近に見られたものだ。何よりも改善されていたのは、展示品と歴史との関わりが図式化され、より解り易くなっていたことだ。展示室を案内してくれたのは、一四年ぶりに会ったL・カザコワ女史だった。

〝真珠のような〟保養地

古代ギリシア・ローマ文明の地

ロシアの最南にあるクラスノダール地方は南西の黒海、北西のアゾフ海に囲まれている。別称クバン地方とも呼ばれている。この地方はロストフ州、スターヴロポリ地方、カラチャエヴォ・チェルケス共和国と境界を接している。またクラスノダール地方内にはアドゥイゲ共和国が存在している。ソヴィエト連邦崩壊後、この地方は海の国境をウクライナ、陸の国境をジョージア（旧グルジア）と接している。国境の総延長一五四〇キロの内、海岸線の長さは七四〇キロ。首都のクラスノダールからモスクワまでの距離は、一五三九キロ。

クラスノダール地方は、クバーニ川流域の草原（ステップ）からカフカース山脈まで、三つの自然地帯（ステップ、山麓、山岳）に分類され、どこまでも広がる大地には穀物や樫、楓、菩提樹など広葉樹が多く、常緑樹にもお目にかかれる。

黒海の浅瀬で泥パック治療をする人々

クラスノダール博物館の外観

またこの地方には、紀元前七世紀からギリシアの植民都市が作られている。それらはファナゴーリア（前六世紀後半）、ゴルギッピア（前六〜五世紀・現アナパ）などである。ギリシアの都市は、ほとんどが海上交通の便利な、港のある岬の高台に建設された。そこには葡萄農園、陶器工房、倉庫などが作られ、民家や墓地もあった。

スキタイ人は毛皮、穀物などを輸出していた。また、スキタイ王公貴族らの注文を受け、ボスポロス王国の都市の優れた職人たちは、精巧な黄金装飾芸術品などを作っていたことも、これらの遺跡の考古学発掘によって判明した。また、青、緑、紫、白、無色のガラスに金箔をあしらったフィアラ杯も、ゴルギッピアの墓地で出土している。

クラスノダール地方の古代から現代までの歴史、また北カフカースの自然の多種多様なことから、動植物界のユニークな世界にも触れることができる。この地方のすべてを網羅して研究を重ねているのが、首都の中心にあるフェリツィン記念クラスノダール国立歴史・考古学博物館（以下、クラスノダール博物館）である。同博物館にはアナパ、タマーニ、テムリュク、チマシェフスクにそれぞれ分館がある。同博物館の建物は、市内で最も美しい一九世紀初頭の建築記念物。それは、かつてボガルスコフ家の邸宅であった。

同博物館の所蔵品（四三万点余）は、この地方の旧石器時代から現代までの歴史を物語っている。また、ボスポロス王国の植民都市ファナゴーリア、ゴルギッピアやヘルモナッサ＝トムタラカニなどの遺跡および中世の歴史・文化・経済の調査・研究に様々な分野の学者、専門家が取り組んでいる。その結果、この地はヨーロッ

フィアラ杯　前１～後１世紀　（クラスノダール博物館蔵）

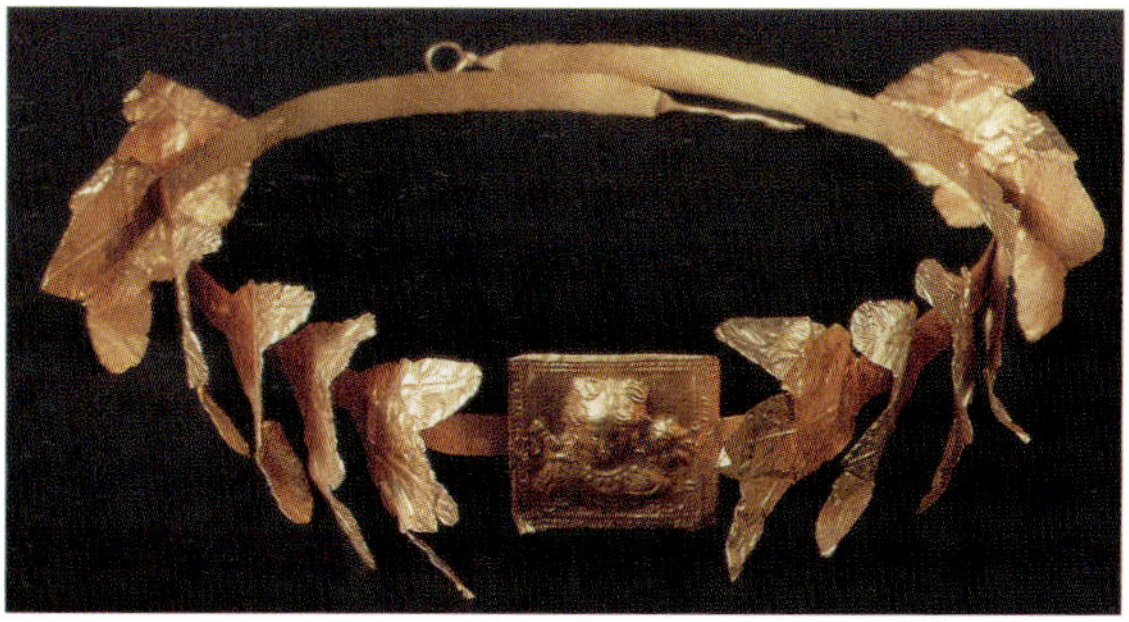

「冠」　２～３世紀前半　金　ゴルギッピアの墓地で
Ｅ・アレクセーエワ発掘（クラスノダール博物館蔵）

「冠」の部分　中央の装飾板には王笏とエロスを伴うアフロディテ（美と愛の女神）が表現されている。女神の首にはアンフォラ形垂飾りのついた首飾りが見える。

パとアジアを結ぶ、大シルクロードの草原ルートの重要な商業路であったことも解明された。

タマーニ、アナパへ

クラスノダール地方のタマーニ、アナパに行く。今回（一九九八年）もゴルベンコ館長とルキヤシコ博士、新田さんと旅に出る。これまで同じメンバーで、南ロシアを何万キロ駆け巡ってきたことか。タマーニはアゾフ海に、アナパは黒海に面している。海の少ないロシアで黒海地方は、もっとも人気のある夏の憩いの場であり、保養地なのである。この地方は温暖な大陸性気候で、四、五カ月は泳ぐことができる。黒海沿岸には、二〇一四年冬季オリンピックの開催地ソチがあり、タマーニ、アナパ、ノヴォロシースクなどの保養地がある。黒海はトルコ人が嵐の海を形容して「黒い海」と言ったことに由来する。

八月二七日　晴天　朝早くにアゾフを発つ。果てしなく続くトウモロコシ畑とひまわり畑を左右に見ながら、朝の心地よい風を頬に当てて車は走る。幹線道路に沿ってきれいに並んで立っているアカシアの防風林の青葉が、旅人を迎え入れて緩やかになびいている。アレクサンドロフカの畑のひまわりは、実をつけ太陽に背を向けて垂れている。朝霧のかかっているエーヤ川に出た。見渡す限り水と背の低い葦。まるで湿地帯のようだ。野鳥がいっぱい。鳥たちが柔らかい陽の光を浴びて、さまざまなポーズで喜びを表現している。何と素晴らしいことか！　思わず叫びたくなる。〝早起きは三文の徳〟という諺にある通り、朝が早かったお蔭で、貴重な風景が見られた。

クラスノダール地方は、ロストフ州と境界を接している。アゾフからクラスノダール地方に入って最初に車を止めたのは、スタロミンスカヤ村であった。ここではリンゴ、桃、サクランボなどの果樹園があり、砂糖大根、小麦などの畑作が目立つ。ここには鉄道の駅があって、クラスノダール行きとエイスク行きが交差している。

私たちはクラスノダール方向にさらに車を進めて行く。ソ連邦崩壊後、大きな財を成したニューロシア人の新築の家が目立ってきた。ポプラ並木のトンネルを走りながら、つぎつぎに現地の畑を後にした。そして、チマシェフスキイ地区に入った。この地区には二三の大生産工場、二五の農業公団がある。乳製品、精肉製品などの種類が豊富である。ブドウ、モモ、リンゴ、マリーナ、サクランボ、洋ナシ、スイカの果樹園は地区の誇り。ロシア医学アカデミーが、品質の良さで太鼓判を押している砂糖工場もある。チマシェフスク市で鉄道の駅が交差していて、地方経済の拠点のひとつとなっている。

また、この地区内でも遺跡発掘が行なわれていた。前二世紀にキルピリ川の農耕種族とボスポロス王国ギリシア諸都市との幅広い繋がりのあったことが、証明されている。さらに、一八九九年にコサックによって、メドヴェドフスカヤ村にゴーゴリ記念女子学校が建立されている。市内の博物館には、一八四九年に建てられた聖マリヤ・マグダリーナ記念女子修道院を描いたリトグラフがある。思いがけないほど、歴史の重みを感じさせる地区であった。

この地区でもう一つ私たちが案内されたのが、ステパーノフ家博物館である。それは第二次世界大戦で、九人の愛国的偉業を

戦争の悲劇

成し遂げた現地の英雄を讃えている。それは同時に悲しい母親の物語でもある。博物館の庭の大きな台座に、椅子に座った女性像がある。この地区の若者が結婚式後、必ずこの像に花束を捧げている。その女性の名はエピスチニヤ・フョードロヴナ・ステパーノワ。戦地に九人の息子を送り、一人の息子をも二度と胸に抱くことなく、辛い生涯を生き抜いた母親の魂を後世に伝えている。戦争の残酷さが、私たちの胸を突き刺した。これは、私が今回の旅で受けた最も大きな衝撃の一つであった。

チマシェフスク市から右に曲がり、テムリュクスキー地区方面を目指す。プロタカ川を渡ると、スラヴャンスク・ナ・クバーニである。車を降り、道路わきで売っている果物を買う。スイカ八〇コペイカ、トマト一～一・五ルーブル、リンゴ二・五ルーブル。いずれも一キロの値段だ。買った果物を車の中で頬張り、雰囲気が和やかになったところで、われらが二人の考古学者が、突然学生時代に流行していた『レーニンの歌』を歌い出した。若いときから彼らは遺跡の発掘に参加し、いつもコムソモール（共産青年同盟）の歌を歌って青春を謳歌していたそうだ。

「こんな歌を歌っていたときは、クリージス（経済恐慌）なんかなかったなー。」

やがてテムリュクで、クラスノダール地方内最大のクバーニ川（全長八七〇キロ）を渡る。この辺に来ると、ブドウ畑が延々と続く。ブドウの幹は太く、歴史を感じさせる。ブドウ畑に近づこうとしたら、館長から「番犬がいるから」と厳重に注意された。この地方でもスキタイ人が活躍していた場所だけあって、大きなクルガンが多い。

また石油採掘機が活動している。クバン地方は、ロシアでも古くから石油採掘が行なわれている。ここで産出される石油は、上質なので航空機用オイルとして珍重されているそうだ。

ヘルモナッサ＝トムタラカニ――ギリシア植民都市の遺跡2――

タマーニ湾に面したタマーニは、保養地としても脚光を浴びている。街の中心に市場があって、若者にも人気がある。海の近くには〝貸家〟の看板が目立つ。タマーニ総合博物館で紹介された最初の民宿の女主人は、広い土地を持ち、大きな屋敷に一人暮らしであった。家の入口の門前に、オレンジ色のアメリカノウゼンカズラが勢いよく咲き誇っていた。私たちが門を入ると、真っ赤なガウンを着た女主人が出てきた。どこか謎めいた感じを漂わせている。夕食はわれらが男性も手伝ってジャガイモ、チョウザメの切り身の焼き物、サラダが用意された。暑いこともあって、外のブドウ棚の下にテーブルが用意され、現地産のワインが並んでいた。女主人の話が中心になって、タマーニの最初の夕餉を楽しんだ。

翌日はタマーニの古代遺跡、ヘルモナッサに行く。アゾフ海岸に建っていた古都の廃墟は、何十年にもわたって発掘が行なわれている。ロシアの著名な考古学者たち＝E・ザベーリン、V・チゼンガウゼン、M・ロストフツェフ、M・コブイリナらはここで

古代遺跡ヘルモナッサ＝トムタラカニ　タマーニ

の発掘に携わり、大きな功績を残している。その出土品はエルミタージュ美術館をはじめ、タマーニ総合博物館などに展示されている。

アゾフ海と黒海を繋ぐケルチ海峡に臨むタマーニ半島に、前六世紀ミチレナから古代ギリシア人がやってきて、都市を建設した。その中心人物がシマンドルであったが、彼の死後は妻のヘルモナッサが都市を発展させ、彼女の名を冠した都市は何世紀も続いた。

一〇～一二世紀、この地方にトムタラカニ公国が存在したが、その中心都市がトムタラカニであった。その都市は、現在のタマーニと同じ場所にあった。トムタラカニは重要な貿易港であり、北カフカース、外カフカース（アゼルバイジャン、アルメニア、ジョージアなど大カフカース山脈以南の地方）、中央アジアと政治・経済関係を発展させていた。一三世紀にはジェノヴァ人がタマーニに居住した。しかし、タマーニは一五世紀末にはオスマン・トルコに占領されたが、一七七四年にロシア領に入った。一七九二年にザポロージエ・コサックが、ロシア帝国の南の国境線を守るために、タマーニに移住した。

長い年月をかけてのヘルモナッサ＝トムタラカニ遺跡の発掘調査は、ロシアとウクライナの学者、専門家が合同で行った。合同調査隊は、前四世紀の住居、穀物庫、葡萄酒醸造跡などを発掘した。また、古代ロシア語で銘文が刻まれている、『トムタラカニ大理石』（エルミタージュ美術館蔵）も発見された。そして、タマーニとトムタラカニは、同じ場所であったことが証明された。

タマーニには詩人で外交官であったA・グリボエードフ、作家・詩人のA・プーシキン、M・レールモントフらが訪れて、作品を残している。ロシアの著名人がこの地方を旅し、強い印象を受け、後世に名作を残している話を聞いたあと、市内の中心にあるタマーニ総合博物館（アレクサンドラ・イワーノヴナ・アファナーシエワ館長）を訪ねた。私たちが館長の部屋に通されると、館長自らパナソニックのビデオカメラを回しながら、私たちに自己紹介をさせるという、ユニークな出迎えであった。「京都大学の木村さんご存知ですか」と、カメラから目を離さず、突然の質問であった。

一九八九年五月から六月にかけて、ユネスコによるシルクロード総合学術調査の草原ルート予備調査が黒海北岸から北カフカースを通り、カスピ海西岸に達するルートで行われた際に、日本からの参加者数名がこの博物館に寄っている。木村さんとは、その中のお一人らしい。屈託のないあいさつで、私たちも直ぐに打ち解けることができ、話が弾んだ。館長はすらりとした背丈の高い美人学者で、土地の文化人として人気を博している。滞在中私たちの宿の世話から、名所旧跡をどう回ったらよいかなど、女性らしい心配りも忘れない。博物館内は、館長自ら案内してくれた。

最初の展示室には、ボスポロス王国の第二の都市ファナゴーリア遺跡の出土品が並んでいた。さまざまな展示品は、ボスポロス王国の内外交易の広い繋がり、経済的、文化的生活を反映したものである。特に、古代ギリシアの『高浮彫り兵士像のある墓標』（前四世紀　大理石）や『ライオン像』（前三世紀　大理石）などは、見応えのある作品であった。

『高浮彫兵士像のある墓標』　前4世紀　大理石

M・レールモントフとタマーニ

タマーニにはロシア文学愛好家だけでなく、当地を訪れた誰もが必ず立ち寄る場所がある。それは、タマーニと深い関係のある『レールモントフ記念像』（I・D・ブロツキイ作）であり、M・Yu・レールモントフ博物館である。『レールモントフ記念像』は、作家の生誕一七〇周年を記念して、一九八四年に立てられた。また、博物館は、レールモントフが宿泊（一八三七年）したコサックのフョードル・ムィスニクの邸宅に、再建（一九七六年）された。レールモントフとタマーニとの繋がりは、一八三七年プーシキンを死に追いやった人々への抗議を込めた、短詩『詩人の死』を書いたことに始まる。レールモントフは、このことで皇帝の弾圧を受け、カフカース駐屯ニジェゴロド竜騎兵連隊に追放される。九月には黒海沿岸駐屯軍のもとに派遣され、途中でタマーニに滞在している。『現代の英雄』（一八三九〜四〇）は五つの短編から成り、それぞれが独立したプロットを持つ。その中の短編『タマーニ』は、タマーニでレールモントフに起きた出来事に取材している。

M・レールモントフ記念像　タマーニ

街の中心地にあるM・Yu・レールモントフ博物館には、夏ということもあってか、小・中学校の夏休みの学習授業や、アゾフ海で夏を過している人々で毎日賑わっていた。ちょうど、近くの児童保養所で夏休みを過している子供たちが、博物館に見学に来ていた。孤児、年金者の入場料は無料、子供五ルーブル、大人一〇ルーブル（一九九八年）。博物館の門は、昔のコサックの生活を思い起こさせる興味深いものである。門をくぐり中に入ると、下方に海が一面に広がっている。その相対するはるか彼方は、ケルチである。庭には『タマーニ』に出てくる小船が置いてある。海岸の直ぐ脇に、茅葺屋根のある、さほど大きくない百姓の家が建ち、その家の二つの部屋には、当時のコサックの暮らしぶりが、そのまま展示されている。

M・レールモントフ作『タマーニ』の挿絵

　夕方近く、日も暮れて家のそばに立つと、大学時代に読んだ『タマーニ』の文章がそのまま再現でき、百姓の家から夜の海へとかけぬけて行く、盲目の少年の謎めいた行動のページが開けてくる。『タマーニ』の書き出しの宿の部分は、私に極めて強い印象を与えている。

　庭には赤い実をつけた樹木（現地ではアルイチャと言った）が、訪問客を和ませている。広い敷地の奥には新しい建物があり、そこには、レールモントフが一八三七年と一八四〇年に、クバン地方を旅して描いた文学作品や彼のデッサンなどが展示されている。レールモントフを学習する最高の〝塾〟である。この博物館を案内してくれたアレクサンドラ・ゲオルギエヴナ・ボストリコワは、父がカバルジン人とオセチア人の混血児、母はロシア人という東洋と西洋の美をそのまま受け継いだ美人であった。ちなみに彼女の夫はタタール人。この地方の多民族の人間模様を垣間見た思いがした。

ゴルギッピア――ギリシア植民都市の遺跡3――

私たちがアナパ市を訪れるきっかけとなったのは、日本で「スキタイ・サルマタイ展」を開く計画があり、その展示品を求めて行ったことにある。まず、アナパ博物館を訪ねて驚いたことは、そこには古代ギリシア美術の真髄を極めるものの多かったことだ。

黒海北岸のリゾート地として有名なアナパ市に、前四世紀～後三世紀ボスポロス王国の植民都市ゴルギッピアがあった。ゴルギッピア古代都市址の発掘は、ソ連邦科学アカデミー考古学研究所（現ロシア連邦科学アカデミー考古学研究所）のI・クルグリコワ、E・アレクセーエワ両考古学者の指導下で、一九六〇年に本格的に開始された。現在アナパ市内の発掘は、同研究所とクラスノダール博物館の合同調査隊が行なっている。考古学調査によって古文書、古銭学の資料を基に研究が重ねられている。ゴルギッピア遺跡はアナパ市の中心にあり、遺跡は四〇ヘクタールにおよび、穀物を地中海方面へ積み出していた大きな港を有していた。発掘された

野外博物館「古代都市ゴルギッピア」の遺構

古代都市には、住宅街があり、ローマ街道が敷かれていた。住居は五〇〇から八〇〇平方メートルを有し、日干しレンガで造られていた。また、古代都市ゴルギッピアの郊外にあった城壁、古墳、墓地、そして農村が発掘調査されている。数百の墓地からは、壁にフレスコ画が描かれた記念碑的な石造の穹窿《きゅうりゅう》墓、豪華な副葬品が出土した。アナパ博物館には、ゴルギッピアにおけるボスポロス王の代官『ネオクレス像』(二世紀　大理石)、運命の女神『テュケ像』(前三～一世紀　大理石)、『赤漆水差し』(一世紀　陶器)などの秀作が展示されている。

発掘された二世紀の碑文からは、ゴルギッピアでは商売の守護神ヘルメスを称え、スポーツの競技会が開催されていたこと、記念碑的な建築には、石灰岩や大理石が用いられていたことも判明している。ボスポロス王は自らに「大王」「諸王の王」という称号を授け、諸王朝の儀礼を確定した。ゴルギッピア遺跡で出土した碑文に、王の代官と共に王国の諸都市で都市共同体が存続し続けた記録があった。

野外博物館「古代都市ゴルギッピア」の展示品

運命の女神『テュケ像』　前３～１世紀　大理石

『ネオクレス像』　２世紀　大理石

現在、その広い発掘の一画を野外博物館「古代都市ゴルギッピア」として、一般に公開している。しかし、〝ゴルギッピア〟考古学博物館＝文化財保護区の開設（一九七七年）までには、極めて困難な諸問題があり、財政的にも巨額な投資を必要とした。その難問解決のために、当時のソ連邦科学アカデミー考古学研究所、ロシア・ソヴィエト連邦共和国文化省、クラスノダール地方文化管理局、クラスノダール博物館、古文化財修復所、D・I・メンデレーエフ記念ロシア化学・技術大学の専門家たちが協力した。一地方の古文化財に対する当時の行政、専門家の姿勢に、私は大きな感銘を受けた。ゴルギッピアの墓地で、考古学者E・アレクセーエワ女史の発掘した文化遺産が、日本でも紹介されている。

赤漆水差し　1世紀　陶器

ゴルギッピアの金貨　いずれも表面に月桂冠を被るディオニソス（酒神）　前1世紀

タマーニの民宿

二〇〇二年、再度タマーニを訪問した。今回はルキヤシコ夫人エレーナ女史も一緒である。彼女とは一〇年以上になるお付き合いだ。エレーナさんはロストフ・ナ・ドヌーの市立図書館の司書で、私たちのどんな難題にも答えてくれる才女である。またコサック料理の達人で、私たちを家に招いてご馳走してくれた料理は忘れられない。

今回は黒海の泥パック治療、休息も目的に入れている。今年もタマーニの民宿に滞在。その宿の主人はセルゲイ・レーベジェフ（元外科医）、夫人エレーナ・レーベジェワ（元産婦人科医）は敬虔なロシア正教徒。一〇年

黒海で泥パックをしている子供たち

前までご夫妻とも医師として働いていたが、現在は二人で民宿を営んでいる。最初の夕食は、ガチョウのレバー焼き、自家菜園のトマト、パプリカなど。ワインも自家製。大きな食堂、部屋にはイコンが飾ってある。私が一番安心できたのは、元医師だけあって、食物にはこだわりを持っていたことだ。朝食に出される蜂蜜入りヨーグルト、ヤギの乳、野菜、ジャガイモは自家菜園のもの。いつも食卓には蜂蜜入り大ビンが置いてある。これは〝特別区域〟で取れた蜂蜜。誰でも入手できるものではない。ご主人が医師時代に、エコロジーに力を入れてきた恩恵を、いまも受けているのだそうだ。この蜂蜜は味も香りもよい。アゾフに帰る時、この貴重な三リットルビン蜂蜜をおみやげにいただいた。

翌日街に出た。タマーニ総合博物館アファナーシエワ館長に、四年ぶりに再会。彼女に案内されて市場に行く。魚屋で黒海の干し魚ピレンガス（ボラ科の魚）を買う。カラスミ（六〇〇ルーブル）、ガラガン（五〇〇ルーブル）、いずれもキログラム単位の値段だ。ロシアでは珍しい魚で、高価であった。

タマーニの近くに泥治療場があると聞いて、車で出かける。黒海の海水塩分（一・七九〜二・一パーセント）は少なめで、昔から治療には最適と言われてきた。泥治療場は、海の浅瀬で「真黒い泥」を掘り、身体に塗る。ミネラルが豊富に含まれている黒い泥は、リュウマチ、婦人病、皮膚病、関節炎、老化防止にも効果がある。最近はとくに美肌効果があるということで、黒海沿岸の他の諸国でも、この泥エステが若い層に人気がある。ロシアでも黒海沿岸のリゾート地で、泥パック治療が盛んになっている。日本からのツアーも企画されているようだ。私たちはみんなで泥を塗りあったあと、黒海で泳ぐ。宿に戻りサウナに入り、夕食はシャシルイク。民宿の庭先にシャシルイク用の炭火かまどを作り、トマト、ナス、ピーマンを炭火で焼き、ワインを飲み、心行くまでおしゃべりし、南ロシアで夏の休暇を過ごす。

アゾフに帰る朝、タマーニ聖堂の鐘の音が響き渡る。朝市に出かけ、ガラガンを一キロ買って帰ることにした。タマーニの新しい友人とも別れの時がきた。アファナーシエワ館長も駆けつけてくれ、またの再会を約束した。雨雲が出ていたので、テムリュクまでは道を変えることにした。クバーニ川の橋の上に出て、この川とも別れを告げる。

エレーナ・レーベジェワさんの半生

タマーニの民宿でお世話になっていたある日、宿の女主人エレーナ・レーベジェワさんの半生に興味を持ち、話を伺った。

私は、シベリアのクラスノヤールスク地方の片田舎で生まれました。両親の生きた時代は、大変苦しいものでした。最初両親は、コサックや中部ロシアの農民が多く住んでいた、南の温かいクラスノダール地方のオトラドネンスキイ地区で生活を始めました。

国中に弾圧の荒波が立ち始めた一九三七年のある日のこと、わが家に民警がやってきて、生活が一変します。父は図書館で働いていて、わが家にはいつもロシア正教の信者が出入りしていました。そのために父は追放され、一家は打ちのめされ、着の身着のまま、シベリアのクラスノヤールスクに連行されて行きます。

私たちは二カ月の間、麦わらの敷かれた何の設備もない、家畜を運ぶ貨物列車に乗せられます。道中六

レーベジェワさんと孫娘

人の兄弟が病気で亡くなり、残された三人と両親で、クラスノヤールスクへ。そこで父は馬の世話をする仕事につき、兄は父の手伝いをしていた。数ヵ月が過ぎた一九三七年一二月二七日、父四〇歳、兄一八歳の時、二人は逮捕され、牢屋に連行された。

一二年が過ぎ、髪が真っ白になって兄が帰って来た。兄の話によると、父は逮捕されて三日後に銃殺されました。毎日一〇〇人の逮捕者が連行され、裁判も審理もなしに銃殺されていたのです。私はずいぶんと長い年月が過ぎてから、罪なく弾圧された父の名誉回復についての書類を受け取りました。

当時、私たちは、凍り付いたジャガイモや小麦を拾い集めての、惨めな生活でした。収穫後の畑で、麦の穂を拾い集めるだけで、逮捕されたのです。とくに母親たちにとっては、過酷なものでした。私が小学校一年生になった時、私には履物が無かったので、雪だまりでさえ裸足でした。学校まで毎日一時間かけて通い、私は夜間の一〇年生を卒業しました。やがてクラスノヤールスク医科大学に入学し、そこで三年先輩のセルゲイ（今の夫）と知り合いました。彼は大学を出て、医者になります。息子も生まれてホッとした矢先、夫が白血病と言う難病で入院。医師の勧めで転地療法に踏み切り、私の両親の故郷、温かい南ロシアのクラスノダールにやって来て、タマーニに落ち着きました。一九九四年まで私と夫は病院で医者として働き、今はこうして民宿を営んでいます。

アストラハンへ

二〇〇〇年九月五日　私たちは、ロストフ・ナ・ドヌーからバクー（アゼルバイジャン共和国の首都）行きの国際列車でアストラハンまで行き、そこからモスクワへの帰路は、ヴォルガ川を航行している大型客船チェルヌィシェフスキイ号にした。南ロシアのステップ地帯を走るこの国際列車の旅は初めてで、道中の行程も環境も土地柄も分からない。「せめてアストラハンまで」と、アゾフ博物館のガリーナとスヴェトラーナが、道案内を買って出てくれた。「四人用コンパートメントで、何の気兼ねも心配もなく楽しい旅ができる」、私たち四人はそう信じて疑わなかった。列車は、アゼルバイジャンの国有鉄道だった。車掌はロシア女性一人の他は、全員アゼルバイジャンの男性だ。

列車に乗り込み、私たちはしばらく車窓に映しだされるステップの景色を見ながら、談笑する。白っぽい草がステップ一面を覆っている。アゼルバイジャンの車掌二人がコンパートメントを回って、パスポートを調べに来た。その後も、必要以上に車内を回ってきて、私たちを悩ませた。

九月六日　朝から暑い。車内は蒸し暑く息苦しい。国際列車はロストフ州からヴォルゴグラード州、アストラハン州のそれぞれ異なるステップ地帯を、何時間もかけて走る。車窓は長い時間、黄色い花を映し出している。白亜紀の地層も、ところどころに頭を出している。長い石油貨物列車がすれ違った。この地方の経済を支えているカスピ海の石油だろうか。

ヴォルゴグラード駅に遅れて着いた。この駅で初めて果物、ビール、パン、浅漬けキューリなどが売られていた。このあとまた、ステップが続く。ステップの駅＝ヴェルフニイ・バスクンチャクでカルムィク人たちがスイカ、マスクメロンなどを売っている。スイカ一つが一五ルーブル。駅近くの少年たちが車内まで売りに来た。

ステップは延々と続き、とてつもなく広がるステップを見るのは、初めてだ。この果てしなく続くステップの景色を見られたことが、たまらなく嬉しい。とくに気に入ったナガイ・ステップには、私はまだ入ったことがない。汽車の時速はそれほど早くないので、外の動きをはっきりと掴むことができる。ときどき羊、牛の群れが現れては、消えていく。群れの先頭には、馬上の牧夫がいる。南シベリアのトゥワー共和国で見た遊牧民の風景に似ている。どこまでも続く平らなステップ。突然、大きな波を打ったようなステップに出た。アストラハン州のステップは、栗色土が大半を占めているように見える。ステップが海のように広がり、南国の太陽がじりじりと照りつけている。川、初秋のステップ、湿地帯、そして石油のやぐら。飽きの来ない会話。

目的地のアストラハン駅には、四五分遅れで着いた。駅にはクストーディエフ記念アストラハン州立美術館（現国立P・M・ドガディン記念アストラハン美術館）の車が、私たちを待っていた。ヴォルガ河畔に建つホテル〝ロトス〟に着いたのは、夕方八時を過ぎていた。さっそく民族料理店を探しに街に出たが、どのレストランも雑音のような音楽が鳴り響き、ゆっくり料理を味わうどころではなかった。結局ホテルのレストランで、鶏肉スープのヌードルとチョウザメのシャシルイクなど民族料理を注文し、ウオッカ〝スターラヤ・アストラハニ〟で乾杯をする。

九月七日　アストラハン州を流れているヴォルガ川は、まるで人体の血流のように州の真ん中を流れて、カスピ海に注いでいる。首都アストラハンは、行政、工業、文化の中心地で、重要なヴォルガ＝カスピ海港になっている。

アストラハンの最古の記録は一四世紀。シルクロードのキャラバン・ルートと海のルートの十字路であったアストラハンは、急速に大貿易都市となって、カフカースをはじめ中央アジア、イラン、インドとの貿易の中心都市となる。今日に至るその繁栄は、街を歩いていても窺うことができる。

B・M・クストーディエフ記念アストラハン州立美術館

市の中心地に、一六世紀に建造されたクレムリン（ロシア中世都市の中心地にある城塞）がある。私たちはこのクレムリン内の聖三位一体聖堂、ウスペンスキイ聖堂の見学をした後、目的地のアストラハン州立美術館に到着する。黒髪の体格のよいリュドミーラ・イワーノヴナ・イリイナ館長が、私たちを待っていた。大きく両手を広げて、最高の歓迎のジェスチャーで出迎えた。館長室に案内され、コーヒーとチョコレート箱が出された。ところが、用意してあった箱を開けると、この暑さでチョコレートが溶けていた。館長は「今年はことの他暑かった」と言い、別の箱を空けたが、これも同じであった。

館長が自ら美術館を案内してくれた。「これはウスペンスキイ聖堂の扉です。これは他館にはない、貴重なものよ」と、重厚な扉の前で自慢した。美術館のコレクションの豊富なことは、国中に知られている。館長の話によれば、この美術館には、一八～二〇世紀に活躍したトロピーニン『p・I・サポジニコワの肖像』（一八二六年）、サブラーソフ『早春　雪解け』（一八八〇年代）、ク

クレムリン内の聖三位一体聖堂　アストラハン

インジ『ドニエプル川の月夜』（一八八〇年）、レーピン『クジマ・ミーニン』（エスキス　一八九四年）、シーシキン『真昼　モスクワ郊外』（一八六九年）、レヴィタン『睡蓮』（一八九五年頃）、クストーディエフ『ポエジー』（一九〇八年）など、ロシア画壇の重鎮の力作が展示されていた。

また一九世紀末から二〇世紀の貴重な絵画コレクション、とくにロシア・アヴァンギャルドの作品は、重要な位置を占めている。抽象絵画の創始者カンディンスキー（一八六六～一九四四）は黒海沿岸のオデッサで少年期を過ごした。この時の印象が色濃く反映されている『南方』（一九一七年）および玉ねぎ形の丸屋根の聖堂が連なる中世ロシアの情景を彷彿させる『クーポラ』（一九〇九年）は同館の至宝である。この二作品は、私たち

ウスペンスキイ聖堂の扉

［部分拡大］

カンディンスキー『クーポラ』 1909年 （アストラハン美術館蔵）

の訪問二年後の二〇〇二年に、東京、京都、福岡を巡回した『カンディンスキー展』に出品された。この展覧会は、美術史家の新田喜代見さんがロシア国内のカンディンスキーの作品を所蔵している一二以上の美術館を回り、彼女の協力もあって、実現した大展覧会であった。日本で開催された『カンディンスキー展』には、この作品と共にイリイナ館長も訪日され、私たちは、日本で劇的な再会をした。館長にお会いして思い出されるのは、日本で開催された『シャガール展』（一九八九〜九〇年）のことだ。ロシア所蔵の作品からなる展覧会に、アストラハン美術館からもシャガールの『道路清掃人と鳥』（一九一四年）が出品された。

また同美術館は、一七世紀から一九世紀のヨーロッパ版画の収集にも努めている。ロシア絵画史に名を連ねている画家の作品を見ようと、どの展示室も小・中学校の生徒たちでいっぱいだった。

大型客船でモスクワへ

いよいよ船の出航が近づき、ガリーナ、スヴェトラーナとお別れの時がやってきた。彼女たちは、私たちに自家製のマーマレード、地元産の陶器のおみやげを用意していた。できることなら、同じ船でモスクワまで一緒に行きたかった。船に乗る前に、別れのあいさつの「ありがとう」の言葉が、涙で言えなかった。船の汽笛がなり、静かに離岸していく。何時までも二人の笑顔が目に映る。心を込めて、力いっぱい手をふって応える。船の別れは辛い。今回のロシアの旅は、心に残る良い思い出の一つになった。「また会う日まで！優しい友よ、ガリーナ、スヴェトラーナありがとう！」

客船によるヴォルガ川の旅は、アストラハンからモスクワまでの九日間。今回はサンクト・ペテルブルグ―モスクワ間の船旅とは、乗客層が違っているようだ。南の農産物などを大量に船に積んでいる人が目立つ。しかし、船旅は途中の沿岸都市に寄港し、名所旧跡めぐりが多く企画されている。ここでの旅の冒険、見聞は別の機会に紹介したい。

ガリーナ、スヴェトラーナとの別れ　アストラハンの港

あとがき

ここ十数年、南ロシアの広大な各地のステップに心を奪われ、毎年のように出かけて行った。南ロシアは海と河川に恵まれ、また広大な陸地・ステップが人を惹きつけて止まない。外国人、ましてや日本人が足を踏み入れたことのなかった地域にも行くことができ、貴重な経験をしてきた。このレギオン（地方）はスキタイ、サルマタイなど騎馬遊牧民族が、紀元前から古代ギリシア・ローマとの交易を繁栄させてきたところ。それらの文化遺物が、この地方で数多く出土し、研究されている。現地のクルガン（古墳）で出土した文化遺産を通して、民族の歴史、民族間の交流、騎馬遊牧民族＝スキタイ、サルマタイの芸術、またそれらの民族の神話など幅広く取材することができた。それは、現地の考古学者、古生物学者とのインタビューで、写真・挿絵などを通して分かり易く語られている。また、ダイナミックに進化する地質時代の古生物学を学ぶ楽しさ、面白さも教えられた。

南ロシアの黒海北岸地方に数多く建設されたボスポロス王国（ギリシア）の植民都市と遊牧民族との関係については、これまで日本であまり発表されていない。この地方は、考古学的・古生物学的にも研究の尽くされていない分野だ。日ロの学術交流を期待したい。

一九九一年のソ連邦崩壊後、南ロシアはいくつもの国境と接するようになった。多民族が住む豊かな地方だが、これらの歴史、文化はあまり紹介されてこなかったように思う。ウクライナとの国境地帯は、両国の考古学者による共同研究の盛んなところであった。その地区へ足を踏み入れ、いま歴史に翻弄されている両国民の生活の一端を覗くことができたのは、有益であった。

南ロシアはモスクワ、サンクト・ペテルブルグと同様、私が毎年のように通った感興をそそる地域だ。とくにアゾフを起点に、現地の学者、研究者らと親しく接し、この地方の歴史、文化、生活習慣をより深く学ぶことができた。それはモスクワを中心とする大都市から見るロシアとは、違ったものであった。稀に見る貴重な体験、見聞を一冊の本にまとめたが、それはほんの一部を紹介したにすぎない。

本書に使われている南ロシアの古生物学的、考古学的発掘・出土品、資料などの写真は、アゾフ博物館館長A・ゴルベンコ氏の絶大なるご支援、ご好意によるものである。また絵画および出土品の稀有な写真・資料は、ドン・コサック歴史博物館、国立M・A・ショーロホフ博物館、また各地の博物館からご協力いただいた。アゾフ博物館編集委員のエレーナ・サマリチさんから大切な写真をお借りしたことも、記しておきたい。本書は多くの人々の協力の賜である。二十年近い年月、変わることなく私を支え、心優しく励ましてくださったお一人お一人にこの本を捧げたい。本書が、日本とロシアの相互理解に少しでもお役に立てばと願っている。

編集の面で大変お世話になった雄山閣の羽佐田真一氏にも深く感謝したい。

二〇一五年八月　　所沢にて

著者紹介

鴨川 和子（かもがわ かずこ）

東京浅草生まれ。1972年モスクワの民族友好大学卒業、1979年民族友好大学研究生、1980年から85年まで大学院生としてソ連邦科学アカデミー民族学研究所でP・プチコフ教授、S・ワインシュテイン教授に師事。1985年同研究所で学位（D. ph）取得。

専門分野——ロシア少数民族、歴史、文化など

ノーボスチ通信社東京支局記者、新潟ロシア村・マールイ美術館館長、ユーラシア学術・文化研究所所長、現在フリー

著書：『ソ連の女たち』（すずさわ書店）、『モスクワ暮らし—市民から見たペレストロイカ』（朝日新聞社）、『トゥワー民族』（晩聲社）など

共著：『世界の民—光と影』（赤石書店）など

企画・翻訳：『12～18世紀　聖なるロシア美術　国立歴史博物館展』1993年、『ロマノフ王朝名陶展　ロシア連邦・国立歴史博物館蔵』1994年、『絵画に見るロマノフ朝史　ロシア連邦・国立博物館展』1996年（いずれも新潟ロシア村）など

共訳：『エルミタージュ美術館特別名品展　神と人間』1996年、『エルミタージュ美術館名品展　生きる喜び』2001年（いずれも新潟県立近代美術館）、『カンディンスキー展』（2002年、東京国立近代美術館）など

2015年9月25日　初版発行　《検印省略》

南《みなみ》ロシア—草原《ステップ》・古墳《クルガン》の神秘《しんぴ》—

著　者　鴨川和子
発行者　宮田哲男
発行所　株式会社 雄山閣
東京都千代田区富士見2-6-9
ＴＥＬ　03-3262-3231 / ＦＡＸ　03-3262-6938
ＵＲＬ　http: //www.yuzankaku.co.jp
e-mail　info@yuzankaku.co.jp
振　替：00130-5-1685
印刷・製本　株式会社 ティーケー出版印刷

ISBN978-4-639-02368-5 C1022
N.D.C.229　340p　22cm